The Craft of International History

A Guide to Method

国际史的技艺

[美] 马克 · 特拉亨伯格 —— 著
Marc Trachtenberg

郝 楠 —— 译

世界图书出版公司
北京 广州 上海 西安

图书在版编目（CIP）数据

国际史的技艺 /（美）马克・特拉亨伯格著；郝楠译 . —北京：世界图书出版有限公司北京分公司，2024.6
ISBN 978-7-5232-1227-1

I. ①国… II. ①马… ②郝… III. ①国际政治—研究方法 IV. ① D5

中国国家版本馆 CIP 数据核字（2024）第 082356 号

书　　名　国际史的技艺
　　　　　GUOJISHI DE JIYI
著　　者　［美］马克・特拉亨伯格
译　　者　郝　楠
责任编辑　仲朝意　刘天天
特约编辑　晁婉冰　何梦姣
特约策划　巴别塔文化

出版发行　世界图书出版有限公司北京分公司
地　　址　北京市东城区朝内大街 137 号
邮　　编　100010
电　　话　010-64038355（发行）　64033507（总编室）
网　　址　http://www.wpcbj.com.cn
邮　　箱　wpcbjst@vip.163.com
销　　售　各地新华书店
印　　刷　天津画中画印刷有限公司
开　　本　880mm×1230mm　1/32
印　　张　13.5
字　　数　280 千字
版　　次　2024 年 6 月第 1 版
印　　次　2024 年 6 月第 1 次印刷
版权登记　01-2024-0281
国际书号　ISBN 978-7-5232-1227-1
定　　价　88.00 元

如有质量或印装问题，请拨打售后服务电话 010-82838515

中文版序言

在撰写你此刻手持的这本书时，我的想法其实相当朴素，基本上就是想把学术研究的“接力棒”传递到对国际政治感兴趣的年轻一代学者手上，包括历史学者和政治学者——而且不仅仅是英语世界的学者。我想以尽可能实用和“学习体验友好”的方式展示如何进行国际政治领域的历史研究。多年来，在长期专注于个人研究工作的同时，我也习得了一些想要传递给年轻人的技能。这些技能大多相当普通：如何找到与某个主题相关的主要历史著作，如何找出你需要阅读的各种资源，如何在档案馆做研究，等等。不过，除此之外，我也掌握了一些技艺。一些文献来源只能以特定的方式来分析，而且研究课题的开展也需要投入大量的思考。因此，我想解释这些过程是如何展开的。这还涉及到一些技能，但习得它们并不特别困难。我认为，帮助人们习得这些技能的最佳方式便是展示这一过程在实践中是如何展开的。

本书中最重要的案例——或许也是中国读者最为感兴趣的一个案例——便是书中第四章所提及的太平洋战争的起源。当然，中国因素也是案例中的一个非常重要的部分。对我而言，这一部分本质上是一个小练习。鉴于这一章的目的是展示国际政治学者该如何着手研究一个新题目，因此我并不想引述一些我已经非常熟悉的内容。我当时想看看仅通过使用前一章所概述的技能，我能在多大程度上理解自己从未深入研究过的一个历史事件。我选择了 1941 年的太平洋战争事件。这是因为每当我在我自己开授的外交史讲座课程中谈及太平洋战争的起源时，我都似乎不太能理解到底发生了什么。事实上，整个事件对我而言根本说不通。为什么当时日本——这个正陷入一场注定无法获胜的对华战争的国家——会决定攻击美国？毕竟，美国是当时世界上在可动员的战争潜力方面最为强大的国家。正如一位著名的历史学家所言，那时的美国不过是一个“只求独善其身”的国家。日本到底为什么会在那个时候选择这样做？所谓“偷袭珍珠港只是单纯的侵略行为”的标准解释，也是站不住脚的。当然，我对于这一事件的反应在很大程度上与我长期培养出来的对于国际政治的一般性认识有关。我当时感觉到，国家不会那样行事的，这就不是国际政治的运作方式，故事背后必然有着更多隐情。

不过，也许我也应该退后一步想一想，因为这里实际上存在着一个更深层次的问题。我认为，真正的问题并不是“谁应该做出这些判断”，而是关注“谁应该为战争负责”的整个问题到底有没有意义。在我个人成长的 1950 年代，我从更为广泛的社会文化中吸收到的普遍观点是：战争是侵略的产物。有鉴于此，要想理解引发战争的原因，你所要做的就只是弄清楚谁是侵略者。当时，这种观点在美国非常普遍。例如，威慑战略——美国在整个冷战时期的基本战略——就是基于这一理念而生成的。因为如果美国人将冷战看作是一场侵略，那么防止侵略自然会牵涉到威慑。这种看待问题的路径——我称之为“侵略者战争理论”——至今仍然普遍存在。然而，我们从国际关系史的研究中所获得的最深刻的洞察是，事情很少会那么简单。实际上，更说得通的一般性规则是将武装冲突视为一个政治过程的结果——一个随时间展开且具有自身内在逻辑的过程，而对此所进行的任何道德判断往往都会存在问题。

这意味着学者的主要目标应该是揭示导向战争的过程中的政治核心。这也意味着我们要摆脱将历史分析等同于指出谁应该为战争负责的想法。这还意味着要对相对平凡的角色，以及尤其是权力（相对于诸如宏伟的意识形态目标之类的东西）在塑造政策中所起的作用保持敏感。这进一步意味着，我们要尝试从冲突各方的视角来看待发生的事情——并理解各方行为所面临的客观约束是什么。如果你想了解像太平洋战争起源这样的问题，我认为这是你的必由之路——哪怕是为了避免自然而然地接受历史学家针对过往事件所做出的评判。如果这一路径能在证据层面得到证实，那么你对国际政治运作方式的理解自然也会得到加深。如果纯粹的政治因素在许多重大冲突中都起到了关键作用，就表明在国际关系中更为一般的核心动力必然也是政治性的——这便是国际政治运作的方式。如果你得出了这些一般性的结论，那么这又将反过来影响你看待时至今日的外交政策问题的方式。这将促使你形成一种以比较少道德色彩、比较不会想当然的方式来看待国际政治问题——一种更能体察到对方观点的方法路径。

总而言之，这一敏感性既是第四章所涉及的小练习的出发点，也是这一小练习想要帮助你培养的品质。不过，通过历史研究培养这种敏感性是一段永远不会真正结束的旅程。你会经常发现自己在摸索答案，即便当你完成一个课题时，你所得出的结论往往也是暂时性的。提到 1941 年案例的那一章在此处也是一个很好的实例：我永远也不会声称我已经对这个主题盖棺定论了。如果我甚至都没读过日文或中文文献，我凭什么敢这么说？事实上，即便只是局限于英文资料，我也没有针对这一领域进行过任何真正的档案研究。不过，我确信的是，进一步的历史研究工作，特别是利用尚未开发的资源所进行的研究，必将产生重要的见解——而这些成果必然会来自对日文和中文资源的研究，而且会由东亚的学者完成。我希望这些学者将历史分析运用到这些资源所引导他们抵达的任何地方，而这将是我们整个领域的荣耀。如果我们的方法得当，我们真的可以超越自己的先入之见。我们会得出重要的结论——之所以重要，是因为这些结论或许可以真正地照亮战争与和平的根本问题，尤其是当这些结论与传统观点相悖时。

最后，我想要向那些将我的这本方法指南翻译成中文的人表示感谢，特别是译者郝楠。对一位学者而言，最大的荣誉之一莫过于其研究在自己的国家之外受到赏识。得知此书将翻译出版中文版，我非常高兴。我也非常希望你们会觉得此书的确值得一读。

序　言

在这本书中，我的目标是为国际政治的历史研究提供一部实用指南——一部指导研究者如何实际完成这一领域的历史研究的指南，一部在这一领域从事研究的人们会觉得实用的指南。

这类书真的有必要存在吗？多年来，历史学家似乎在没有太多关注方法论的情况下也做得不错。著名科学史学家查尔斯·吉利斯皮（Charles Gillispie）回忆他在研究生院接受的培训时曾提及："我们这些历史学专业的学生受到的全部教导，就是去检索资料，检索所有的资料。"[1]我也有这样的经历。我们历史学家所接受的方法论培训实在有限。不过，除了"去检索资料"这个简单的建议，难道就没有其他方面的指导了吗？毕竟，我们不可能完全盲目地去检索资料。那么，关于**应该**如何检索资料，就没有什么有用的东西值得一说吗？

我认为是有的。例如，检索资料的一个关键点是带着问题来检视证据。要想从你查阅的资料中提取有意义的信息，你就得提出问题。然而，你的脑海中之所以浮现问题，是因为你正从理论出发来研究你手头的课题，即你已对事物的运作方式有了某种一般性的认识。要想得出结论，除了提取资料中的信息，挖掘出事情的意义，你还需要对事物的运作方式有某种感知。

正因为如此，历史研究要想具有真正的价值，必须具有扎实的核心概念。这个基本观点并非我的创见。我记得 20 世纪 60 年代，当我还是加州大学伯克利分校的本科生时，谢尔顿•沃林（Sheldon Wolin）就主张过，每一部伟大的历史作品的核心都蕴含着某种政治理论，某种关于政治运作方式的概念——他在暗指修昔底德（Thucydides）。我还记得大约是那个时候，在我上的另一门课上，爱德华 · 西格尔（Edward Segel）曾指出，一些主要历史著作的核心概念揭示了“历史发展的动力”——他意指丘吉尔（Churchill）的 *The Gathering Storm*[2] 一书。在我的这本书中，我要阐述的很多东西只不过是为那些观点，那些我在 40 年前还是本科生时所吸收的洞见，做长篇脚注或补充说明。

这些洞见为我们认真思考方法论问题提供了一个出发点。这些洞见特别提示我们：历史研究的艺术，甚至可能是国际政治研究的艺术，很大程度上在于找到某种方法，将学术研究的概念性和实证性相结合。这一提示也是贯穿本书的一个主题。

然而，这类高屋建瓴的观点尽管重要，但也只能带你止步于此。要了解怎么做历史研究，你需要推开研究室的大门。你不能仅获取已有的精彩、整洁的学术成果，更要了解历史学家在动笔前所经历的思考过程。

因此，我在这本书中纳入了关于美国 1941 年走向战争之路的篇章。那一章并非一个学术成品。它要是做成成品的话，篇幅大约是现在的一半。我特意保留了建构文章过程中所运用的大部分“脚手架”。我想展示历史阐释中蕴含了什么，我想演绎历史阐释逐渐成形的过程。

换言之，本书的重点是著名历史学家马克·布洛赫（Marc Bloch）所称的“历史学家的技艺”的基本要素。我将在本书中谈论的许多东西都是我艰辛探索而来，其中许多都是纯粹实用性的。我希望年轻学者通过阅读这样一本书，可以不必再走一遍我的弯路，而能够从一开始就高效地开展研究，至少比我刚起步时更高效。

实际上，这本书主要是为年轻学者准备的，特别是历史学和政治科学专业的研究生和高年级本科生。我对与政治科学领域的学者对话尤为感兴趣。我认为政治科学家，或者只是研究国际关系的学者，都需要了解如何研究历史。他们可能还需要了解其他方面的知识，但如果他们不知道如何以比较严肃的方式进行历史分析，那么很难想象他们如何能理解国际政治。

这一点有争议吗？我认为，大多数政治科学家原则上都会同意这一点：某种程度的历史理解有助于达成他们的研究目标。不过，他们同时理所应当地认为，他们在实践中能做的却很有限。鉴于研究领域的性质，他们不得不主要关注较为宽泛的问题。这意味着他们很难深入研究某个具体问题。他们需要兼涉诸多领域，几乎不可能像历史学家那样专注研究一些历史事件。他们还倾向于认为他们没有接受过开展严肃历史研究所需的培训。他们似乎认为，历史学家在研究生院学到了一套晦涩难懂的技能，而那些从未学过这些技能的学者所做的历史研究注定只能是业余的。

我认为上述看法不合理。我认为存在一种方法，可以在相对较短的时间内针对重大历史问题得出较为扎实的结论，比如三四个月不间断的工作。实际上，这也正是第三章和第四章的基本观点。而且，我认为历史研究并没有什么神秘之处。历史研究当然涉及一些技能，但大部分都相当普通，根本算不上晦涩难懂。无论如何，我在本书中的主要目标之一就是揭开历史研究的神秘面纱，以便政治科学家们在进行此类研究时更为得心应手。

这本书是在十五年的时间里逐渐成形的。当我第一次就这些方法论问题撰写文章时，我从未想过我最终会写出这样一本书。当时，我在耶鲁大学为一年级的研究生开设了一门历史课程。我的目标是向那个班级的学生展示，如何在课程涵盖的时间段内（冷战时期）做国际政治的历史研究。我并不想在课堂上花太多时间讨论纯粹实操性的细节，比如有哪些资料可以运用，或者如何整理参考文献。我认为传授这些知识的最简单方法就是把我要说的东西写下来，再印成教学参考指南分发出去。既然我要让学生购买这份教学参考指南，我不妨在其中囊括我多年以来积累的一些其他东西，例如各种缩微胶卷出版物的信息，如何运用《信息自由法案》（Freedom of Information Act, FOIA），以及如何申请总统图书馆的研究资助等。学生们的反馈很好。20 世纪 90 年代，我还在当时任教的宾夕法尼亚大学的一些本科生研讨课程中使用过那份教学参考的一个版本。到90年代末，当人们开始使用互联网，而一些学术资源和检索工具也可以在网上找到时，我为那份教学参考指南开发了一个线上版本。那时，我恰巧也在写一本关于冷战的书。于是，我把教学参考指南也纳入了我为那本书设置的“线上补充资料”中。毕竟，那份教学参考指南起初就是关于如何研究冷战历史的指南。此后，我不时更新这份指南，添加一些我发现的新资源。[3]

从那时起，我就已经开始花很多时间和政治科学家们交流。我结识的那些学者对历史学非常感兴趣，他们非常想了解历史研究是如何进行的，甚至想更进一步了解历史这门具有独特学术个性的学科。我偶尔会和他们讨论这些问题，甚至还在1985年写了一篇涉及此类问题的论文。[4]因此，这本书关注的一些问题在我的脑海中已经酝酿一段时间了。不过，直到1999年左右，我才下决心写这样一本书。我并不是凭一己之意做出这个决定的，而是受到斯坦福大学的亚历山大·乔治（Alexander George）教授的大力敦促，因为他认为政治科学家确实需要在这个领域得到一些指导。可以说，如果没有他，这本书可能永远也不会问世。不过，当我同意写这样一本关于方法论的书时，我未曾充分意识到我将要承担多大的责任。当时，我并不认为写一本关于历史研究方法论的书会特别困难。毕竟，我此前的冷战研究指南业已草就，而且我自本科以来一直从事这个领域的研究，我认为我在这个领域已经应付裕如，足以快速完稿。当然，我还是觉得有必要更深入一些，尤其是我想为我要阐述的内容提供“哲学”基础。这显然需要做一些额外的研究。即便如此，我当时还是认为我应该能在一年左右完稿。

然而，事实证明，这本书花了我大约五年时间才完成。我花费很多时间来修改文本，每当收到别人的反馈后，我都会重新思考关键论点并重新撰写关键章节。我是在为他人写这本书，他人在很大程度上也塑造了这本书的最终形态。在撰写本书的不同阶段，我得到了来自亚历山大·乔治、鲍勃·杰维斯（Bob Jervis）、布鲁斯·库克利克（Bruce Kuklick）、史蒂芬·范·埃弗拉（Steve Van Evera）、安迪·莫劳夫奇克（Andy Moravcsik）、马克·希茨（Mark Sheetz）和弗雷德·罗格瓦尔（Fred Logevall）的反馈。我对他们提供的所有反馈感激之至，其中一些反馈还相当出色。我还尝试与耶鲁大学、宾夕法尼亚大学、哥伦比亚大学，以及最近几年就读于加州大学洛杉矶分校的研究生和本科生们讨论过本书的一些观点。本书草稿完成后，我在芝加哥大学、麻省理工学院和约翰·霍普金斯大学高级国际问题研究院，面向若干学生（和教职员工）举办了多场讲座，阐述了这里的一些论点。这都是非常宝贵的经历，至少对我个人而言是如此。因为，这是我直面大家的反馈的唯一方式。我得以了解大家到底对哪些内容产生共鸣或者觉得哪里存在问题。因此，我要感谢所有给予我反馈的学生，感谢他们认真对待这些论点，并将他们觉得确实有用之处告知了我。

目录

CONTENTS

第一章

历史研究的理论

这是一本关于研究方法的书，阐述了历史学家用于理解国际政治的技艺。但是，对方法论的研究也不能脱离实际。要了解**如何**开展历史研究，首先必须对历史学家究竟应该尝试做**什么**有一定的了解。历史分析的目标是什么？这整个知识领域的意义何在？这些问题即便是在实践层面也具有根本上的重要性。弄清楚历史研究的目标，即了解历史理解和历史解释是什么，对正在实际从事研究的历史学家来说非常有价值。这些知识像灯塔一样，指引着历史学家前进的方向。

历史哲学的文献是否为历史学家提供了他们所需要的指导？这一问题是本章前两节探讨的重点。简言之，答案是否定的。这是否意味着哲学家对历史学家无所助益？答案也是否定的。历史学家是可以从哲学中获得重要洞见的，只不过得是从**科学**哲学的文献中。科学哲学的文献对实际从事研究的历史学家具有真正的价值，这也正是本章最后一节论述的重点所在。在那一节中，我想从这些文献中提取一些见解，并展示它们如何运用于历史研究。

经典传统：亨普尔与科林伍德

1942年，哲学家卡尔·亨普尔（Carl Hempel）发表了论文“The Function of General Laws in History”[《普遍规律在历史中的作用》，黄爱华译，《哲学译丛》(1987.4)]。他在其中阐述了一种历史解释的理论。[1] 亨普尔认为，无论是在历史还是科学领域，解释都意味着演绎。一个解释会展示某些既存的初始条件，并蕴含着能决定条件满足时会发生什么情况的一般规律，所研究的事件将顺应这些一般规律和初始条件而自然发生。亨普尔写道，除非历史描述具有这样的形式，否则该描述便不能被视为真正的历史解释。它最多只能被视为一种“解释梗概”。这一通常被称为“覆盖法则”的解释理论，直到1970年左右仍是哲学讨论的焦点。[2] 事实上，正如一位著名学者指出的，亨普尔的论文所指向的问题是如此地基础，以至于围绕历史解释辩论的大多数人“很快就分裂为亲亨普尔派或反亨普尔派”。[3]

这个理论之所以具有吸引力，是因为它符合人们对解释应该是什么样的直觉。如果一个描述不能说明为什么特定事件**不得不**发生，而只是解释为什么**可能**发生，那么在某种意义上，它根本算不上一个真正的解释。正如一位著名的历史哲学家所言：“如果我们对事件的解释不能排除其没发生的可能性，那么我们很难声称我们理解了它为什么在特定情况下**确实**能发生，换言之，为什么它没发生的可能性未实现。我们唯一能排除这种可能性的方式是认为事件**不得不**发生，即它必然发生。这正是科学解释的演绎法所要求的。”[4]

然而，这一点对大多数历史学家来说并不重要。他们认为，亨普尔的理论过于抽象和形式主义，没能从实际的历史研究实践出发，没有首先研究历史学家对历史解释的理解到底是什么。亨普尔强调社会科学的“规律”，倾向于将阐释强行塞入过于严格的模式之中。他似乎并未真正领会历史学是一门具有自己独特学术个性的学科。[5]一些哲学家认同这一点，即不应将其他学科的标准武断地强加于历史学。[6]他们拒绝接受亨普尔所代表的观点，即无法按照科学标准“削减到分析尺度”的东西就应该“被褫夺认知荣誉的肩章”。他们认为在历史这样的领域，应当根据其自身条件采取相应措施。[7]正如其中一位学者所宣称的那样，他们觉得社会科学总体上，尤其是历史学，不应该被重塑成“物理学的畸形变种”[8]。他们认同历史学家自身的观点，即“覆盖法则”理论是不可接受的，因为它未能充分考虑人类的能动性，即个体在塑造历史事件的进程中发挥的作用。[9]

此外，这些哲学家还证明称，即便从亨普尔自己的标准出发，他的理论也并不是特别令人印象深刻的。例如，阿兰·多纳根（Alan Donagan）在关于“波普尔-亨普尔理论”的著名论文中，有力地驳斥了亨普尔所谓的“覆盖法则”简便实用的论调。在其他地方，多纳根也表明，亨普尔在其最初的那篇文章中举的一个例子——基于三条明晰的“覆盖法则”而得出的解释——并不能成立，因为“三条法则明显全都是错误的”[10]！更为根本的问题是，亨普尔自己也承认，他甚至没有设法阐释什么**是**历史解释。他所做的只是指出，在他看来事件的解释所应有的一种形态。他表示，历史解释需要为某一已然发生的事件提供充分的依据。然而，正如他自己指出的，“某些类型的信息”，如“科学测试的结果”，可能在“根本没有给出哪怕一丁点儿解释”的情况下就足以让人相信某个事件已然发生。[11]气压计读数可能预示天气恶化，但它难以说明导致气象条件变化的原因是什么。由此可见，预测能力对一个真正的解释来说还不够，还需要其他东西，但需要的是什么呢？这是一个根本性的问题，亨普尔实质上没能给出答案。

这并不意味着亨普尔的文章所提供的思路没有实际价值。亨普尔的理论可能过于僵化地依赖社会科学的规律，但正如我们将要看到的，将因果解释与逻辑演绎密切联系的观点实际上非常重要，而且亨普尔的理论确实对思考一些二阶问题有帮助。例如，亨普尔认为解释和预测是一体的：基于一些普遍原则和特定条件，我们只要能解释一个事件，也就能预测该事件的发生。这为方法论研究提供了一个重要观点。[12]在历史论证的任何一个环节，历史学家都可以这样追问：基于截至目前的论述，是否可以预测事件将如何发展？这一追问可以检验论证是否**有力**，意即强有力的阐释应具有一定的预测能力。此外，阐释还会引发预期：如果阐释是有效的，那么还有什么有待发现？历史学家会有意无意地预测其尚未查阅的资料会揭示什么，这些预测可以作为评判论证是否有效的实用标尺。

因此，我们不能一概否定亨普尔的研究。不过事实仍如此：在核心问题上，实际从事研究的历史学家在亨普尔那里找不到太多有价值的东西。但亨普尔的理论路径也并非历史哲学家所能提出的唯一路径。比如，英国哲学家罗宾·乔治·科林伍德（Robin George Collingwood）的理论路径就有别于亨普尔。事实上，在20世纪50和60年代的历史哲学文献中，科林伍德的观点经常被视为亨普尔理论的唯一且真正的替代方案。但是，这种替代方案是否给历史学家提供了他们所需要的东西呢？

科林伍德的理论非常独特。根据他的说法，历史学家关心的不是事件本身，而是行动。因为，事件是“由自由且聪明的行动者的个人意愿和思想表达共同推动产生的”。他认为，历史学家“通过自己头脑中的反思来发现这种（推动事件发生的）思想”。通过“反思”过去的思想来“再次体验”过去的经历：对科林伍德而言，这就是历史的本质，是历史解释所蕴含的内容。他认为，“一段真正查明的历史事实，通过历史学家在自己头脑中重新演绎行动者的思想，就已经得到了解释。对历史学家来说，发现发生了什么和发现为什么发生之间并没有区别”。例如，“当一位历史学家问道‘布鲁图为什么刺杀恺撒？’，历史学家的意思是‘布鲁图的什么想法促使他决定刺杀恺撒？’。对他来说，事件的原因即事件肇始者头脑中的想法，它并非存在于事件之外，而是内在于事件之中。”[13]

科林伍德认为，这是区分历史学和科学的一个重要方面。他写道，“自然过程”可以“被合理地描述为纯粹事件的序列，但历史过程则不能。历史过程不是纯粹事件的序列，而是行动的过程，这些行动包含了由思想过程构成的内在方面。历史学家寻找的正是这些思想过程”。历史学家应通过“在自己的头脑中”反思这些思想来发现它们。例如，要了解为什么恺撒做了某事，历史学家应试图“发现恺撒头脑中的哪些想法促使他这样做。这意味着让自己设身处地想象恺撒所处的情境，思考恺撒是如何看待自身所处的情境的，以及恺撒会如何应对”。他总结道：“历史是思想的历史，因此，所有的历史，都是历史学家在自己头脑中对过去思想的再现。”[14]

因此，历史学家的目标是通过在当下反思过去的思想来还原过去。实际上，科林伍德认为，这应是历史学家**唯一的**目标。他坚持认为，历史“**只是**历史学家在自己头脑中对过去思想的再现”。可以让历史学家“产生自我反思”的思想，“就是他能从历史中所知晓的**一切**”。他声称：“思想之外，再无历史。”人类理性是历史学家唯一感兴趣的因素。他表示，孟德斯鸠（Montesquieu）论及不同民族和文化之间的差异时，“错误领会了其本质”，即“他没有从人类理性出发来解释他们（不同民族和文化）的历史，而认为那是由气候和地理的差异所致”。科林伍德认为：“（孟德斯鸠）这样构建出的历史将成为一种人类的自然史或人类学，其中的制度不是**人类理性**在其发展过程中的

自由发明，而是自然原因的必然结果。”当然，他承认，“任何文化与其自然环境之间都存在着密切关系，但决定文化特征的不是环境本身，而是人们从环境中的所得，因此，这也要看人们自身的情况”。[15]

我认为，即便是最保守的历史学家，在今天也会认为这种方法过于狭隘和教条主义，甚至有些古怪。哲学家传统上倾向于认同科林伍德的理论路径，但即便是这些哲学家也觉得他的理论有点令人难以接受。[16]例如，科林伍德为什么简单地假定社会制度是“人类理性的自由发明”？他对与他主张的“行动”和“理性思考”联系不大的因素的态度怎么能如此轻蔑？科林伍德的一个基本信条是：“只要人的行为由其动物性、冲动和欲望所决定，人类的行为便是非历史性的。”[17]这种观点显然是相当武断的。当然，有意识的思考的确在塑造事件的进程中起着作用，有时甚至是非常重要的作用。历史学家的基本技艺之一就是试图站在被研究的人的角度来看待事物。但历史学家的目标是理解过去，了解事物是如何联系在一起的，了解事件进程背后的逻辑——这种逻辑往往与非智识性因素有着莫大关联。人口变化、经济增长、国家间权力分布的变化，这些因素的发展显然具有根本的历史重要性。以科林伍德自己所举的例子为例，要解释布鲁图为什么刺杀恺撒，历史学家会想了解当时罗马在社会、经济、文化尤其是政治方面的情况，其目标不仅是了解布鲁图在某个特定时刻的想法，还要了解导致恺撒遇刺的整个过程。更通俗点来说，历史的演变是整体的，并不总是由个人的意图所驱动；“结构才是决定性的”，社会环境与自然环境都发挥着关键作用。因此，“为什么”一类的问题并不总能够从（某个人的）意图中得到解答。[18]

因此，对大多数历史学家而言，科林伍德的理论并未太受重视。这意味着，无论是科林伍德派还是亨普尔派，都没能为历史学家提供他们认为有用的哲学指导。这两派代表了光谱的两个极端：一派强调结构和近似法则的规律性，另一派则强调自由意志和人类的能动性。然而，每个实际从事研究的历史学家都知道，事实是这两种因素都在起着作用。如何在特定情况下取得二者的平衡，才是做好历史研究应掌握的技艺。这当然是一个实证性的问题，而非哲学性问题。20 世纪 50 年代和 60 年代，这两派共同主导了英美历史哲学。然而，从实践者的角度来看，这两派都没能为历史学家在历史应该是什么的问题上提供太多洞见。

建构主义的挑战

截至 20 世纪 60 年代末，实际从事研究的历史学家对历史哲学文献的评价相当低。例如，J. H. 赫克斯特（J. H. Hexter）在 1967 年提到，“长期以来，纵然才华横溢的哲学家辈出，但他们的历史观点却没能吸引多少历史学家”[19]。另外的许多历史学家也有类似的看法。不过，赫克斯特所批评的传统那时正在逐渐消失，而且在短短几年之内，一个迥然不同的理论体系出现了。这次，理论家们给历史学家提供了很多有趣的东西。不过，这个新的理论体系是否能比被取代的理论体系更好地满足历史学家的需求呢？

这一新运动基于这样一个不算新颖的观点：历史与其说是一种发现，不如说是一种发明。[20]该观点主张，过去本身已不存在，过去发生的事情无法被感知，也无从知晓，因此需要运用想象力创造出过去的图景。这一图景可以以不同的形式呈现，都是合理的。正如这一运动的领导人物海登·怀特（Hayden White）所言："任何历史对象都可以对应多个同样合理的描述或叙述。"[21]

实际上，怀特认为，人们不能理所应当地认为，已有某种连贯一致的叙述刻画了所研究课题的历史现实——"坚信我们能够理解历史，和坚信我们无法理解历史，二者在认识论上的可信度相差不大"[22]。由于历史学家运用的材料远不足以给出完整而丰满的历史阐释，历史写作其实具有很大的创作性，远大于历史学界传统上所愿意承认的程度。他认为："如果将历史学家的文本打回原形，不过是修辞组合罢了。人们会发现，通过写作，历史学家不仅在有效地**建构**着他们话语的主题，而且他们最终写出来的东西与他们在研究中发现的东西相比，更像是对其最初感兴趣的对象的**想象**。"[23]

在怀特看来，老派历史学家错误地认为叙述话语是"表述历史事件的中立媒介"。然而，它只是"一堆虚构出来的现实观点"，实际传达意思的正是历史文本的文字结构。[24]尽管如此，“事实性”内容也不应被过于刻板地对待，“每个历史叙事”都应被视为“寓言式的”，即“明说一件事情，暗指另一件事情”。[25] 据怀特所言，历史学家采用的修辞策略是“一种本质上的诗化行为，他们在其中**划定**历史范畴，以便在此范畴中运用能解释‘当时**实际**所发生的事情’的特定理论”[26]。按照一位评论者的说法，在怀特的观点中，阐释的核心“包含在历史学家的创造性行为之中”[27]。怀特辩称道，既然“历史编纂的可能方式实际上是先分析得出洞见，再进行诗**化**的表述”，而且这些诗化的洞见没有一个能真算得上是“现实的”，那么历史学家做出的阐释策略的选择就并非取决于哪种策略最能捕捉到“现实”，即其选择“最终是出于审美或道义的目的，而并非出于认识论目的”。[28] 由此，怀特得出了令老派历史学家震惊的结论：“我们可以随心所欲地构想‘历史’，正如我们可以随心所欲地创造它。”[29]

因此，历史叙述被视为“虚构话语”，历史与神话之间并无本质区别。[30] 通常用来区分这两者的基本概念，如“真实”（truth）和“现实”（reality），本身就有问题。在这一思路上，怀特这样的学者从文学理论家如罗兰·巴特（Roland Barthes）的著作中自由地汲取着灵感。巴特挑战了人可以明确区分历史叙事和虚构话语的观念，并坚称思想是语言的俘虏。[31]

像怀特这样的学者，正如他自己所指出的那样，常常被斥责为宣扬“一种弱化现实的相对主义，允许对证据的任何操纵，只要叙事在结构上连贯就行”。批评者声称，举例来说，这样的理论路径会允许纳粹版本的历史存在，甚至否认现实发生过的大屠杀，“只要能满足某种最低限度的可信度就行”。这些批评者质问怀特，根据他的理论，难道大屠杀是否真的发生过只是“一种观点”？难道人们可以“以任何喜欢的方式来书写大屠杀的历史”？[32]

怀特并未完全否认。实际上，他承认他所支持的“历史观念”，在传统上会与“法西斯政权的意识形态”联系在一起。不过，他声称，这并不是回避这种“历史观念”的理由。他认为，重要的是要“防止那种人们仅因为它与法西斯意识形态联系在一起就抛弃这种历史观念的意气用事”。他仍然坚称：“在理解历史记录时，我们在历史记录本身中找不到任何依据足以支持我们判断出，某种对历史意义的解读是否真的胜过另一种。”[33]这再次引出了同一个问题，即纳粹对历史的阐释是否与其他阐释同样合理。

怀特并没有直接面对这个问题，而是考虑了纳粹的受害者犹太人，是否可以为了自己的政治目的而自以为正当地编造历史阐释。怀特的回答是可以。他表示，以色列意识形态学家们已经接受了这样的理论，即大屠杀是犹太人大流散的必然结果。根据怀特的说法，以色列在（约旦河）西岸的政策中体现的“极权主义，甚至法西斯主义”，就有可能根植于这一理论，但它仍应被视为对“无意义的”犹太人大流散历史“在道义上负责任的回应”。这不应被视为“不真实”。实际上，“历史阐释的真实性，恰恰在于其为以色列现行政治政策的方方面面辩护的有效性。从那些表述它们的人的立场来看，这些政策对犹太人的安全乃至生存至关重要”。那么，在怀特看来，这样的历史叙述与失之客观的历史叙述相比如何呢？与那些主张“放弃为任何特定政治事业服务，仅仅以真实地讲述过去为目标”的历史叙述相比又如何呢？以及与那些主张提供相对公正的观点，以培育“宽容与克制，而非崇拜与复仇”的历史叙述相比呢？实际上，更政治化的理论更受青睐。怀特认为，那种建议搁置“复仇欲望”的持平观点，是一种“总是源于既定政治权力中心”的观点，但它所推崇的宽容“是一种只有占支配地位的团体的追随者们才能负担的奢侈品”。因此，基于政治原因，想要客观地书写历史的尝试是徒劳的，因为这种尝试会自然地走向互相包容。真实不应“作为目的本身”而被追寻，真实的检验标准是政治效果。[34]

怀特并非唯一一位沿着这一思路进行论证的学者，有些学者甚至更为极端。例如，汉斯·凯尔纳（Hans Kellner）认为，相信“历史客观性”不只是自我欺骗而已。与这一概念相关的一套规范实际上都是压迫的工具。凯尔纳认为：“‘真实’和‘现实’是我们这个时代威权的最基本武器。”[35]

这一思路的影响是一种高度政治化的历史编纂方式得到了认可。因为如果米歇尔·福柯（Michel Foucault）的观点是正确的，即“我们只能通过生产真实来行使权力”，那么人们便可以通过创造自己的“真实”来获得权力，也就是说，通过塑造文本来为自己的政治目的服务。[36]这还必须是书写历史的目标，因为围绕历史的目标到底是什么的观念竞争，即老派观念所认为的“以真实地讲述过去为目的本身”，已经被彻底地否定了。从这个角度来看，历史学家甚至不必试图表现得诚实。因此，有人赞扬“怀特的历史观”，认为它允许那些“‘创造性、阐释性的扭曲’，这种扭曲蕴含着乐观主义，超越了以**空想的**方式阅读过去、现在和未来的学术正统”[37]。这样的观点认为，研究历史的目的并非“把故事讲好”，而是“把故事**讲得好听**”。[38]

鉴于这些观点与传统历史学术观念的差异如此之大，学者们几乎不可能毫无批判地照单全收。事实证明，它们实质上并未对历史学家实际所做的事情产生多少影响。例如，怀特的著作正如他的支持者们所遗憾的那样，“几乎没有”对历史研究“产生明显的影响”。“乏人阅读，在历史学家们常读的期刊上鲜少有人评论，引用不足，讨论不多，最后经常被严重误解”，这就是一项针对怀特理论影响的研究的结论。[39]怀特的支持者们对此有自己的看法，但也许本质原因还是在于怀特的理论本身，尤其是关于历史学家的研究是“实质上的诗化行为”的观点，并不符合历史学家对自己工作的理解。一种阐释可能需要经过多年甚至几十年的深入研究才能得出。在理解历史证据的整个学术研究过程中，研究人员在塑造最终的学术阐释方面可以说是发挥了根本性作用。怀特通过研究得出了历史阐释可以最终归结为简单的“诗化行为”，对这一观点，实际从事研究的历史学家表示难以苟同。

因此，大多数历史学家都难以接受怀特的这些观点，然而这一运动并非毫无影响。许多与之相关的观念已被广泛接受，只是其意涵已被冲淡。历史研究至少在一定程度上可以受政治议程影响的观点已得到尊重。[40]另一方面，坚持历史的客观性的老派观念则逐渐过气。学者们开始理所应当地认为，相信历史研究可以是客观的观念是一种痴心妄想；有时学者们甚至断称，即使努力追求客观性也没有什么意义，重要的是明确表达自己的偏见。

为什么这些观点在主流历史学家中甚至也开始流行呢？首先，20 世纪末，学术界的普遍氛围正在迅速变化。尤其是 20 世纪 70 年代和 80 年代，人文学科不断挑战真理的本质，挑战方式相当激进。著名理论家鲍德里亚（Baudrillard）称，“理论的秘密”是“真理并不存在”[41]。另一位更著名的理论家福柯称：“语言之外，并无现实。”[42]这种思维方式绝不仅限于一些蜚声国际的法国学者所持。

美国也有类似的趋势，例如在哲学家理查德·罗蒂（Richard Rorty）的作品中，他贬低诸如“理性”和“客观性”之类的概念，模糊知识与观点之间的区别，并坚称“我们无法摆脱我们的信念和语言”。对罗蒂而言，诸如“真理”和“知识”这样的术语仅仅在“社会实践”上有意义，只是对“我们认为如此有道理以至于暂时无需进一步求证的信念”的一种“恭维”。[43]在他看来，知识与观点之间的区别仅仅是观点受认可的范围不同，前者是普遍共享的观点，而后者是“比较难以达成一致”的观点。[44]“对客观性的渴望”因此只是“对尽可能多地达成主客观一致的渴望”。[45]更多的努力，即“准确地阐释‘理性’和‘客观性’”，只是一种费力的“自欺欺人，试图永恒化当下的规范性话语”。[46]事实上，根据罗蒂的说法，启蒙时代理性主义的陈旧词汇已经成为“民主社会进步的障碍”：它已经“过时”，应当被一种更符合我们当前政治价值观的新话取代。[47]这些观点颇具影响力，特别是它们为新的反客观主义历史观提供了值得尊重的哲学基础。[48]

不过，罗蒂的总体论证中有一些相当奇怪的地方。例如，谁真的认为地平说的信念在过去并不比当今相反的信念一样“真实”呢？但是，人们往往会被罗蒂的声望和他的观点已经代表某种共识的论调所折服。如今，如果被问到的话，还会有谁真的相信“现实”和“真实”这样的概念呢？根据罗蒂等人的说法，秉持这种“形而上学的自负”的人已经越来越少了。[49]

然而，罗蒂的观点并没有代表多少共识。许多哲学家，包括一些相当知名的哲学家，在这些问题上的立场更符合常识。[50]例如，美国最杰出的当代哲学家之一约翰·瑟尔（John Searle）就大胆地宣称，“有一个独立于我们的思想和话语的现实世界”，以及“现实世界中的事物状况可以证实我们的真命题”的观念，是“任何理智哲学的基本前提”。[51]

当然，对哲学家而言，这些并非什么新问题。自古以来，知识的本质问题一直是他们议程的首要议题。在最初的几个世纪的哲学辩论中，某些关键的结论已经初具轮廓。其中一点是，我们无法证伪怀疑论者的观点。例如，我们无法排除这样的可能性："世界其实只是在五分钟前刚刚突然诞生，世人过往的'记忆'纯属虚构。"[52]因此，知识从来不是绝对的。我们甚至没有办法证明外部世界是否真的存在。但这无关紧要。这仅仅意味着我们的一切智识活动都基于一个假设，即我们没有被系统性地误导：我们假设我们可以通过思想和感官的共同作用来认知外部世界存在的信念事实上是正确的。正如休谟所言："叩问**到底是否有实体存在**必然是徒劳的。这是一个我们在所有推理中都必须假定的前提。"[53]怀疑论者并未被驳斥，基本的认识论问题得到了正视，我们不得不假设现实是存在的，认知是可能的。我们将从这里出发，继续前进。

因为这些基本结论适用于一般性的知识，所以它们也适用于历史知识。不过，问题是就此打住，还是因为历史知识本质上不同于其他形式的知识，而存在需要考虑**历史**知识是否具有某种个性的问题？特别是，历史知识是否与科学知识有本质区别？如果没有，那么也许科学哲学可以提供我们正在寻求的指导。

作为历史哲学的科学哲学

历史分析与科学分析有何不同？科学是否因研究自然世界而与研究人类社会的历史学迥然不同？[54]显然不是这样的：许多科学都把人类作为研究对象，如实验心理学。科学之所以不同于历史，难道是因为科学中的真理是"通过观察和实验而为我们实际感知到的，但过去已经消失，我们关于过去的思考永远无法像验证科学假设那样得到验证吗？”[55]答案仍然是否定的。科学经常研究过往现象的遗迹。对天体物理学来说是如此，对进化生物学、地质学以及许多其他领域来说都是如此。生物学家有化石可以参考，历史学家则有文献记录。从认识论的角度来看，这两种证据在本质上有何不同？

学者们通常认为，真正的区别在于所研究的主题的一般性程度。我们通常认为，历史学家关心的是特殊情况，而科学家关注的则是一般现象；科学家的目标是“制定一套普遍法则”，而历史学家的“核心关注”是“个别事件的确切过程”。[56]然而，从科学家们发表的期刊文章来看，他们大多数关注的还是非常具体的问题。当然，这限于更一般性的研究主题范围。其实，历史学家也是如此：研究的问题可能相对具体，但一般性的概念问题都会有所触及。

有的学者认为历史分析必然是选择性的，因此是主观的、非科学的。[57]但正如一位哲学家指出的那样：“认为历史学是选择性的而科学不是，这一观念是完全错误的。事实上，科学在选择相关事实或事实的某些方面时比历史学更为彻底和明显。”[58]

还有一些学者认为学界的共识才是关键指标。据说，科学家们已经“修炼出一种标准化的思考方式”来研究他们的研究对象，因此，科学思维是“公正的和客观的”。他们共同遵循一些基本假设和普遍原则，由此得出的结论为所有科学家所接受。据称，这是使物理学等领域成为“科学”的主要原因之一，也是自然科学能提供“客观知识”的原因。[59] 与之相对，历史学家在许多重要问题上常常意见相左，由此看来，历史学不能被视为一门科学。

然而，在自然科学中，专业共识其实并非高质量的衡量标准：例如，物理学最令人印象深刻的进展发生在没有共识且仍在争论基本观点的时期。如今的进化生物学在当年也是如此。即便历史学家在一系列问题上接受标准阐释，也不一定意味着历史学就具有了科学地位和更高程度的客观性。学界共识只能算是一个肤浅的指标。科学地位实际上取决于论证的性质和质量：是否可以以逻辑上令人信服的方式得出见解，以及这些见解是否根植于手头的实证证据。

因此，一门学科的科学地位取决于所运用的方法的性质。在这方面，历史学和科学之间的共同点比人们想象的要多。科林伍德有力地阐述了这一点：

> 律师、哲学家弗朗西斯·培根(Francis Bacon)曾用一段令人难忘的话明确提出过，自然科学家必须“质问自然”。当他写下这段话时，他认为科学家对待自然的态度不应该只是恭敬关注，等待自然的表现，并以自然所选择透露的信息为基础建立理论。与之相对，他有两点主张：首先，科学家必须主动，自主决定想知道的内容，并在自己的头脑中以问题的形式表达出来；其次，科学家必须找到强迫自然回答的方法，设计出迫使自然无

法再保持沉默的手段。在这简短的警句中，培根为所有实验科学奠定了真正的理论基础。[60]

科林伍德在此的真正洞见是，上述内容不仅适用于科学。他表示，培根还找到了“历史研究方法的真正理论”。科林伍德在其《历史的观念》（*The Idea of History*）和早期作品中都强调了这一点，即历史分析应该像科学一样，也由问题来驱动。他指出：“无思考，不求证。”因为思考意味着“提问”，所以“除非有明确的问题”[61]，不然哪来的证据。

这一点非常重要。在研究历史时，假设你的方法得当，你实际上并非只是在研究一个课题，你是在试图回答一个问题，甚至可能是一系列的问题。如何提出这些问题至关重要。问题应当指向一个证据能够证明的答案。不过，探求零碎问题的答案却是毫无意义的，所做的不过是历史学家轻蔑地称之为“捡破烂的”文物考据工作。如果目标是要探究一些真正的大哉问（如战争的根源是什么或如何稳定国际秩序），那么历史学家致力于回答的问题应该更为重要，其回答问题的方式应有助于为这些大哉问提供启示。当然，这并不意味着历史学家应当尝试直接处理一些一般性的大问题。因为那样做就仿佛凌空揽云。为了解决提出的问题，学者必须设法使之落地，将之具体化，赋予其具体内容，即不仅要问“什么导致了战争？”还要问“什么导致了第一次世界大战？”甚至是“为什么 1914 年的七月危机的事态发展是那样的？”研究的问题越具体，研究起来也就越容易。不过，在更明确地界定研究问题时，仍要牢记联系更为一般性的概念问题。历史学家的研究成果需要具备更普遍的意义。当然，这不仅适用于历史学的研究，也适用于所有的科学研究。

因此，科学和历史学之间的区别并没有表面上看起来的那么大。实际上，认为两个领域之间存在根本性差异的看法，植根于一种对科学本质相当过时且理想化的理解。根据传统观点，科学立足于观察到的事实。事实具有一种基本的品质：一旦被发现，就不存在争议，事实也是用来构建理论的基本构件。科学家可能在理论问题上存在分歧，但通过实验发现的事实则是“最终裁决”：观察结果将决定研究问题，而且是以一种在智识上令人信服的方式决定研究问题。换言之，人们认为，科学存在一种方法，几乎算得上是一种规则系统，能将实证性的观察与理论性的结论结合起来。这意味着该方法所产生的理论并非任意而为：它所揭示出来的正是自然界原本的样子。[62]

上述的一整套观点在20世纪60年代已基本被抛弃。据论证，科学发展的逻辑比人们想象的要松散得多，这一整套规则系统的说法都与科学研究的实际工作方式相差甚远。首先，认为事实不容辩驳且与理论无关的观念就存在问题：对事实的观察只有在一系列理论假设的背景下才有意义，因此事实与理论之间的界限并不像老派实证主义传统所假定的那样明确。[63]而且，理论本身从来都不像“沙滩上的鹅卵石”一样，机械地由收集到的事实堆叠而成。事实自身永远不能“为自己说话”。[64]毫无疑问，这是爱因斯坦的观点。他认为“没有一种归纳法可以导出物理学的基本概念”，“那些认为理论归纳自经验的理论家可谓大错特错”。[65]

不过，如果理论并非观察的简单产物，那么，到底是什么（如果存在的话）使一个理论在智识上具有说服力？毕竟，对证据的检验并非像看起来那样具有决定性。由于观察结果并不能“为自己说话”，必须由人来加以阐释，我们不可避免地要用到理论假设。这么来看，这里存在某种循环逻辑。事实证明，理论不会仅因为出现似乎与之矛盾的证据就被抛弃。那样的证据通常也可以用特例论证（ad hoc arguments）来剔除。即便剔除不了，也可以调整理论以适应理论原型所无法解释的观察结果。[66]因此，将“事实”视为最终裁决的证明方法的效力，比人们想象的要弱得多。不过，如果这一切都是确凿无误的，那么究竟是什么决定了理论选择？这是否意味着理论选择本质上是一个任意的过程？

20 世纪 50 年代和 60 年代初关心这些问题的哲学家，如 N. R. 汉森（N. R. Hanson）、斯蒂芬·图尔敏（Stephen Toulmin）和托马斯·库恩（Thomas Kuhn）认为科学史可能给出了一些答案。早期的形式主义传统在很大程度上是非历史性的。该传统强调“证明的背景”，假设方法论与理论的最终形式的理性证成有关，关注的是建立这些理论的效度的形式方法。发现理论形成的实际历史过程则仅被视为“纯粹的心理学”问题。[67]例如，尽管卡尔·波普尔（Karl Popper）写过《科学发现的逻辑》（*The*

Logic of Scientific Discovery）一书，但他对新理论出现的历史过程并不真正感兴趣。[68]汉森对此理论路径抱以嘲笑。他表示，波普尔和该学派的其他学者感兴趣的，并不是所谓的“**发现的逻辑**”，而是“**完成研究报告的逻辑**”。[69]不过，从新兴的、更历史主义的方法论的假设来看，这种区分未免太严格，“发现的逻辑”与“证明的逻辑”应该是一体的。

然而，如果理论是历史过程的产物，而这一过程可能以多种方式发展，那么这对理论的认识论地位意味着什么呢？这似乎意味着承认理论选择并非由纯粹理性和客观的方式来决定，亦即承认理论选择“取决于客观和主观因素的混合”。[70]这无异于打开了水库的闸门。科学的真理如何在承认其理论没有纯粹的理性基础的情况下，还能保持自身的说服力呢？这岂不是“敞开主观主义之门”吗？[71]

托马斯·库恩素来以标新立异闻名，在他非常成功的著作《科学革命的结构》（*The Structure of Scientific Revolutions*）中，他以一种特别鲜明的形式提出了新的思路。库恩的分析关注的是他称之为“范式”的东西，即科学史上特定阶段的基本科学思维框架。[72]在他看来，科学有两种截然不同的发展路径：一种是“常规性科学”，即在特定范式背景下开展的研究；另一种是“革命性科学”，即促使新范式取代旧范式的过程。他的基本主张是，新的范式并非由于纯粹的理性原因而出现，旧的范式也并非因此而被推翻。他写道：“范式选择问题永远无法仅凭逻辑和实验来明确解决。”[73]相反，他认为在“常规性科学”发展过程中，异常现象会堆积起来，常规性科学囿于既定范式，无法处理这些异常现象。因此，只有革命才能解决这种危机，即新范式的横空出世和众多科学家的“改宗”。

库恩认为，整个过程不能完全用理性来理解。他说，危机的终结并非经由漫长的“审议和阐释”，而是经由“一个相对突然且非结构性的事件”，是一种“格式塔转换”。通过这种转换，一切突然以全新的面貌呈现。他表示：“科学家们经常提到‘遮蔽眼睛的鳞片突然掉落’或者‘灵光一现’使得之前模糊费解的困惑突然得到澄清，研究者得以从全新的视角出发看待此前的困惑，并找到解决方法。相似的体验也会在睡梦中出现。一般意义上的‘阐释’无法解释这些灵光一现所产生的新范式。”[74] 他写道，新观点本质上是“基于信仰”而被接受[75]；旧观点并未被明确证否，其拥趸摒弃旧观点也并非是因为被理性论证说服。实际上，在这种讨论中，拥护新旧观点的双方通常会互相对话，参与的科学家发现很难“全面回应对方的观点”[76]［库恩称之为“不可通约性”（incommensurability）］。新观点逐渐占据上风，在很大程度上（尽管并非全然）是出于“主观和审美”的原因。[77] 反抗新观点在智识上是合理的，没有理由认为其是“不合逻辑或不科学的”。[78] 旧范式的式微只是因为其支持者逐渐流失，此说法的假设是，在智识层面，旧范式从未真正被证否。

库恩的说法当然有些言过其实。例如，他认为，科学的新见解是通过一种“格式塔转换”并以“相对突然”的方式出现的。[79] 实际上是汉森在其《发现的模式》（*Patterns of Discovery*）

一书中将格式塔心理学的基本概念引入了科学哲学，而库恩对该问题的讨论是从汉森的研究出发的。然而，汉森费尽心思证明的却是新理论并**不是**以“相对突然”的方式出现的。[80]在他更为清醒的论述中，理性因素是基本的：他详尽分析了发现开普勒定律（Kepler’s laws）的漫长而紧张的过程，这么做的全部意义在于表明了一条重要的新型研究路径的出现是一个漫长而艰难的过程，且具有自身独特的逻辑。[81]

不过，库恩的论述用词更为极端，以至过犹不及，陷入反论。例如，伊姆雷·拉卡托斯（Imre Lakatos）指责道：“**在库恩的观点中，科学革命是非理性的，成了群体心理学范畴的问题。**”[82]库恩坚决反驳了这种指责，并在他后来的著作中特别努力地与科学发展根本不能用理性来理解的观点保持距离。他认为这种观点是“荒谬的”，是“解构主义魔怔的典型例子”。他还为这一观点“是由那些经常自称库恩主义者的人提出的”感到不安。[83]

库恩并不是非理性主义者。在他对科学发展的看法中，理性因素占据了重要地位，理性因素单独发挥的作用并不具有决定性。理性因素本身也的确不能算是决定性因素。这一点似乎可以将他归类到相对主义者的阵营。然而，他实际上是试图在两者之间寻求某种平衡。在他看来，寻求平衡才是问题的核心所在。一方面，科学发展是相当宽松且不完全由纯粹理性因素决定的过程。另一方面，科学显然具有非凡的特质，使得它（用图尔敏的话来说）以“真正的知识权威凌驾于我们之上”[84]。

科学过程是如何得出其科学结果的？考虑到科学实际上的运作方式，它又是如何能够得出关于现实本质的“真实或可能的结论”的？库恩认为这是一个“严重的问题”，并承认我们“无法回答这个问题对我们理解科学知识的本质是一个严重的损失”。[85]

该问题对库恩及其他新理论的先驱者（如图尔敏和汉森）来说都是根本性的。他们也在寻找一条“折中之路”，以在相对主义和绝对主义之间找到平衡。[86]他们也以历史主义的视角审视科学的发展。像库恩一样，他们对科学“真理”的概念感到不安，而更愿意谈论科学的理性过程。理论选择是一种社会现象；科学家个人根据一系列他们可以自由权衡的标准做出决定。[87]这些标准如“准确性、简洁性、丰富性等”[88]，可能正如库恩所言，都具有“主观性和审美性”。[89]但这本身并不意味着决定是非理性的。恰恰相反：科学界做出选择，即科学界成员出于成熟的判断力而做出的决定，是我们几乎唯一能确保其过程足够理性的方式。[90]正如库恩所指出的，即便是拉卡托斯也强调了“由训练有素的科学家基于成熟的直觉而非逻辑规则来做出决定”的重要性。[91]

这对历史学家意味着什么？首先，这为我们提供了一个评估历史研究的理性程度和科学地位的合理标准，即历史学是事实上的科学，而非想当然的科学。对此，我们没有理由认为历史研究永远也达不到哪怕是最低的科学标准。历史学家可以做出判断，科学家也可以如此。如果这个过程在科学中是合理的，那么在历史学中也应该同样合理。[92]认为历史研究不可能有客观性，或因阐释是不可避免的，所以历史研究永远也无法摆脱“主观性的玷污”，甚至对客观性的任何追求都是毫无意义的：这些让人丧气的假设在历史学领域并不比在科学中更有根据。

然而，更重要的是，科学和历史学在认识论上并没有太大差别。这意味着科学哲学家关于真实、知识、理解和解释的见解也可以直接运用于相应的历史学概念。这种转化行为虽然并不能带来一套现成的历史哲学，但至少为我们思考这类问题提供了一个非常有用的框架。

总之，历史学家的根本目标是什么？是寻求真相吗？这是（至少以前是）一般公认的目标，但大家也都认为这个目标基本上是无法达成的。1954 年，著名的荷兰历史学家彼得·海尔（Pieter Geyl）在耶鲁大学的一次演讲中提出了一个公认的观点。海尔认为，历史女神“可能拥有真相，全部而唯一的真相”，但对历史学家而言，她最多只能“赐予一瞥。她永远不会交出所有的宝藏。我们所能期许的最多只是对过去真实发生过的事实做出部分呈现，一种近似真相的历史”。海尔表示，要想理解过去，就要**了解**基本事实，历史学家必须“选择、整理和阐释他所运用的材料。在这个过程中，他必然会引入主观性元素，也就是说，他会篡改或削减绝对而不变的真相”。[93]

“绝对而不变的真相”：像库恩和图尔敏这样的哲学家会对这样的观念感到不安，而且他们有充分的理由感到不安。[94]首先，“真相”的概念本身就非常有问题，而且在实践中也是不必要的。谈论自然的某一方面或历史某一时期的“真相”意味着什么？这个词似乎暗示研究对象存在一个定义明确的本质，包装在一个整洁的包裹里，却永远无法被完全发现——也就是海尔所说的，宝藏可以一瞥但永远也无法真正获得。然而，这样的隐喻所描绘的景象几乎没有任何意义，且实践中也并不需要这个概念。现实就是现实，过去就是过去，研究可以依据研究对象自身的条件来展开。例如，第一次世界大战的爆发可以作为一个自成一体的问题来研究，没有必要非得把研究目标定为揭开第一次世界大战起源的真相。

因此，我们可以放下所谓历史研究的目标是了解研究对象的真相这一观念。不过，如果放下这个观念，那么我们也不得不放弃理解的意图本身，因为理解的意图必然会歪曲并玷污"绝对而基本的真理"。理解本身因此成为自成一体的核心目标，即理解即为目标，而不是作为获取神秘且最终无法触及的"真相"的手段。以此来看，使过去可以被理解不应被视为一种扭曲的来源，而应被视为历史研究事业的核心。这才是历史学家应该努力去实现的目标，而不是揭示"真相"。

那么，"理解"究竟意味着什么呢？汉森的作品是一个重要的启发来源。对他来说，理解本质上意味着发现事物是如何组合在一起的。汉森提出的观点是，科学家从观察（现象）开始，然后"提出问题"。[95]他们的目标是解释数据：物理学家的"目标是通过一套概念化的操作模式，把他（观察得出）的数据合理地融入更为人熟知的数据中"[96]。这就是理论产生的方法：

> 物理理论提供了使数据可以被理解的模式化操作……理论并不是可观察到的现象的拼凑，而是使得我们有可能从某种范式角度来理解现象，并将它与其他现象联系起来的东西。理论将现象纳入体系来看待。理论是以“逆向”方式构建出来的，即它是逆向推导的。理论是一系列的结论，寻求的是一个假设的前提。从观察到的现象的属性出发，物理学家推导出关键概念，从而使这些属性能够自然地得到解释。[97]

因此，理论即演绎系统。它“保证从因到果的推论成立”。[98]实际上，要想声称因果关系存在，就得有如下保证：“理论对因果推论的这种逻辑保证解释了真正的因果序列与纯粹巧合之间的区别。”[99]为了使两个现象之间存在因果关系，两者之间必须有必然联系，而这种必然性只能由理论提供。只有理论——因为它是演绎系统——才能告诉你为什么因和果**必然**相互联系：“有时，成对发生的事情的因果必然性，恰恰与理论有关。正因为在理论上能从一件事推导出另一件，这两件事才被分别理解成前提和结论。”[100]

这与亨普尔的观点有何不同？对亨普尔而言，解释也意味着演绎，但他基本上就此止步。对汉森而言，亨普尔的路径过于机械化和形式主义。汉森坚持认为那些仅仅是“预测装置”的理论，不会提供真正的解释，而这些理论正符合亨普尔关于理论应该是什么的基本标准。理论必须能做更多的事情，必须能让大家感知到，真的有什么东西被解释了，即得益于某个理论，他们理解了以前不理解的东西。[101] 例如，假设你的目标是理解为什么直角三角形两个较短边的平方和一定等于较长边的平方。以下的做法是不够的：测量大量直角三角形的边长，发现在所有这些情况下，斜边的平方都等于另外两个边的平方和，就宣布这是一条经验性的“定律”，再通过引用这条“定律”来“解释”相应的现象。不过，如果你研究过毕达哥拉斯定理，了解过证明过程，看到过结论是如何从相对合理的假设中得出的，你就会明白事情为什么必须是这样。只有这样做，观察到的现象才会得到解释，你也才会有一种“理解了的感觉”。不然，你其实感觉不到你真的理解了什么。[102]

从汉森的分析中还可以得出其他重要的观点：因果解释中理论的重要性、理解的本质，以及理解是否可以是“客观”的。汉森试图弄清楚诸如理解、解释和因果关系等概念到底是什么意思。他希望他的分析能摆脱过于机械的理论路径。

他尤为想摆脱机械或“因果链条”的因果模型。他试图将因果关系视为只在理论背景下才有意义的东西，而不是可以在现实世界中直接观察到的现象。“原因当然与结果相联系，”他写道，“但这是因为我们的理论将它们联系在一起，而不是因为它们本身就是黏合在一起的。”[103] 即便是台球之间的互相撞击，其运动原理也并非不言自喻的。正如莫佩尔蒂（Maupertuis）在1732年所言：“当人们看到一个运动中的物体把这种运动传递给其他物体时，并不感到惊讶，人们已经习惯于看到这种现象，以至于意识不到这有多神奇。”[104] 人们至少需要有一种朴素的理论——正如汉森所言，“无论多么原始”——才能用因果关系阐述这些现象。[105]

因此，理论存在于人们的头脑中。汉森写道，“因果论的核心”并“不在物理世界”。“在自然界里，我们无法看到、触摸或踢到任何可以称为‘因果联系’的东西。”然而，我们也同样无法触摸到事实或真言。这并不意味着这些概念是“过分主观的”或“虚幻的”：“事实、真言和因果关系都是因为世界本身的存在而存在的”，而“通过有效论证得出的正确结论也不带有任何主观性”。[106]

不过，这并不完全是一个客观主义的看法。实际上，对汉森而言，理论的目标并不是提供现实的精确镜像。他认为，事实材料的积累本身并不是目标，理解才是目标。因此，必须防止画面被无关的细节所占满。他指出：“地图越像是现实地理的镜像，它的实用性就越低。”[107] 理论就像模型。模型的主要目标是提供一种“结构意识”。理论还必须试图揭示研究对象的基本重要性。因此，一定程度的简化不仅对模型来说是必要的，对“理论**之为**理论”，甚至对“科学**之为**科学”也是必要的。[108]

因此，我们必须高度重视简洁性。理论的目标是基于少量相对简单的假设来构建出一个解释系统：“伽利略、开普勒、牛顿、麦克斯韦（Maxwell）、爱因斯坦、波尔（Bohr）、薛定谔（Schrödinger）和海森堡（Heisenberg）的大统一场论，起先都是发现了简洁的公式，再从这些公式中自然而然地得出对各种现象的解释。”[109]对简洁性的追求体现在对数学形式的追求上，康德有句著名的格言精准地表达了这一态度：“对每一门自然科学而言，只有数学存在其中，科学才会存在其中。”[110]

如果理论的目标是理解，那么理论选择的标准**只能**是理论本身的特性。这些基本标准并非仅是反映科学界主观和审美偏好的随意教条，如分析的优雅性、解释的丰富性等。它们实际上发挥着**理性的**作用。[111]简洁、优雅的结构——其中的少量核心假设具有一般且深远的影响——可以允许猜想被进一步推导；即便核心猜想无法被直接证明，也可以通过实验进行检验。[112]如果猜想被证明是有效的，这将可以巩固理论；但即便失败了，这个发现也可能具有相当大的价值。因为猜想是从一般性的假设中推导出来的，所以它的失败将具有普遍的意义。结构产生洞察力：随机的观察并不重要，但是从更一般的理论体系中推导出的猜想的失败可能迫使人们去思考一些基本问题。“真理，”正如培根所言，“更容易浮现于错误之中，而非困惑。”[113]

因此，分析的优雅性和解释的丰富性并非随意而主观的标准。建立强大的演绎系统并不仅仅是出于审美原因。这一系统的目标是提供一定的“结构意识”，旨在发现事物如何相互作用。所有这些都很重要，因为这就是**理解的含义**，这就是理解现象的**意义**。

这在多大程度上适用于历史研究呢？历史学家也是从观察开始的，再利用这些观察“设定问题”。一场战争爆发了，要如何解释？物理学家的目标是“通过一套概念化的操作模式，把他（观察得出）的数据合理地融入更为人所熟知的数据中”[114]。历史学家也试图构建这样的模式去理解事件发展的底层逻辑。在科学中，“当一个事件可以被追溯到只需更少解释的其他事件时，或当它被证明是一系列可以理解的事件的一部分时，它就得到了解释”[115]。在历史学中，目标也是展示特定事件如何成为一系列“可理解的事件模式”的一部分。在研究乍一看难以解释的事件［如珍珠港（Pearl Harbor）事件］时，成功的解释是通过将之追溯到不那么难以理解的原因，从而使这些事件变得可以理解，也就是建构出一个合情合理的故事。

历史阐释可以类比成物理理论。历史阐释的目的也是提供“使数据看起来合理”的框架。像物理理论一样，历史阐释“并不是可观察到的现象的拼凑，而是使得我们有可能从某种范式角度来理解现象，并将它与其他现象联系起来的东西”。在历史学和科学中，事实从来都不会“为自己说话”。历史阐释的构建方式与汉森所言的物理理论是一样的。他表示，物理学家“实际上很少寻求建立只要从物理上解读他的数据就能推导出结果的分析系统。他更多的是在寻找这些数据的解释，他的目标是通过一套概念化的操作模式，把他（观察得出）的数据合理地融入更为人所熟知的数据中”。同样地，历史学家很少一开始就设定要建构什么样的阐释，当历史学家试图理解正在发生的事情并弄清楚数据所反映的内容时，阐释也就自然而然地出现了。[116]

对汉森而言，理论就是演绎系统；现象是通过从一些相对简单的公理推导出它们的发生而得到解释的。这样的系统非常重视简洁性：理论的“优雅性”是衡量其价值的关键指标。历史研究也同样非常看重简洁性和分析的优雅性，亦即在呈现过去的图景时，不是试图呈现照片般的复制品，而是要凸显出真正重要的东西。如果一种阐释能够基于少数相对简单且合理的前提来解释很多正在发生的事情，那么这种解释就非常有价值；如果这些前提还解释了许多其他令人困惑或意想不到的事情，那么这更加证明了它的解释力。

因此，在一定程度上，试图理解某个历史现象可能会促使我们去构建一个演绎系统。历史解释，即在研究历史的过程中对理解的形式化，应尽可能具有一种演绎结构。例如，为了解释艾森豪威尔政府对欧洲的基本政策，历史学家可以首先表明艾森豪威尔总统希望在不久的将来从欧洲收回手来。然后，历史学家可以继续说明这意味着西欧应该在世界事务中成为“第三极”，能够在没有美国直接支持的情况下抵抗苏联。接下来，历史学家可以展示那一时期美国对欧洲政策的多个不同方面——支持欧洲一体化，减少美国在欧洲的驻军数量，核共享政策等——是如何从这一基本政策选择中通过逻辑推导出来的。即便其中没有亨普尔所谓的社会科学定律在发挥作用，这也算作是一个解释。使其成为解释的是将一般性与个别性相联系的逻辑，从艾森豪威尔的基本政策思维出发，他所追求的具体政策也就变得“理所当然”了。

然而，在寻求建构这样的结构时，历史学家切记不宜过度。在历史过程中，偶然因素显得尤为重要，历史变革的逻辑从来不如数学定理的逻辑那样严密。目标只是看看在观察到的多种现象中，有多少可以通过少数相对简单的因素来解释。但与此同时，历史学家需要小心，不要在历史现实中解读出比实际存在更多的结构。

因此，现实验证是基本的。历史阐释是建构物。它们存在于人们的头脑中。但是，正如汉森关于一般性的因果判断的看法，这并不意味着这些概念是“过分主观的”，因此是随意的或空想的——“它们之所以是它们，是因为世界本就是这样”。[117] 这并不是说观察就像纸上的点，可以随意连接。实际上，只有某些点才可以被合理地连接起来：基于这些数据可以合理绘制出的图像受到“世界本就是这样”的事实限制，或者，在历史研究中，受到“过去就是这样”的事实限制。

学者在构建既有力又具有吸引力的解释方面可以走多远？答案取决于一系列因素。它取决于所研究的特定主题的性质以及可用的证据类型。它还取决于从事这项研究的学者的技能和他所接受过的培训。技能是可以培养的，研究历史问题是有方法的，方法也是能学会的。

第二章

外交史和国际关系理论

历史阐释必须具有核心概念。事实从来都不会“为自己说话”。因此，历史学家必须通过理论来让它们“发声”，亦即通过对事物运作方式的某种理解来让它们“发声”。但在实践中，这意味着什么？在实际的历史研究中，这种一般性的理论起着什么作用？历史学家头脑中的特定概念框架又是如何形成的？历史学家**应该**如何去构建他们需要的理论框架，以使过去变得可以理解？他们是否应该研究国际关系理论并理解该领域文献中的观点，从而以更为直接的方式来解决这些基本概念问题？或者相对他们的目标而言，不那么直接、不那么形式化的方法就已经足够了？

那么，对理论家而言，如果通过研究历史真的可以得到什么的话，那他们得到了什么？如何将历史分析应用于理论问题的研究？总的来说，理论家可以从历史文献中得到什么？如果历史阐释具有核心概念，那么这是否意味着不应该仅将历史文献视为用于堆放检验理论的事实材料的大仓库？这是否意味着如果理论家以正确的方式研究这些文献，他们可能会从中获得更多？

历史学家与国际关系理论

本章将关注历史与理论之间的关系的问题。我想首先从历史学家的角度着手讨论这一系列问题。首先，历史学家实际上是如何运用理论的？从非常宽泛的角度而言，答案很简单：理论首先是分析的工具。根据分析所揭示的内容，理论也可以作为解释的基础。不过，这么说非常笼统，让我通过一个具体的例子来解释我的意思。这个例子涉及一篇法国历史学家埃里耶·阿雷维（Elie Halévy）于七十五年前写的一篇文章中的一段文字。阿雷维或许是他那一辈历史学家中最为杰出的一位。

那篇文章实际上来自阿雷维 1929 年在牛津大学的一场罗德讲座。在文章中，他用一个相当引人注目的段落总结了第一次世界大战的起源。他写道，到了 1914 年，奥地利的领导人开始相信，只有在军事上粉碎塞尔维亚，斯拉夫民族主义问题才能得到解决。“但是，只要是愿意直面现实的人都能看得出来，无论何时，只有奥地利向塞尔维亚宣战，泛斯拉夫主义情绪才会真正强烈得让任何俄国政府都扛不住参战的压力”，而且“只要是愿意直面现实的人也都看得出来，无论何时，俄国只要表露出要对奥地利宣战的迹象，泛日耳曼意识就会迫使德国政府也加入战局”。他接着指出：“同样众所周知的是，只要德国对俄宣战，就绝不会容忍其西线驻扎着一支堪称欧洲次强的军队。在向东奔袭解决俄国问题之前，德国必将先行侵占巴黎，击溃军事强国法国。”很明显，为了实施这一计划，德国军队自然会行军穿过比利时。但“所有人都知道，只要比利时海岸和法国北部海岸沦陷于德国，大不列颠（Great Britain）一定会感受到其威望和安全正在遭受威胁，因此必然会倒向比利时和法国这边，从而加入战局”。所有的这一切都意味着，到1914年时，战争几乎已经不可避免，“想弄清楚的人不仅都弄得清楚欧洲大战迫在眉睫，而且也知道战争的总体面貌将会是什么样”[1]。

阿雷维是一位真正伟大的历史学家，他竟能将如此多的内容压缩到一个段落里，着实令人赞叹。在战争结束仅十年之后，他居然就能以如此超凡的超然态度分析战争的爆发。他是具有悲剧意识的。既然事件是按照某种无可挽回的逻辑展开的，历史学家的任务就不是单方面地责怪战争的一方或另一方，而是简单地展示这一逻辑本身是什么。不过，尽管他的论述着实令人印象深刻，你仍然不禁会对他提出的一些观点产生疑问。俄国**无论如何**一定要援助塞尔维亚吗？即便这样的政策意味着与德国和奥地利交战也在所不惜吗？俄国的参战决定难道不是取决于它参战的胜算有多少吗？胜算的多少不是在很大程度上取决于它是否可以依靠英国和法国积极的军事支持吗？当时西欧列强出于自身的利益考量不会更想制衡俄国吗？如果有选择的话，西欧列强不会因为风险和代价过大而想要避免战争吗？肯定有一部分代价是政治上的：即便在这样一场战争中取得了完全胜利，这也可能并不完全是一件好事。摧毁足以制衡俄国的德国真的符合他们的利益吗？让欧洲保持某种权力平衡不比战事连连好得多吗？也许这些因素都在起作用，如果是这样的话，可能事情会有各种各样不同的走向。这一点使你产生疑虑。难道故事不应该比阿雷维所讲述的要更为复杂吗？

对在这个领域工作了四十多年的我而言，这样的问题很快就会浮现在脑海中。这些问题暗含着国际政治的某种观点。我读了阿雷维的这段话后，心里想的是：**这不可能**。我很难相信俄国无论如何都会为了塞尔维亚而参战。在不查阅任何文档的情况下，我强烈怀疑俄国在这个问题上的政策**肯定**在很大程度上取决于他们对法国和英国将要采取的行动的判断。换言之，我的假设是，这种权力因素必然具有基本的政治重要性，欧洲的领导人们**不可能**简单地忽略这些考量，而让他们的政策受制于泛斯拉夫主义或泛日耳曼主义情绪的影响。

上述加粗的词语是一些提示。它们表明，必然性因素已经被引入，因此（正如我们在上一章中所看到的那样），一个因果理论已被应用于这个问题。当然，我的用词并不十分严谨。所谓不可能，并非物理或逻辑上的不可能。阿雷维的观点基本正确的可能性也并非完全不可能。因此，当我告诉我自己权力因素**肯定**比阿雷维想象的更为重要时，我真正的意思是，我很难相信权力因素未曾发挥重要作用。不过，即便考虑到这些情况，在以这种方式回应阿雷维时，我显然是运用了一种理论，一种基于国际政治一般运作“必然性”的粗略感知。

不过，请注意这种理论（如果你愿意称之为理论的话）实际上发挥的作用。它并没有提供任何现成的答案。相反，它为我们提出了一系列只有通过实证研究才能回答的具体问题。例如，在俄国人看来，如果他们因塞尔维亚问题而参战，法国和英国到底会采取什么行动？在1914年7月决定采取行动时，俄国人是否通盘考虑过这些？换言之，这个理论（如果运用得当的话）并不是对实证分析的替代，而是分析的**引擎**。它帮助你意识到应该关注哪些具体问题。它帮助你发现重大问题（如第一次世界大战的起源）是如何由较小的问题（如俄国对英法行动的判断以及这又如何影响其在危机中的行动）引发的。因此，它有助于你了解所关注的历史问题的“结构”，并帮助你了解如何研究这个问题。因此，它在制定有效研究策略方面起着关键作用。

要明白这一点，只需将这种方法与另一种不以任何特定概念框架为基础的研究方法进行比较即可。如果你采用另一种方法，你如何进行研究？你是不是只是一头扎进资料，完全无脑地到处翻找，却不知道到底在找什么，期望在吸收了足够的信息后，脑子里或多或少地自动形成某种解释？毕竟，无论是在历史学还是科学中，仅仅收集一堆事实，像“沙滩上的鹅卵石”一样堆叠在一起都是没有意义的。无论是在历史学还是科学中，概念框架都不是以纯粹机械的方式从一系列实证观察中拼凑而成的。这意味着研究工作需要大量的思考，它必须由问题驱动。

因此，你需要培养问题意识，换言之，你需要一些能帮助你提出问题的东西。正是在这方面，一些理论，即对国际政治运作的一些认识，确实是不可或缺的。

然而，这里也存在风险。理论可能被误用。如果你依赖某个理论，你就有可能只看到该理论认为重要的内容，或者试图将证据强行纳入预先设定的理论结构之中。你可能会爱上一种观察事物的方式，并相应地以之解释过去。不过，这些问题并非无法解决。在这里，重要的是要意识到，理论本身并不能提供答案，它的主要功能是明确你所要关注的问题。

在实践中，这个过程是如何运作的呢？当你研究历史问题时，你会不断尝试看清事物是如何组合在一起的。你永远不想将历史仅仅解释为由时间线串联起来的一系列事件而已。相反，你的目标是理解事件发展过程中的逻辑。正是在这样的背景下，理论观念才会发挥作用。

例如，假设你想了解第一次世界大战的起源。你知道俄国在巴尔干地区的政策是这个故事的重要部分。俄国当然是在1914 年为保护塞尔维亚而参战的。不过，俄国在该地区的政策到底**是什么**？它是如何形成的，以及为什么会这么形成呢？事实证明，当你研究这个问题时，你会发现在第一次世界大战之前的那些年里，俄国在该地区实行的并非纯粹防御性且维护现状的政策。例如，俄国人在 1912 年帮助建立了巴尔干同盟。但正如当时的法国总理普恩加莱（Poincaré）所指出的，巴尔干同盟的建立“不仅埋下了对土耳其战争的种子，还埋下了对奥地利战争的种子”。[2]考虑到当时德国是奥地利的盟友，俄国显然是在玩火。那么，我们到底该如何理解俄国的这一政策呢？

在研究这个问题时，你需要借助一些理论性的假设。俄国自身实力太弱，无法单独对付德国。你认为**必须将**权力现实考虑在内。俄国这么做无异于自杀。不过，俄国并不孤单：它可以寻求法国的支持，也许还有英国的支持。西欧列强的态度至关重要，但他们为什么愿意为了俄国的巴尔干政策而参战呢？事实证明，在19世纪90年代法俄联盟的初期，法国在巴尔干地区的态度要谨慎得多。为什么法国会有后来的转变？答案难道不会与德国有关吗？或者更确切地说，与第一次世界大战爆发前十年的法德（和英德）关系恶化有关？这很有道理，可以算是另一个基本的理论假设。随着德国与西欧列强之间的关系恶化，英国和法国变得更加依赖俄国。他们不得不担心，如果西欧爆发战争，俄国会采取什么行动。甚至在和平时期，他们也不得不担心如果他们多少不给予俄国一些无条件的支持，俄国可能会与德国修好。出于类似的原因，德国也有一定的兴趣试图让俄国远离西欧列强。理论表明，所有这些都会使俄国掌握主动权。这势必将提升俄国的行动自由度，亦即俄国在巴尔干地区实行前进政策的自由度。

因此，根据你的理论，你产生了一系列关于法国、德国、俄国和英国政策的猜想。这些猜想告诉你在开始研究资料时应该寻找些什么。法国是否真的觉得无论如何都必须支持俄国？如果是这样的话，这是不是他们与德国关系变化的结果？俄国是否觉得双方都在拉拢他们，这是否导致他们认为自己可以在巴尔干地区为所欲为？再次强调，理论并不能为你提供答案，但它确实能让你明白问题是什么，换言之，明白哪些问题应该是你分析的核心。

假设你能回答这些问题。假设从证据上看，你一开始提出的猜想是正确的。那么你就会对正在发生的事情有一个阐释。你将能够整合一系列不同的事件，包括导致德国与西欧列强关系恶化的事件，以及俄国在巴尔干地区日益强硬的姿态。这样的阐释需要借助一个理论，亦即用来生成这些猜想的那个理论。

换言之，在解释为什么 1914 年之前事态会那样发展时，你得借助某些具有理论性质的原则。在我们研究的问题中，基本原则是，当国家之间或国家集团之间的关系恶化时，第三方国家的地位必然会得到改善。在任何情况下，这些不断变化的权力关系都会对政策有着重要影响。这一原则并不仅仅是你偶然观察到的亨普尔所谓的经验规律。稍微经过一番思考，你就会明白为什么事情基本上**必然**会这样发展。

你可以在各种不同的历史背景下运用这一基本的理论原则。例如，假设你对 20 世纪 60 年代末和 70 年代初的大国政治感兴趣。当然，你知道中苏关系在那个时期之前急剧恶化。利用这个理论，你可以猜想中苏关系的走向，应该与欧洲的缓和以及美国 1970 年左右与中俄两国关系的改善有很大关系。在不查阅任何文献档案，只是依靠一般性的常识和理论性的假设的情况下，你就可以提出一个猜想。结合资料反映的情况，你可能会将其进一步发展成为一个历史阐释。

不过，你对事物运作方式的基本理解绝非一成不变。它并不是永远固定的“存在在那里”等着你去运用。当你在特定历史背景下努力解决基本的概念问题时，它也会随之演变成形。特别是当你回应其他人的观点，和回应具有一定理论共鸣的历史观点时，它的演变尤为显著。

举例而言，如何理解 1939 年爆发的第二次世界大战？多年来，人们普遍认为这个问题的答案非常简单：希特勒是罪魁祸首，无须多言。然而，1961 年，A. J. P. 泰勒（A. J. P. Taylor）在他著名的《第二次世界大战的起源》（*The Origins of the Second World War*）一书中对这一传统观点进行了抨击。根据泰勒的说法，1919 年之后的问题“并不在于德国的侵略性或军国主义，也不在于其统治者的邪恶”[3]。在他看来，真正的问题是德国基本上比欧洲大陆上的任何其他大国都要强大得多。法西斯主义的战争狂热并非关键因素，它实际上**也不可能**是关键因素，“即便是法西斯独裁者，如果看不到战争的胜算，也不会发动战争”[4]。因此，权力现实**必然**具有基本的重要性。泰勒写出了可能是这本书中最重要的一句话：两次大战之间的欧洲的“基本问题是政治问题，而非道义问题”。也就是说，问题与权力现实有关，而与侵略意图无关。[5]

泰勒显然把他的论证推得太远了，关于这一点，我将在下一章详细说明原因。不过，当你直面泰勒的观点时，他的基本主张**必然**是正确的，即我们没有道理认为希特勒的对外侵略是不顾政治和军事形势而盲目发动的。无论是在任何时间点还是在随着时间的推移而发生的变化之中，整体的权力结构都必然发挥着作用。为了理解战争的起源，我们必须重新叙述 20 世纪 30 年代的国际政治，而这一叙述的逻辑与权力现实有着很大关系。泰勒的观点之所以引起大家的注意，是因为它与曾经的传统观点相悖，即与那种过于关注道义因素而没有充分考虑权力因素的战争起源观相悖。

最后一点对我们的目的非常重要。通过发现以前没有发现的东西，你增加了你对事物运作方式的理解。你确信了某些**观念**，即某些关于事物运作方式的论述逻辑。但你也会通过得出纯粹事实性的结论来深化你的思考。托马斯·库恩曾经谈到他那一代科学哲学家为什么对科学史产生兴趣："我们对现行传统已经感到不满，正在寻求对它进行改革的行动**线索**。"历史可以作为一种研究哲学问题的跳板。最后，库恩也的确意识到："我们从历史记录中得出的许多最核心的结论，是（**可以**）从基本原则中推导出来的。"[6] 历史性的结论在这个意义上往往是"线索"。它们是你用来回溯更为基本的国际政治理解的线索。正如汉森可能会认为的那样，它们迫使你寻求那些基本原则，从而使这些发现成为"理所当然"。

当这些发现变得戏剧化且出乎意料，特别是当历史性的结论与你自己的信念截然不同时，它们会对你的思维产生极大的影响。当这种情况发生，尤其是当你得出某些重要问题的错误结论时，你就像是抓到了金子。它会迫使你思考错误的根源，并重新审视你的基本假设。因此，它会加深你对国际政治如何运作的理解。

因此，你的基本思维能力会随着你对历史的研究而提升。你会对历史学家提出的观点做出反应。该如何评估特定阐释的核心假设？你会尝试自己思考这些问题。当你开始自己动手做实证研究时，你实际上是在检验各种一般性的观点。哪些观点在实证方面具有说服力？哪些观点似乎在解释真实世界中所发生的事情上没有多少作用？有时候，你的假设会被证明是错误的。你到底错在了哪里？是否错漏了什么重要的东西？在你经历这个过程时，你会自然而然地对事物的运作方式产生一定的感知。

经由这种方式，你的头脑中会形成一个概念框架。不过，历史学家是否也应该以更直接的方式来研究问题呢？政治学家和其他理论家对历史学家需要关注的重大问题已经发表了太多看法。研究他们的著作并试图理解他们的论点对历史学家来说是否有意义？还是说历史学家只要了解历史学界自己产生的理论就足够了？

许多历史学家对理论家所做的工作评价不高，正如许多理论家总是看不起历史学家，认为他们只是事实贩子。[7] 我认为在任何情况下，这些态度都是不合适的。不过，我还是要强调，认真对待国际关系理论可以让外交史学家在多个方面受益。首先，也是最明显的是，历史学家需要处理一些基本的问题，而理论性著作可以提供重要的指导。例如，假设你正在研究核时代的国际政治。你意识到你需要了解有关核武器及其对国际政治影响的知识。拥核国家间彼此的核武器的影响是否会“互相抵消”？它们是维护和平的力量还是引发动荡的根源？在处理这些问题时，诸如托马斯·谢林（Thomas Schelling）和伯纳德·布罗迪（Bernard Brodie）这样的理论家的作品具有绝对根本的重要性。

因此，某些理论著作可以帮到历史学家的研究，但这并不是历史学家研究国际关系文献的唯一原因。我前面几段谈到过“戏剧化”的发现，事实上科学哲学家经常强调这种发现的重要性。[8]不过，使一个发现“戏剧化”的原因，不仅仅是它与人们以前所信仰的观念不同甚至是截然不同。如果问题是微不足道的，那么这种发现也不会有多少意义。你的发现必须是重要的，而使一个发现变得重要的是它与基本信念的相关性。在我们的研究中，基本信念即为关于国际政治如何运作的信念。

因此，当你直面这个研究领域核心的基本概念问题时，某个发现的重要性将在你的脑海中产生特别深刻的影响。只有这样，你才能真正意识到为什么某个发现令人惊讶且因而很重要。只有这样，你才能听得到你脑海中传出的警钟般的声音，并理解为什么某些发现是重要的。要想令人惊讶，就得有理论。两者密不可分。正如罗伯特·杰维斯（Robert Jervis）所言：“没有理论，你就不会对任何事感到惊讶，也就是说，事件之所以令人惊讶是因为不符合我们的预期，而这些预期只能来自隐性或显性的理论。大家有时候认为见怪不怪是因为知识渊博，事实上，恰恰相反，一无所知的人才会见怪不怪。”[9]

让我在这里明确一下我的观点。当我说历史学家应该深入探讨基本理论问题时，我并无意暗示他们应该简单地接受理论家的世界观。事实上，大多数历史学家也并不能这样做。原因很简单，因为理论家看待世界的方式与历史学家并不相同。[10]但正因为如此，如果你是一位历史学家，你可以通过深入理论家的智识世界并努力理解他们的观点而获益无穷。即便你最终得出的结论表明政治科学家在某个问题上的观点是错误的，但推导出这一结论的过程却可能对你非常有益。而当你发现是自己犯了错时，你的收获可能更为惊人。

历史学与理论家

现在让我们从另一个角度来看这个问题。为什么理论家应该研究历史呢？有一些相当明显的答案。历史可以为理论家提供例证，以说明理论主张。这些案例可以阐明理论家所想要表达的意思，并为他们提出的观点提供一定的实证支持。无论理论家是否引用实证案例，这些案例都可以帮助那些探讨重要概念问题的人意识到理论论证的力量。因此，肯尼思·华尔兹（Kenneth Waltz）在其《国际政治理论》（*Theory of International Politics*）一书中提出了一个重要观点，重点关注竞争压力如何塑造政治行为。这一观点非常符合他对国际政治的基本的结构性分析方法。[11]假设你熟悉这个观点，然后你偶然读到普鲁士高级官员［哈登贝格亲王（Prince Hardenberg）］在1807年的辩词，称他的国家无法在军事上抵御法国，因为革命“给法国人民带去了全新的活力”。因此，普鲁士如果想要继续生存下去，就不能仅依附于旧秩序。据哈登贝格所言，新的革命原则的力量是如此强大，以至于“拒绝承认这些原则的国家只能接受屈服或是灭亡的命运”[12]。这一思考方式事实上与当时普鲁士进行的重大改革有很大关系。你注意到这些事情，并被它们与华尔兹论述的关联性所震撼。他的理论性观点具有某种现实性。历史例证表明，华尔兹不仅构建了一个有趣的智力结构，而且他发展出来的论述可以帮助你了解事物在现实世界中的运作方式。

研究历史还可以帮助理论家发现他们可能发现不了的东西。在国际关系理论中，有一个重要的思想体系“强调在进攻相对防守更有优势时所产生的危险”。[13] 你可能会觉得这个基本观点相当合理。然而，如果你研究 19 世纪的英俄关系，所谓的防守优势关系，你可能会惊讶地发现，英国的核心领导人在不同的历史时期有多么好战，例如在 1877 年的近东危机（Near Eastern crisis）期间。[14] 暂且假设这是一个防守优势的关系，你的脑海中也可能会形成一个截然不同的想法。在这个案例中，危险是否与这是一个**防守**优势的关系有关？正是**因为**双方进攻的风险有限，政治家才会以较为傲慢甚至轻佻的态度对待战争？当然，即便这个解释是正确的，这本身也并不意味着进攻优势就必然导致动荡的总体观点一定是错误的。但是这个例子仍然可以为我们的思考提供一些素材。它可能表明，这个理论问题比你最初的想象要复杂，甚至也可能更为有趣。

当然，理论家可以这样的方式运用历史：历史实例可以阐明理论主张，研究历史案例也可以激发理论分析的灵感。不过，如果理论家认为历史的价值仅限于此，他们就几乎不会再更进一步研究历史问题了。这样的话，历史分析几乎无法在理论工作中发挥根本性的作用。因此，如果历史研究**是**重要的，那么它必须给理论家们提供迄今为止比我所阐述的还要更多的东西。它必须给他们提供一些与他们核心智识愿景有关的根本性的东西。

那么，研究国际关系的政治科学家究竟想要的是什么呢？总体上，他们想要得出的不仅是关于国际政治如何运作的知识。总体而言，他们的目标是超越“散文传统”。他们希望自己研究的领域成为科学的一种。他们的目标不仅是发展出在智识上值得尊重的观点体系，而且是发展出**理论**体系。[15]他们研究历史的路径往往植根于这样的愿景。总的来说，他们往往在内心自诩为实证主义者，通常想当然地认为理论必须通过事实的检验，而且他们也确实是从这个路径来研究历史的。他们假设历史可以提供检验理论所需的事实。

然而，从科学哲学文献中可以得出的一个关键见解是，“理论检验”的概念要比你想象的更有问题。问题源于理论的目标并不是尽可能精确地描绘现实。理论的目标是深入核心，简言之，是关注推动事物变化的因素，凸显所研究的内容中真正重要的东西。因此，理论必须提供一种模型，一种现实的非写实性的视角。而且，该模型必须与它应该帮助你所理解的局部现实有所不同。正如汉森所言，“完全消除模型与原始事态之间的**所有**差异”将阻碍“模型本应达成的目标，也就是提供在与复杂现象的创造性对抗中所缺失的‘结构意识’”。[16]

无论是在国际政治研究中，还是在所有科学门类的研究中，这都是正确的。正如华尔兹所指出的，其理论的解释力及他本人的杰出地位，一定程度上是因为他的理论路径根植于对这些科学哲学问题的精深理解，“得益于远离‘现实’，而不是贴近它”，所以认为最佳模型“就是反映现实最精确的模型”的观念是错误的。[17]难道因为引力理论不能解释“树叶下落的随机轨迹”就认定其有缺陷吗？难道古典经济学理论因为其所立足的理论假设——“著名的‘经济人’”——“并不存在”就应该受到批判吗？[18]要是说理论应该尝试复制现实，即“要让‘理论和我们手头所有的事实证据所表明的一样复杂’的话”，华尔兹指出，“无异于从伽利略开始就放弃科学”。[19]

那么，我们如何看待理论应该接受实证证据检验的观点呢？检验包括比较理论所暗示的内容与观察结果之间的关系。如果理论只是要提供一种现实的写实画面，那么两者之间的差距是可以预料的。那么，即便是从原则上讲，我们又该如何通过二者的差距证伪理论呢？当然，这种差距通常不难处理。正如科学哲学家在一百多年来所指出的那样，我们可以轻易地设定特例解释来保护理论免于证伪。[20]著名的科学哲学家伊姆雷·拉卡托斯讲过一个故事，这个故事虽然是虚构的，但是基于许多真实的历史事件，可以用来说明这一点。我们虽然可以运用牛顿定律计算出一颗刚发现的行星的轨迹，但其实际轨迹却与计算结果并不一致。信仰牛顿学说的天文学家猜测，这种偏差是由于该行星附近存在另一颗迄今未知的行星，只是更强大的新型天文望远镜无法发现其存在而已。天文学家接着“暗示可能是由于一团宇宙尘埃云的存在”，所以望远镜探测不到。然后，一颗卫星被发射进太空寻找这团“猜测中的尘埃云”，但是失败了。不过，这又催生了另一个特例猜想。拉卡托斯称，这个过程可以无休止地进行下去。任何时间点上的成功都会被视为牛顿理论的重大胜利，而失败则总是可以被解释并排除出去。任何时候，失败都不意味着基本理论被驳倒。[21]

拉卡托斯的观点是，科学中的检验并不像人们想象的那样简单明了。人们以为理论家和实验者之间可以划出清晰的界线，即“理论家提出”（理论）而“实验者（以自然世界的名义）验证”（理论）。正如一位学者所言：“人们提出猜想，自然世界判定其真伪。人们发明科学系统，再探究它是否与观察到的事实相符。”[22]然而，正如拉卡托斯所论述的，事情并非那么简单。我们总是可以提出特例解释，“主要目标却仍难以捉摸”[23]。“自然世界可能大声报错”，但人类的智慧“可能总是能叫得更响”。[24]正因如此，他表示，科学中的“证伪在某种程度上是无关紧要的”[25]。根据拉卡托斯的说法，真正重要的是那些“戏剧化”的结果。这些结果由理论预测（否则难以意料），并得到观察证实。他在这里给出了（验证广义相对论的）1919年实验的例子，实验得出，现实的确正如爱因斯坦的相对论所预测的那样，来自遥远恒星的光线会受到太阳引力而发生偏转。拉卡托斯表示，这是一个惊人的结果，在使科学家接受爱因斯坦的理论方面发挥了关键作用。[26]

这一观点当然过于极端，实际上检验在自然科学中发挥的作用要比拉卡托斯所愿意承认的大得多。例如，1919 年实验虽然非常重要，但并未被视为绝对确定性的结论。相对论还预测了某些光谱线的位移，而爱因斯坦自己承认，这个实验对该预测的检验至关重要。“如果证明这种效应在自然界中并不存在，”他写道，“那么整个理论将不得不被放弃。”[27] 同样，达尔文的“适者生存”理论通常被认为是同义反复（因为适应性是依据物种的生存能力来定义的），因此无法检验。然而，达尔文本人却奋力指出，他的理论可以通过实证检验的方法，这一方法可能会导致理论“崩溃”。[28]

尽管拉卡托斯把这一观点推得太远，但他的观点肯定是有道理的，实际上对国际关系理论这样的领域，他的基本观点比对物理学甚至生物学等领域更具有说服力。在国际关系理论中，学者很少会做出明确的预测，这样的理论无法像“检验”一词所暗示的那样以相对简单、明确的方式来证实或证伪。即便是在自然科学领域，理论通常也不会与事实“一交手”便立刻败北。[29] 在国际政治领域的文献中，普遍性观点的精确度要低得多，理论评估过程甚至更为不明确。这里真正评估的是理论的基本要义：它是否让你真正多了解了一点世界是如何运作的知识，它是否帮助你发现了那些你原本无法发现的事物，它是否能解释那些你原本可能难以理解的事物。这里的关键在于，这种判断根本无法机械地做出。即便是在物理学这样的领域中，这种判断也是由“经验丰富的科学家的成熟的直觉”主导的，而不是由逻辑规则主导的。[30]因此，在像国际关系这样的领域中，我们更没有理由认为这种判断可以在本质上机械地做出，严肃的判断必须依赖于训练有素的学者的“成熟的直觉”。

这就是历史对理论家如此重要的真正原因。历史不应被视为一个储备事实的大仓库，它可以像“沙滩上的鹅卵石”一样被堆叠起来，随时用于理论检验。历史之所以重要，是因为通过研究历史，学者可以培养出能帮助他们做出明智判断的直觉。事实上，我们很难想象一个学者如何在没做过多少严肃历史研究的情况下培养出那种直觉。纯粹的抽象分析能带你去到的地方有限。有时候，它的确可以带你走很远。[31]然而，在某个时间点上，理论必须与现实相联系。在某个时间点上，它还必须要帮助你理解现实世界中的一些重要事物。因此，关键是要做那种能将理论和历史结合在一起的研究。

做这种研究可以让你衡量理论方法，从而培养出你对分析你所关心问题的一般性理论框架的感知。在某些情况下，你可能会惊讶地发现理论可以在很大程度上帮助你理解历史事件。你可能会被历史和理论之间的共鸣吸引。在这些研究中，你可能会对自己说：“我原本没指望能找到这样的东西，但瞧，它就在那里，这个发现非常符合理论观点所描述的世界运作方式。”

当这种情况发生时，你会感知到作为理论家的你可能发现了一些重要的东西，一些你以前从没有发现过的东西。另一方面，当理论对你理解任何事物都没有帮助时，这也是你在做判断时需要考虑的事情，亦即在你培养自己对国际政治如何运作的理解时需要考虑的事情。正面和负面结果都会反映到评估之中，而在这两种情况之中，联系现实世界都是至关重要的。

换言之，理论家经常提出关于国际政治运作方式的有趣观点，实际上，有时这些观点可能互相矛盾。不过，一个观点有趣或巧妙，并不意味着它一定能透露多少现实世界事物运作方式的相关信息。因此，你必须培养能够判断这些不同动态有多重要的直觉。你还需要培养一些了解它们如何彼此抗衡的直觉，从而了解在国际政治过程中哪些因素起着主导作用。只有通过深入研究历史，你才能做出这些判断。这尤为重要，因为重要的理论体系通常会提出一种元观点：持有这些观点的理论家实际上是在声称他们所强调的内容比大家认为的更为重要。实际上，理论体系都需要提出这种元观点，才会具有真正的价值，仅仅总结大家已知内容的理论并没有多大价值。因此，国际政治领域中的理论通常具有这样的特点，那就是它一般不会被普遍接受。例如，现实主义者实际上声称，权力政治因素比许多人愿意承认的要重要得多。但是，只有在真正了解事物实际的运作方式后，你才能对各种因素的相对重要性做出判断，而这种判断的直觉只能通过研究历史来培养。

然而，你究竟该如何着手呢？基本的技巧是首先撷取一些主要的理论主张，通过思考它在特定历史背景下的意义来将其具体化，再运用你脑海中的基本概念研究这些历史事件。这类将更为广泛的学术研究的概念和实证相结合的练习，是一种解决问题的方法。如我之前所言，抽象论证具有一定的云状性质。在泛泛的层面上，我们很难解析理论主张。但是，这些一般性的主张可以（或应该）转化为你在研究特定历史事件时可能的预期。然后，你可以带着这些预期来审视那个事件。这样一来，问题就更为具体了。问题变得更为具体而明确后，也会更容易回答。根据你提出问题的方式，你所得出的答案必然也会让你对与这些问题相关的更为一般性的问题有一定的了解。

这是解决重大理论问题非常标准的方法。在第六章中，我将更多地讨论在实践中如何实际进行这种工作，但现在我扼要地提一下。原则上讲，我们通常不难看出理论主张在历史阐释中会“转化为”什么。实际上，理论家们自己经常举出历史案例来支持他们的观点。如果你的目标是评估这些观点，那么他们本身引用的历史案例就是你首先要研究的内容。例如，华尔兹称，两极国际体系比多极国际体系更稳定的一个原因是，在多极化的体系中，联盟中“较弱或较具冒险精神的一方”可能会将其伙伴拖入战争。然后，他举出“一战”前夕的奥地利–德国关系为例证。[32]如果你的目标是评估华尔兹关于多极化的观点，那么你首先要做的就是了解奥地利和德国在七月危机期间的关系实际上是怎样的。你会想知道奥地利是否能够把不情不愿的德国拖入战争。例如，奥地利人是否觉得他们可以为所欲为，因为他们知道无论发生什么事情，德国人都无法抛弃他们？还是他们觉得在做出可能让他们与俄国陷入真正的麻烦的事情之前，他们必须与德国人商量清楚？德国人是否觉得他们不管怎样都必须支持奥地利？还是他们觉得只要德国不亮绿灯奥地利就会原地待命？这些都是可以研究的问题，而回答这些问题不仅会为评估华尔兹关于七月危机的历史论证提供一些启示，也会为支持这一论证的主张提供一些启示。

此处的基本观点是，如果你想真正掌握一个重要的理论问题，你通常需要深入研究关键的历史问题。在你接受教育的过程中，你已经接触过各种各样的历史观点，但其中的许多观点都值得以怀疑的态度对待。华尔兹可能被教导说是奥地利在1914年把德国拖入了战争，我上大学时，我记得也听到过类似的说法。然而，以这种方式所获得的历史观点往往非常值得怀疑。从严肃的学术目的出发，将这些观点原封不动地照单全收几乎没有任何意义。如果你不加批判地接受它们，那么你的理论将建立在一个不必要的脆弱基础上。

让我举一个在我看来尤其引人注目的案例。案例中的理论家就没能做好我所倡导的那种历史研究。对我个人而言，这个案例尤为有趣，因为它涉及我最敬佩的两位理论家。1965年，托马斯·谢林正在撰写他的《军备及其影响》（*Arms and Influence*）一书。他在该书中的一个关键观点涉及军事体制在引发战争方面所可能发挥的作用。在谢林看来，冲突双方都可能囿于危机期间所实施的军事体制。他认为，这种体制可能会引发没人希望发生的战争。这是一个非常重要的观点，在各方面都具有重大意义，而 1914 年战争的爆发是谢林为支持这一观点所给出的绝佳历史例证。实际上，在他提出这一观点的篇章中，前七页都是围绕这一案例的讨论。[33]

谢林将这一章的手稿寄给了他的朋友伯纳德 · 布罗迪，后者也是战略研究领域的大家。布罗迪回信详细评论了这一章。他建议谢林在那一部分引用“一战”前夕德皇威廉二世的著名逸事作为例证。当时德皇认为仅在东线开战是有可能的。他试图让总参谋长毛奇将军（General von Moltke）改变最初制订的先在西线发动攻势的计划，但他被告知那是不可能的。（十年前，布罗迪在一篇文章中就引用过这则逸事，用以阐述僵化的军事思维如何引发“没人希望发生的”战争。）布罗迪告诉谢林，巴巴拉 ·塔奇曼（Barbara Tuchman）在她最近的畅销书《八月炮火》（*The Guns of August*）中描述了这则逸事。谢林回复称，他曾“想过引用德皇被告知火车无法掉头的例子”，但他“有一个放不下的疑虑，巴巴拉 · 塔奇曼或是其他什么人认为这个故事可能没有史料记录的支持，而且似乎过于好用而显得有些不真实”，所以他“放弃了”。然而，如果布罗迪或“其他真正的学者”可以向他保证“这个故事是确凿的”，或者告诉他“在哪里可以找到参考资料”，他表示他会想要引用这个故事。但他太忙了，无法亲自尝试“追索任何史料记载”。[34]

我发现他们俩的这次交流相当具有启发性。首先，我对这次交流中的布罗迪感到惊讶。证据非常清楚地表明，在是否按原定计划继续侵占法国这一关键事实上，不顾政治局势变化而推翻既定计划的是德皇，而非毛奇。如果你仔细阅读的话，会发现塔奇曼在她关于这则逸事的讨论中所展示的证据也起到了作用。德皇被误导而相信，如果战争仅局限于东线的话，英国可能会袖手旁观，于是他决定取消西线的作战计划。毛奇恳求他改变主意，但正如塔奇曼自己所指出的那样，“尽管毛奇再三恳求，德皇仍拒绝让步”。塔奇曼写道：“毛奇说他自己‘崩溃了’，他回到总参谋部，‘痛苦地流下了绝望的泪水’。”在西线发动攻击的命令被取消了，直到从英国传来的新情报表明，只在东线作战是不可能的，西线的攻势才被允许按计划进行。[35]

因此，布罗迪会错了这则逸事的真正要点，但为什么呢？问题可能与塔奇曼的书的写作方式有关。塔奇曼描述问题的方式，让布罗迪误以为塔奇曼的分析佐证了他对事件的看法。例如，此处是塔奇曼书中与战争爆发相关的简短而戏剧化的引言的结尾段落：

> 边境上战云压境。各国政府惊慌失措，竭力设法避免战争。但都无济于事。边境线上的情报人员将每一支骑兵巡逻队都上报为抢在动员令下达之前的部署。各国的总参谋部都被紧迫的时间表所驱使，为了不让对手抢占哪怕一个小时的先机，他们拍着桌子要求迅速发出行动信号。手握着国家命运的各国元首们彷佛置身于悬崖

边缘却意图退缩，但紧迫的军事行动日程又将他们不断向前推去。[36]

这是那种会让人留下深刻印象的段落。塔奇曼关于德皇与毛奇之间对抗的描述可能在事实上是准确的，但就人们从书中所获得的内容而言，重要的并不是详尽的描述，而是它的包装方式。"紧迫的军事行动日程又将他们不断向前推去"，根据塔奇曼的说法，这是叙述的重点。除非你有批判性阅读历史文本的习惯，否则你会倾向于认为这就是她的详尽描述所要表达的意思。当然，这也正是养成批判性阅读这类文本习惯的一个主要原因。不过，让我们不要只关注塔奇曼的书的引文。更为严重的问题是，布罗迪（尤其是处在他这样地位的专家）竟然从未真正以本该有的方式研究过七月危机，而只是满足于复述标准的陈词滥调。

这个案例尤为引人注目的是，布罗迪在他那一代战略理论家中算是非同寻常的，因为他非常关注历史，深信历史研究的重要性，并批评许多同行战略家对外交史或军事史知之甚少。[37]然而，此处正是布罗迪本人，也许是美国顶尖战略理论家中最具历史意识的人，发表了这样一个历史观点。如果他以本该有的方式研究过这一具体而基本的问题，即军事体制在 1914 年战争爆发中的作用，他就不会提出这样的历史观点。

谢林的情况或许更为引人注目。他当时正在创作一本注定会成为该领域最重要著作的书，却不愿意花时间去深入了解布罗迪所提出的建议。他甚至都没有去图书馆或书店查阅塔奇曼书中的叙述。就好像历史例证只具有装饰作用似的。如果这个案例行不通，那就没必要引用它。尽管他在《军备及其影响》这本关键著作的关键章节中谈论了很多关于七月危机的事情，但他本人并不觉得对1914年7月所发生的事情的准确理解有多关键。

然而，谢林正在撰写的是一部理论著作。那么，你可能会问，为什么他要深入了解这些历史问题呢？毕竟，人们可以想象德皇向毛奇屈服。这一事件的标准描述具有一定的可信度。从理论建构的目的出发，这样不就够了吗？从理论家的角度而言，只要可信，虚构和历史一样可用的观念显然是错误的。[38]从像布罗迪和谢林这样的学者所关心的关键问题来看，从理论家的立场出发，战争是否确实经常是由当时的军事体制所引发的？还是战争几乎从不可以用这种方式阐释？这难道不重要吗？关于军事因素可能引发无人想要的战争这一观点，考虑到毛奇与德皇对峙在支持这一观点中所发挥的关键作用，这个故事的真假难道不重要吗？假设你根本找不到任何历史证据来支持这一观点，你所能运用的只有关于战争是如何意外爆发的纯粹虚构。在这种情况下，有力的历史证据的缺失，难道不正是库恩所谓的重要“线索”吗？在这种情况下，证据的缺失难道不应该在一定程度上影响你对战争起源的思考吗？

那么，这是否意味着像布罗迪和谢林这样的学者（即便是作为理论家），如果他们能更深入地研究对他们而言重要的历史问题，他们就会做得更好呢？我认为他们不仅可以做得更好，而且对他们来说，这么做也并没有那么困难。实际上，这也是我在本书中想要阐述的主要观点之一。你可能会认为我要求过多。你可能会认为我实际上是在说理论家需要成为历史学家。你甚至可能觉得这种期望不仅不切实际，而且忽略了一个事实，即国际关系理论是一个具有自己独特智识特质的领域——没有人能够做尽所有的事情，选择从事理论研究的人们就是不可能成为历史学家并做出专业水平的历史研究。

然而，要做我所说的那种历史研究，理论家并不必然要成为历史学家。只要运用正确的方法，理论家就可以在合理的时间内针对重大历史问题得出较为扎实的结论，在接下来的两章中，我想向你展示这一方法。

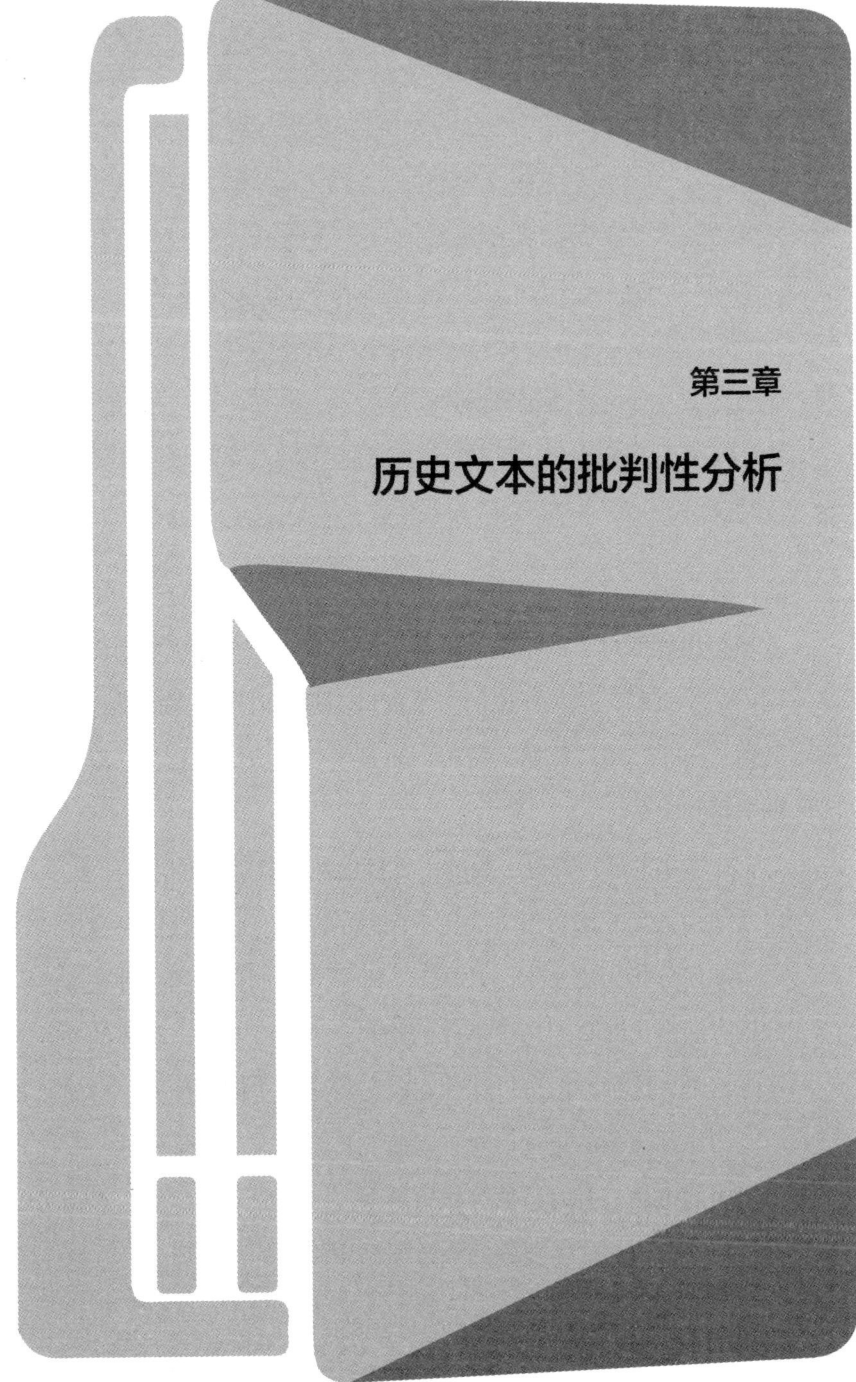

第三章

历史文本的批判性分析

有一种研究历史问题的方法，可以比你想象得更快、更有效地得出相对可靠的结论。这种方法主要基于分析历史学家所谓的二手资料，这里所说的二手资料不是当时留下来的文件和其他“一手”或“原始”资料，而是主要由历史学家自己撰写的书籍和文章。

在本书的这一部分，我的主要目标是展示这种方法是什么，以及如何运用它来得出重大历史问题的结论。我想在这一章中展示如何分析历史文本，并在下一章中展示如何利用这种文本分析方法得出对重要历史事件的阐释。这两章有一个整体的基本观点是，这种方法可以让你在研究特定历史问题的有限时间内走得比你想象的更远。对很多研究目的而言，这是你唯一需要运用的方法。有时，你可能想更深入地研究一个问题，在这种情况下，你显然需要查阅大量原始资料。然而，即便是在这种情况下，运用我将在这里概述的方法来查阅历史文献，也仍然是有意义的。

要运用这种方法，你首先需要弄清楚要阅读哪些作品。但是你究竟该如何做到这一点呢？如何在特定的学术领域培养对重要文本的敏感度？换言之，你如何在对你来说可能是一个全新的领域中找到自己的定位？下述部分将关注这些相对平淡而基本的问题。

统览全局

学术研究并非无本之木，无源之水。如果你对某个问题感兴趣，你自然想要了解学者们对这个问题的看法。实际上，当你开始研究某个学术领域时，你首先想要做的就是对这个领域有大致的了解——了解最重要的作品是什么，谁说了什么，以及这个领域学术辩论的议程是什么。你需要这样做，是因为你会通过对其他人的观点作出回应来形成自己的观点：他们的观点为你提供了框架，你至少可以在这个框架内着手解答基本的历史问题。

然而，你该如何辨识与你感兴趣的主题相关的主要作品呢？你的目标是列出一份较短的关键作品清单，并尽可能了解与这些作品相关的基本观点。你可以运用两大主要技巧来生成这样的清单，一种针对文章，另一种则针对书籍。让我先谈谈针对文章的方法。

当你启动新项目时，最好先从期刊文献开始。目前有许多期刊涉及国际政治和军事主题，我在附录 I 中列出了一些最重要的期刊。启动新项目时不妨浏览一下这个清单。哪些期刊最有可能发表与你的主题相关的文章？然后浏览这些期刊，主要寻找三方面的内容：综述文章，尤其是那些概述整个学术分支领域的文章；与你感兴趣的主题相关的文章；与你的主题相关的书评文章。综述文章的重要性是显而易见的。一篇好的综述文章可以为你节省大量时间，相当于为你做了不少文献搜集整理的工作。有一些与美国外交政策相关的综述文集已经出版成书：杰拉尔德 · 海恩斯（Gerald Haines）和 J. 塞缪尔 · 沃克（J. Samuel Walker）编著的《美国对外关系：史料综述》（*American Foreign Relations: A Historiographical Review*, 1981）；罗伯特 · 舒尔茨辛格（Robert Schulzinger）编著的《美国对外关系指南》（*A Companion to American Foreign Relations*, 2003）；以及迈克尔 · 霍根（Michael Hogan）编著的两本书：《世界中的美国：1941 年以来的美国对外关系史料汇编》（*America in the World: The Historiography of American Foreign Relations since 1941*, 1995）和《通往权力之路：截至 1941 年的美国外交关系史料汇编》（*Paths to Power: The Historiography of American Foreign Relations to 1941*, 2000）。另外，也有类似的政治科学文献资料汇编。[1]

上述那些文集中的文章的重要性是显而易见的。不过，即便是普通的学术文章也是重要的信息来源，因为作者通常会在开篇就解释该文章中呈现的研究成果与整个领域内的主流观点之间的关系。其中，主要著作都会被作者引用，比如那些受到好评的著作、对该领域产生了一定影响的著作以及知名学者的著作。请注意，在项目的这一阶段，你并不需要完整地阅读这些文章。就当前的目的而言，你只需关注作者在文章的前几页中陈述的内容。

你一般可以查阅过去五到十年的相关期刊来检索你所感兴趣的文章。你还可以通过使用一些数字化的搜索引擎来检索：西文过刊全文数据库（JSTOR），缪斯项目（Project MUSE）（两者都在线提供全文），社会科学引文索引（Social Science Citation Index）和全科性延伸主题资料库（信息库）（Expanded Academic ASAP, Infotrac）。这些都可以经由美国大多数的研究型图书馆获得，我将在附录 I 中说明如何使用它们。

你可能还需要花费一点时间浏览涉及你所感兴趣的主题的主要期刊的书评部分。因为并非一个领域内出版的每本书都值得评论，因此期刊最近几期的书评部分可以让你了解过去几年里大家认为最为重要的书籍。如果某本书看起来很有趣，你可以查阅看看。近期出版的书籍显然会提供该领域最新研究进展的大量信息。在确定了该领域的重要著作之后，无论你是如何得出该清单的，你都可能希望快速了解它们的观点以及其他学者对它们的看法。在这种情况下，你可以查阅专门针对这些著作的评论，现在有一些数字化的搜索引擎使这件事做起来更为容易。我将在附录 I 中向你展示怎么做。

第二种基本方法也与书籍有关，但需要借助标准的数字化图书馆目录。你不必局限于自己的本地图书馆的搜索引擎，因为几乎所有的图书馆搜索引擎都可以自由地在线使用。我在这里的基本建议是，你不仅要熟悉自己所在的学校的图书馆目录，还要熟悉一些馆藏列表丰富的其他图书馆的目录。我认为，在这里你最好熟悉 Eureka（有时也称为 RLIN，即 Research Libraries Information Network，研究图书馆信息网络），这是研究图书馆组织（Research Libraries Group, RLG）的联合目录，整合了美国主要研究图书馆的藏书目录。Eureka 不对公众开放，要想使用它，你通常需要经由自己的本地图书馆网站提出申请。如果你的图书馆因故没有订阅该联合目录，你可以改用馆藏丰富的其他图书馆目录，如美国国会图书馆（Library of Congress）或哈佛大学图书馆（Harvard University Library）。这两个搜索引擎（以及其他一些搜索引擎，如加州大学系统的联合目录 MELVYL）都可以通过互联网访问。[2]

在所有这些目录中，你的目标都是进行主题搜索，但你可能不太清楚要搜索哪些主题，甚至要搜索哪些关键词，因为书籍所列的主题标签通常是以相当随意的方式分配的。因此，不妨从一本你知道的且与你的主题相关的书开始搜索。如果你对这个主题一无所知，你可以搜索与主题相关的关键人物。例如，如果你的主题是美国对第一次世界大战的干预，那么你可以在主题搜索中输入“伍德罗·威尔逊”（Woodrow Wilson），甚至是在标题搜索中输入。然后，你就可以看到哪些书籍与你感兴趣的内容直接相关。这些书到底写了什么其实无关紧要，因为一旦你入了门，你可以很快地拓展开来。下面让我解释一下要怎么做。

当你调阅某个目录时，你进入数字化目录所称的“显示更多信息”（long display）、“全文阅览”（full view）或类似的字段。接下来显示出来的更为完整的列表向你展示了分类书籍的主题标题。你点击这些主题标题的链接，看看有哪些书。然后，对新列表中你特别感兴趣的那些书重复上述过程即可。在这么做的时候，请务必使用目录的“保存”（save）指令，标记并保存那些最相关的标题。检索结束后，你可以打印或保存你生成的列表，但切记确保该列表包含了书籍的索书号。

检查这些索书号，你就会注意到你感兴趣的书籍集中在书库的哪些部分，然后你可以看看集中摆放这些书的书架。当你熟悉了编目系统后，你甚至可以无需事先检索而直接找到书库的相应区域。在许多大学图书馆都使用的美国国会图书馆编目系统中，E183.8*x* 这一系列索书号代表的是美国与以字母 *x* 开头的国家的关系的相关书籍：E183.8 G3 系列是与美国和德国关系相关的书籍，E183.8 G7 系列是有关美国和英国关系的书籍，恕我在此不一一提及。当你到达书库中集中摆放与你的主题相关的书籍的区域时，挑选出那些对你当前目的最有用的书籍。你应该特别关注那些看起来比较新且由大学出版社出版的书籍。

现在浏览这些书籍，看看哪些有注释书目（annotated bibliographies）或书目短文（bibliographical essays）。通过阅读这些参考文献，你大概能够对这个领域的结构有一定的了解，了解主要作品是什么，也许还能了解它们所提出的观点的不同之处。此外，作者往往会解释他们的书为什么重要，因此会解释他们的结论与该领域的主要作品的结论有何不同或如何相关，作者们通常还会在书的开头部分综述整个领域。这个阶段的一个技巧是着重关注序言或引言的脚注。举例而言，你对越南战争感兴趣吗？如果感兴趣的话，你可以通过阅读弗雷德里克·罗格瓦尔（Fredrik Logevall）的《选择战争：错失的和平机会和越南战争的升级》（*Choosing War: The Lost Chance for Peace and the Escalation of the War in Vietnam*）中附在序言后的六页注释，从而对那个主题的文献有一定的了解。[3]

即便是略微超出你研究兴趣范围之外的某个狭小领域的研究，也能帮助你对某个领域的学术状况有所了解。这里有一个技巧可以运用：找一本涉及你想研究的主题的书，但这本书涵盖的时间段要稍晚于你所关注的时间段。这类书通常会有介绍性的篇章或部分，涉及该书涵盖时间段所紧挨着的前一个时间段，那正是你关注的时间段。此处的讨论会非常有选择性。这对我们的目的而言是好事，而且那里引用的参考文献可能也会引起你的兴趣。

当然，范围较为狭窄的专题研究并不是你想要查阅的唯一类型的书籍。主要的综合性著作，或者至少是涵盖相当广泛的书籍，也值得一看，名家作品更是不能错过。通过书籍的索引或目录，你可以直接跳入与你感兴趣的问题相关的章节。整本书涵盖的范围越广，涉及你的研究主题的部分可能就越短。作者对你研究的主题的阐释应该相当简洁，而且你通常可以从阐释的行文中判断出，作者是只复述了学界共识，还是呈现了他与标准观点的分歧。此外，总述性著作中的参考文献尤为有用，特别是作者并不只是列了一长串与其书籍主题相关的书籍和文章的时候。这类书籍末尾的书目短文、书目注释，以及书目脚注通常也都非常有价值——同样，从我们的目的出发，这些内容的观点性越强越好。我记得有一次，我被莫里斯·鲍蒙特（Maurice Baumont）在一本这样的书所提到的威廉·兰格（William Langer）有关俾斯麦末期国际政治的重要作品《欧洲联盟与联合》（*European Alliances and Alignments*, 1931）所吸引。鲍蒙特在书目脚注中指出，《欧洲联盟与联合》确实是一部重要著作，但因“过于铺陈对俾斯麦的崇敬”而减损了价值——这是一条非常简洁的评论，而且精准无误。

总述性著作以丛书的形式编纂，例如，旧版“现代欧洲的崛起”（*Rise of Modern Europe*）丛书，法国的“民族与文明”（*Peuples et Civilisations*）丛书（鲍蒙特的书就位列其中），牛津和剑桥出版的历史丛书等。受命担纲这类丛书作者的人通常是资深学者，选择他们的原因是他们为研究这些领域投入了大量的时间。因此，你基本可以确信他们对相关学术文献的熟稔程度。“剑桥美国对外关系史”（*the Cambridge History of American Foreign Relations*）的第四卷，即沃伦·科恩（Warren Cohen）的《苏联强权时期的美国，1945—1991》（*America in the Age of Soviet Power, 1945–1991*, 1993）就是一个很好的例子。即便你不知道此书作者是该领域的泰斗级人物，你也可以立刻看出这是一部非常值得尊敬的作品。任何被要求为“剑桥美国对外关系史”这样的丛书撰写一卷内容的人都必然是该领域的泰斗级人物。他们对该领域著作的评判具有特殊的权威性。

以上便是我想展示的两条基本的入门途径。不过，在搜集整理文献时，还有诸多其他技巧可供运用。让我简要谈谈其中的两个：学位论文和教学大纲。学位论文通常有整理得很好的参考文献，还经常有专门的章节讨论其研究领域的学术文献，通常是第一章、长篇引言或注释书目。因此，优秀的学位论文，尤其是最近完成的优秀学位论文，可能会为你节省大量时间，因为作者可能已经为你完成了很多文献工作。找到一篇好的学位论文还能帮你对你的文献搜集工作做一点品控：你的文献检索是否错过了你没能找到但其他学者找到了的重要资料？学位论文很容易鉴别优劣，也很容易获取。它们由大学缩微胶卷公司（University Microfilms Incorporated, UMI，现为 ProQuest 的一部分）以各种格式出版。你可以使用 UMI 网站来查找你想阅读的学位论文。在附录 I 中，我将介绍如何使用该搜索引擎。

你还可以查看与你感兴趣的主题相关的教学大纲，特别是由该领域知名人物教授的课程的教学大纲。如果你不知道有哪些知名人物，你可以查看一些知名大学开设的课程的教学大纲。你也可以查看一些大学的“教学大纲档案”。[4]教学大纲非常有用，能让你了解授课者眼中该领域最重要的作品是哪些，或至少哪些作品最值得阅读。

通过运用这些技巧，你（在一两天内）很快就能了解一个历史研究领域的状况：关键人物是谁，哪些书籍和文章具有基本重要性，以及通常涉及哪些主要问题和不同观点。每次启动新项目时，你并不一定会运用这些全部的技巧。你可以选择适合你的技巧组合，从而让你轻松且快速地达成你想达成的目标。

这些都是非常基本的技巧，可以应用于各个领域。例如，政治科学家既可以用它们来了解他们自己学科的某个分支领域的状况，也可以在着手研究某个同时包含理论与历史研究的新项目时运用它们。但无论你身处哪个领域，关键是要牢记你在研究过程的这一环节的目标仍然是严格有限的。你的目标仅仅是大致了解某个学术领域的总体状况。当你了解到这个领域的总体状况，即当你知道哪些作品是重要的时，你就可以把文献工作放在一边，然后进入项目的第二阶段了。那时候，你可以开始阅读那些在你看来具有根本重要性的文本。不过，你需要**批判性地**阅读它们。

当然，你可能觉得还需要进行一些额外的文献工作。通常情况下，当你阅读书籍和文章时，一部作品会引导你去了解另一部作品。你可以通过查看与特定问题相关的段落中的脚注所引用的作品来更深入地了解某个问题。但你可能还想更彻底地检索关于特定问题的已发表成果。为此，你可以查阅已出版的文献汇编。在数字化图书馆目录中搜索特定主题，然后添加“文献”（bibliography）作为关键词，或者甚至直接将其附加到主题标题上，你通常能找到与特定主题相关的文献汇编。例如，你可能想知道是否有任何已出版的文献汇编涵盖了 1941 年日本对美开战决策的问题。你可以查阅关于这个主题的标准书籍，比如，罗伯特·布托（Robert Butow）的《东条英机与战争的来临》(*Tojo and the Coming of the War*)。点击“显示更多信息”或“全文阅览”后，你可以看到这本书所列的主题。其中之一是“世界大战，1939—1945 年——日本”。你可以就此进行主题搜索：“1939—1945 年——日本——文献。”此时，很多标题会出现，其中之一是约翰·斯布雷加（John Sbrega）的《1941—1945 年对日战争：一部注释文献》(*The War against Japan, 1941–1945: An Annotated Bibliography*, 1989)。点击该条目的“显示更多信息”，网页上会出现许多其他主题链接，列出了相关领域的其他文献汇编。

随着你逐渐熟悉图书馆的编目系统，你可以轻易地通过在标准主题下添加“文献”来进行检索。例如，如果你进行“美国——对外关系——文献”的主题搜索，网页上会出现一系列列表，其中一些显然尤为重要，例如理查德·迪恩·伯恩斯（Richard Dean Burns）的《1700 年以来的美国对外关系指南》(*Guide to American Foreign Relations since 1700*)，及其姊妹篇，罗伯特·贝斯纳（Robert Beisner）的《1600 年以来美国的外交关系：文献指南》(*American Foreign Relations since 1600: A Guide to the Literature*)。[5] 关于“美国”一词，你当然可以替换成你所感兴趣的其他国家的名字，有时也会出现不少有用的列表。[6]

另一种生成此类参考文献的方法是进行标题检索，即搜索包含“阿拉伯-以色列”(Arab-Israeli) 或“中苏”(Sino-Soviet)

等短语以及“文献”“指南”或“手册”等单词的书籍标题。或者，你可以根据你感兴趣的书籍的索书号前往图书馆对应的书架区域——也就是你所感兴趣的书籍的索书号集中的区域——你通常会在那里找到你所需的文献汇编。在此，允许我提及20世纪国际政治研究者最为重要的出版文献汇编（没有之一）:《当代历史文献集》(*Bibliographie zur Zeitgeschichte*)。它是作为德国主要学术研究期刊《当代历史季刊》(*Vierteljahrshefte für Zeitgeschichte*)的补充而出版的。该文献集编排完善，现在每年出版，主要包含英语、德语和法语作品。即使对那些不太懂德语的人来说，它也很容易使用。

在研究项目的某个阶段，你可能希望尽可能多地了解特定主题的相关文献。在附录I中，我将介绍如何进行详尽的文献工作。在恰当的时候，我将告诉你一些你可能想要运用的专门性文献。不过，一般来说，详尽的文献工作不应该在项目刚开始时就进行。当你刚开始时，你想做的只是在一定程度上了解某个领域的学术研究概况，了解重要的作品有哪些，以及（尽量了解）它们提出了什么观点。

文本分析：方法解析

在识别出某个学术领域的关键作品后，下一步该怎么办？你是否应该逐页阅读这些作品？努力吸收尽可能多的事实信息？如果你的目标是加深对特定主题的理解，那么以一种截然不同的方式研究这些文本是非常必要的。你需要采用一种更为主动的方法，一种能让你对观点做出回应并在它们之间进行权衡的方法。这种方法不仅有助于你就这些历史问题形成自己的观点，还能让你更有效地吸收这些文本提供的证据。当你领悟了证据的意义后，证据的只言片语会在你的思维中留下印迹。当你在观点的历史背景中审视证据的时候，你也会更加理解它的意义。

因此，首先你需要对特定历史文本的整体观点建立一些认识。你会问："这里的核心观点是什么？""作者想要阐述什么？"如果所讨论的作品具有一定价值，那么核心观点就应该不难发现。毕竟，作者希望明确地呈现它。如果要让读者信服，读者就需要明白作者想表达什么。所以，核心观点应该是概括在文本中读者最有可能仔细阅读的部分：作品的标题或副标题、各篇章或小节的标题、前言、结论、书籍或文章的开头几段和结尾几段，以及每个篇章或小节的开头几段和结尾几段（甚至是开头几句和结尾几句）。因此，当你开始阅读一部作品时，这些部分是你应该首先阅读的。你的首要目标就是回答这个问题：这本书或这篇文章的核心论点是什么？作者想要让我相信什么？

下一步是理解论据的结构或"架构"。核心观点立足于一系列关键的具体观点，而这些观点则又立足于实证证据。实证证据一般是在脚注中引用的文件和其他历史资料。你现在的目标是理解文本中不同部分之间的联系，弄明白这些具体观点是什么，以及支持具体观点的证据是什么。首先，你可以查阅目录，或者快速浏览作品全文，以了解不同章节是如何划分的。作品的各部分的整体结构是什么样的？文本中不同部分之间是否有一种逻辑关系？很多作品的引言末尾都会有一个“路线图”段落，非常有益于理解全文的结构。

在理解论证结构之后，你可以开始更加主动地阅读文本，也就是在阅读过程中思考具体问题。在你的阅读过程中，你要思考所阅读的各段内容以及其中的主要观点是如何与中心观点相联系的。是否有某个段落对论述的目的至关重要？还是你发现许多阅读材料与中心观点联系不大？通常，弄清楚段落的重点并不困难，尽管有时候你需要思考一下它如何与整部作品的中心观点相关联（或不相关联）。

因为你现在的主要目标是评估所讨论的书籍或文章的中心观点，所以次相关的段落可以快速浏览过去。在当前环节，对与中心观点直接相关联的段落，你需要非常仔细地阅读，并试图回答一些非常具体的问题。

问题分为两类。第一类问题是论证的**逻辑**。即使某个段落中的具体观点是有效的，作者也认为它是有支持力的，但它是否真正支持了书籍或文章中的中心观点？作者提出的各种观点是否都紧密地融入了一个更具普遍意义的观点中，还是它们似乎在朝着不同的方向发展？论述是否内部自洽，还是作者在不同地方陈述了相互矛盾的观点？

第二类问题涉及支持各种具体观点的证据的性质和充分程度。假设作者对证据的解读是正确的，证据是否真正证明了作者想让你相信的内容？作者提供了足够的证据支持观点吗？这个观点是否可能被你在其他地方（包括这本书或这篇文章的其他章节）看到的证据所驳斥？为了解答这些问题，你需要特别关注脚注。薄弱的文献证据总是不好的迹象。如果观点得到大量直接证据的支持，特别是档案证据和其他文件证据，那么你对作品的评价通常会提高。

当某个观点在中心观点中发挥关键作用时，查阅支持该观点的参考文献是有意义的。通常来说，只有在对特定观点存有疑虑时，你才会这么做。不过，现在核查资料并不困难。许多档案资料甚至可以通过缩微胶卷或电子格式轻松获取。核查参考文献可能会让你大开眼界。它不仅有助于你对手头上的实质问题形成一定的观点，还能让你大概意识到你正在阅读的整部作品的品质如何。

因此，这种方法相当直接。你需要找到观点的核心，努力理解其结构，并尝试从内部逻辑自洽程度和支持关键观点的证据的充分程度两个方面评估观点。然而，大致了解方法怎么运用只是开始。要掌握如何运用这种方法，你需要具体了解如何在实践中分析历史观点。

A. J. P. 泰勒与第二次世界大战起源

A. J. P. 泰勒所著的《第二次世界大战的起源》堪称史上最知名的历史著作之一。即便在首次出版四十多年后的今天，这本书在与1939年战争起源的相关学术研究中仍具有重要地位。

若你想了解这场冲突的原因，这本书无疑是值得你深入分析的。

泰勒的目标就隐含在其书名之中：解释第二次世界大战的起源，或者（根据他本人的说法）更准确地说，是解释 1939 年 9 月爆发的战争的起源。那么，根据泰勒的观点，是什么导致了这场战争呢？在书的末尾，你可以找到答案（或者至少找到一些指向答案的内容）。泰勒在书的末尾总结其观点时表示："这就是第二次世界大战的起源，或者更确切地说是西方三大强国围绕《凡尔赛和约》而爆发的战争。这是一场从第一次世界大战结束时就已开始酝酿的战争。"[7]

当泰勒在书中表示"二战"是围绕《凡尔赛和约》而爆发的战争，你会想知道他的意思是什么？他是否暗示德国试图摆脱"一战"结束后强加于德国并限制其实力发展的《凡尔赛和约》？你扫了一眼全书目录。你会注意到涵盖 1933 年至 1935 年时间段的第三章的标题为"凡尔赛体系的终结"（"The End of Versailles"）。然后，运用重点关注开头几句和最后几句的技巧，你会注意到涵盖 1935 年至 1936 年时间段的第四章是以"凡尔赛体系已然终结"这句话开头的。那么，既然泰勒的原文显示凡尔赛体系在"二战"爆发的四年前就已然终结，怎么能说"二战"是"因为……凡尔赛体系"而爆发的呢？

你可能会觉得困惑，但为了理解他的意图，你突然想到看一下书末最后一段的最后一句话可能会有所帮助，这句话可能有助于阐明前面部分句子的含义。当泰勒言及"二战""从'一战'结束的那一刻起就开始酝酿"时，他到底想表达什么？为了得到答案，自然而然地，你会翻到书的第一章，它的标题为“第一次世界大战的遗产”。泰勒在这一章中的阐述回答了你的问题。他写道：“最终引发第二次世界大战的决定是在 1918 年第一次世界大战结束的几天前做出的。”[8]这个决定让德国保持了领土完整。他表示，“就第一次世界大战而言，停战协议解决了德国统一的问题”[9]。1919年的《凡尔赛和约》（遭人诟病的）严厉条款并不重要。就这个条约而言，“最重要的事情”是“它是与一个统一的德国所签订的”[10]。他认为，这是“停战协议与和平条约的决定性后果”，这也是为什么他称“二战”源于凡尔赛。这很重要，因为它使德国问题“更加严重”：

（“二战”爆发的）问题并不在于德国的侵略性或军国主义，也不在于其统治者的邪恶。这些因素即便存在的话，也只是加剧了问题，甚至可能因为激发了其他国家在道义上的抗争而反过来削弱了问题的严重性。基本问题是政治问题，而非道义问题。不论德国有多么民主或热爱和平，它都是当时欧洲大陆上最强大的国家；随着（沙皇）俄国的解体，德国显得比以前更为强大。德国当时拥有最多的人口。多达六千五百万人，远高于另一个欧陆强国法国的四千万人。德国在煤炭和钢铁等经济资源上的优势也更加明显。这些资源在现在的时代是实力的基础。[11]

这便是本书的核心观点。“基本问题是政治问题，而非道义问题”：政治现实和**权力**现实在塑造事件进程中发挥了关键作用。泰勒在此的基本观点是，德国本质上是一个实力如此强大的国家，只要事情按正常方式发展，就“没有什么能阻止德国超越欧洲其他国家，**即便德国人并未计划这么做**”[12]。

如果你接触过国际关系理论，那么这一观点可能听起来很耳熟。根据泰勒的说法，德国的政治体制并不特别重要，德国的政治文化也算不上重要。权力结构才是国际政治中最为重要的因素。你可能以前也听过这种观点。如果是这样的话，你很可能毫不费力地就能发现泰勒的阐释根植于某种国际政治理论。这意味着，对他的观点进行分析必然会有一些理论意义。泰勒的阐释似乎着重强调权力，而尽可能地弱化了其他因素。这是现实主义对国际政治的理解。分析他的观点有助于阐明与国际政治的现实主义理论相关的一些问题。

泰勒的一个基本假设是，政治体制类型并不是最重要的因素。事实上，当你阅读这本书时，你会注意到泰勒明确地辩称，德国当时由纳粹统治这一事实并不重要，至少在外交政策上不重要。你可能对这个观点感到震惊，因为你之前所接受的传统观点是，希特勒自 1933 年掌握德国的政策制定权这一事实非常重要。然而，在泰勒看来，外交政策是希特勒“没有改动的领域”。泰勒写道：“希特勒的外交政策是前人，即德国外交部的专业外交官和几乎所有德国人共同制定的。希特勒本人也想解除和平条约对德国的限制，重建强大的德国军队，并让德国凭借其天然优势成为欧洲第一强国。”[13]当你思考这些观点与其中心观点的关系时，你很快就会意识到，关于希特勒的这种观点可以与一种国际政治理论相联系。这种理论认为权力结构最为重要。德国实力羸弱时，德国的政策自然会受限。泰勒指出，即便是法西斯独裁者，如果看不到“战争的胜算”[14]，也不会发动战争。然而，一旦德国恢复实力，胜算就会出现。希特勒甚至不需要制定什么计划，他实际上也并没有“制定计划——无论是为了征服世界还是为了其他任何事情”[15]。树上的果实一旦成熟，就会自然落入他的怀里，他根本没费什么力。在泰勒看来，希特勒只是一种媒介。经由希特勒，基本的结构变化，即权力结构在根本意义上的变化发挥了作用。希特勒甚至不必知道正在发生的是什么。泰勒写道：“那些权势最大的统治者其实是一些不知道自己正在做什么的人。”[16]泰勒反复强调，希特勒实际上并未主导事件的进程。“尽管他时常咆哮，且言辞激烈”，希特勒却是“善于等待的高手”。他从未“提出具体要求”，只是“表达了不满，然后静静等候对方的妥协源源不断地涌入他的怀抱，而他只需要伸出手来继续索求”。[17]泰勒表示：“希特勒的策略是从不主动。他更喜欢让别人为他效劳；他静静等候欧洲体系内部的自然衰弱，就像他等待和平条约自然崩溃一样。”[18]

因此，你可以看到泰勒的不同层次的观点是如何紧密联系在一起的，即他的解释具有一定的“架构”。我们不仅看到，他对希特勒所扮演的角色的看法与他对国际政治运作的一般理论有着直接联系，而且这种观点又能与他对战前一系列具体事件的阐释相联系：1938 年的奥地利和捷克危机，以及 1939 年的德国夺取布拉格和波兰危机。在论述奥地利危机的章节中，泰勒指出，希特勒并没有强行推动事态发展，奥地利纳粹分子是在自发行动，甚至“连希特勒的命令都无法阻止”奥地利纳粹的骚动。[19] 在关于捷克危机的章节中，泰勒表示，捷克斯洛伐克的德裔，即苏台德的纳粹分子，自发炮制了事态。泰勒称，（苏台德的情况）“甚至比奥地利的情况更严重，希特勒根本无需采取任何行动。其他人会帮他搞定所有事。捷克斯洛伐克的危机是送到希特勒面前的机会，他只是抓住了而已”[20]。在最后一章的开头，泰勒甚至更为夸张地重申了这一观点：“苏台德的纳粹分子，就像之前的奥地利人一样，没有希特勒的指导也会逐渐加剧紧张局势。”[21]

这样，你便明白了这个论述的结构。泰勒关于战争起源的基本阐述是建立在对希特勒政策的特定看法之上的。这一看法又建立于一系列具体观点之上，这些观点与 20 世纪 30 年代末的危机中的德国政策相关。然而，这些具体观点需要实证证据的支持。你需要检验泰勒给出的证据在多大程度上支持他的具体观点，但你要做的不仅是评估这些观点的有效性。由于你了解了论述的结构，你同时也是在评估这些观点所支持的总体阐释的有效性，在一定程度上，你也是在衡量与战争起源的总体阐释相联系的国际政治的一般性理论。

如何核查关键的具体观点呢？泰勒关于“连希特勒的命令”都无法阻止奥地利的纳粹分子的说法，并未得到任何参考文献的支持。脚注的缺失让你生疑。你意识到，可以针对性地查阅与奥地利危机相关的学术研究，或者针对性地调查已出版的档案文件来核实这一点。关于捷克危机，你则无需查阅资料便可得出结论。例如，正如我刚才提到的那样，泰勒明确指出苏台德的纳粹分子“没有希特勒的指导也会逐渐加剧紧张局势”。然而，泰勒自己在书中的另一部分却表示，希特勒扮演了非常积极的角色。泰勒写道，3 月 28 日，希特勒“接见了苏台德代表，并任命他们的领导人亨莱因（Henlein）为他的‘全权代表’。这批人将与捷克斯洛伐克政府进行谈判，用亨莱因的话说，‘我们必须要求的是如此之多，以至于我们永远也不会满足’”。因此，根据泰勒自己的陈述，希特勒为苏台德的纳粹分子提供了非常明确的引导。实际上，泰勒此时也指出，希特勒“加剧了紧张局势，以期待什么地方出现松动”[22]。

当你察觉到这类矛盾时，警钟就会敲响。这个观点存在一个根本性的问题。作者似乎试图画圆为方，解决一个不可能解决的问题。观点与证据相互对立。考虑到作者的分析思路，提出这样的矛盾对此书而言将不单纯是批评而已。泰勒关于希特勒持被动态度的观点是其战争起源阐释的基本要素，出现于其对好几个历史事件的阐释。针对这些事件形成的观点进一步构成了他更一般性的观点的基石。如果这些基石崩塌——如果泰勒本人在书中呈现的证据推翻了他自己的这些观点——那么整本书的核心观点也将随之倒塌。

不难发现，泰勒在一些根本性问题上存在自相矛盾的情况。

例如，泰勒对希特勒基本目标的看法是什么？这显然是一个重要的主题，与书中关注的核心问题密切相关。根据泰勒的描述，纳粹元首希特勒是否真的想要在东线建立一个大帝国，进而对苏联发动一场大规模的征服战争？泰勒的主要论述致力于淡化这类目标在实际政策中的意义。这种目标在他看来是“白日梦”。[23] 泰勒认为，政策是由当前的紧要问题所塑造的，而非此类宏大的抱负。他直言不讳地表示，希特勒“并未计划”与苏联开战，并描述了德国人在 1941 年 6 月与苏联爆发战争时似乎显得措手不及的情况。他写道：“德国人在 1941 年 6 月对苏联发动战争时，不得不拼了命地匆忙应对。”[24] 他写得当然是言之凿凿，但这只是虚张声势，我们不应按照字面意思照单全收。[25] 关于希特勒的战争目标的证据，总体上已被这样或那样的观点所驳倒。[26] 在每一次危机中，希特勒只是试图在心理战中取胜。[27] 他的最终目标只是“让德国凭借其天然优势成为欧洲第一强国”[28]。

另一方面，泰勒似乎又倾向于承认德国的政策其实更为复杂，并不只是希特勒积极求战，并确实严肃地考虑在东线建立一个大帝国。泰勒表示，希特勒“如果有过什么明确的设想，那也许就是打算对苏联发动一场大规模的征服战争”[29]。泰勒写道：“向东扩张即便不是他政策的唯一目标，也至少是主要目标。”[30] 有时候，泰勒似乎认为德国关于生存空间的需求应当被认真看待。他表示，生存空间的观点“相当合理，足以说服希特勒自己”[31]。他接着又以生存空间在经济上不合理，而驳斥了生存空间的需求引发了战争的观点。他总结道："生存空间的需求并没有将德国推向战争。相反，是战争或寻求战争的政策产生了生存空间的需求。"[32]难道他现在又承认德国当时是在推行"好战政策"？

当你尝试理解这个问题时，你会特别关注与德国政策的实际好战程度直接相关的某些段落。例如，泰勒在一处片段中试图反驳一个旨在解释为何德国在1939年被认为是在实行好战政策的观点。这一观点认为，德国在1939年采取侵略政策是因为他们知道对他们来说那是最好的时机，否则便再无机会。该观点指出，随着西欧强国整军备战，德国在军备方面的优势将逐步减弱。泰勒反驳称，希特勒"本人确实曾表达过类似的观点，但仅限于1939年夏天，**那时他已经下定决心开战**"。不过，泰勒表示，这不能当真。泰勒接着指出，希特勒并不关心军力平衡，因为"他企图不战而屈人之兵，**或者只是通过一场与外交无异的象征性战争来取得胜利**"。泰勒在这一段开头提到的希特勒1939年"已下定决心开战"的观点已经发生了偏移。到段落结束时，这一观点已经完全变样。"1939年德国的军备状况，"泰勒写道，"提供了决定性证据，证明希特勒**未曾考虑进行全面战争，甚至可能根本没有打算发动战争**。"[33]这里重要的不仅仅是这个观点本身，而是泰勒在这个过程中所提出的一系列观点，也就是我加粗强调了的那些观点。仅仅是在一个段落中，泰勒就从表述希特勒"已经下定决心开战"转变为表示他可能"根本没有打算发动战争"。

这是否意味着这本书存在致命缺陷，以至于读它都是在浪费时间呢？绝对不是。尽管有这些问题，但通过这种方式对其进行分析，你仍然可以学到很多东西。两次世界大战之间的时期的基本问题是“政治问题，而非道义问题”，这一观点值得认真对待，特别是因为它与这个领域多年来的主流观念相悖。泰勒显然是将观点推向了极端。他陷入此番困境是因为他过于想要表现自己的聪明。他的这套结构理论支撑不了被他推向极端的观点。

当你仔细思考时，你会发现泰勒所提出的这一结构性观点无法解释第二次世界大战的起源。对泰勒而言，1939 年的战争的隐性原因是德国在第一次世界大战后依然保持领土完整。德国注定要“凭借其天然优势成为欧洲第一强国”的观念意味着，西欧国家最终无法抗拒德国实力的复苏。换言之，这意味着它们不会动用他们当时所具备的军事实力来遏制德国的力量。然而，如果它们的默许是理所当然的，那么问题出在哪里呢？基本的国际权力现实影响国际政治走向的理论似乎可以解释凡尔赛体系的崩溃。它在很大程度上也可以解释德国何以复兴成为第一强国。不过，如果西方国家注定接受这些基本的国际权力现实，那么这个理论又如何解释第二次世界大战的爆发呢？

然而，这只意味着这个理论具有一定的局限性，并不是说它一无是处。实际上，从政治而非道义的角度来理解国际现实，这一基本观点能给予我们强大的洞察力。正如对泰勒的书的分析所示，我们不宜过分强调这个观念，但这也并不意味着可以完全忽略它。从这次练习中可以得出的主要教训是，在国际政治领域进行历史研究时，你需要时刻寻求一种平衡。国际权力的现实至关重要，但各国的方略同样也会对事件进程产生重大影响。研究历史时，两者都必须予以充分考虑。

弗里茨·费舍尔与第一次世界大战的起源

在国际政治学中，一个最基本的问题是战争与侵略之间的关系问题。人们常常谈论战争是由某一方或另一方“发动”的。但是，战争的爆发必须得有侵略方吗？即便没有主要大国想要发动战争，战争也会爆发吗？换言之，战争是否可能在本质上是防御性的、以维护现状为导向的政策冲突的结果呢？那些认为战争不一定是侵略的产物的人，主要以 1914 年战争的爆发为论据，但并非所有人都认为第一次世界大战的爆发有悖于当时各方的意愿。实际上，许多学者认为 1914 年的战争是一场侵略战争，明确而言是德国发动的侵略战争。为了支持这一观点，持此观点的学者通常会引用德国历史学家弗里茨·费舍尔（Fritz Fischer）的著作。据说费舍尔证明了是德国策划了这场战争。

为了深入探讨这个至关重要的主题，我们有必要仔细审视费舍尔的著作。费舍尔撰写了两部关于这一主题的长篇著作，分别是《第一次世界大战中的德国目标政策》（*Germany's Aims in the First World War*, 1961）和《幻影战争》（*War of Illusions*, 1969）。这两部书各有一章直接与 1914 年的七月危机相关，即战争的直接起源问题。如果你的目标是评估费舍尔的观点，那么这些篇章就是需要关注的关键部分，因为如果德国真的策划了这场战争，那么对这场危机中德国政策的详细研究应该能证实这一观点。

你的第一个目标就是弄清楚费舍尔在这些篇章中具体论述了什么。他是否真的声称德国政府蓄意策划了一场重大的欧洲大战？如果确实如此，他如何论证这一结论？这一结论是基于哪些具体的观点？他所提供的证据是否足以支持这些观点？带着这些疑问，你开始研读这些文本，并首先集中关注那些你预期作者会阐述其基本观点的部分。

通过关注这些部分，你可以立刻了解他的观点。例如，在《幻影战争》一书中关于七月危机章节的第一部分的结尾处，费舍尔提及“德国政治家于 1914 年 7 月发动的战争”，并表示这场战争“是为了在敌对势力变得过于强大之前击败他们，并实现德国的政治抱负。所谓政治抱负，简言之，就是德国在欧洲的霸权地位”。[34] 在那一章的另一个小节的开头第一句，他谈到“从 1914 年 7 月初开始，德国政府决心利用这个有利契机”——即奥匈帝国皇储弗朗茨·斐迪南大公（Archduke Franz Ferdinand）在萨拉热窝遇刺事件产生的机会——“发动针对法国和俄国的战争”。[35] 在该章的总结性段落中，谈及 1914 年 8 月初战争刚开始的阶段时，他提到“一个月前决定利用萨拉热窝刺杀案的有利契机发动德国认为有必要的大陆战争的计划”，他说这个计划已经“成功执行”。[36] 在之前的一个段落中，他还提到了“在 7 月初做出的在这一时刻发动战争的决策”[37]。

费舍尔在此的观点相当明确，因此是可以检验的。他通过提出一个具体观点来进一步支持他的论述，即德国政府实际上在**7 月初**（也就是斐迪南大公遇刺不久之后）就决定发动一场大陆战争。为了核查支撑这个观点的论述，你需要集中关注篇章中与据说是做出决定的 7 月初这个时间段相关的部分。于是，你翻到了标题为“时机成熟——七月的第一周”（“The Occasion Is Propitious—The First Week in July”）的小节。我们可以仔细审读这个七页长的小节。在阅读时，你要考虑一个问题：费舍尔在这里是否确实表明，德国人在那个时候已经决定了发动战争的计划？

那么，当你仔细审读这段文字时，究竟会发现什么内容呢？费舍尔首先转述了一份奥地利外交部高级官员与德国知名评论家维克托·瑙曼（Viktor Naumann）之间对话的报告。这份文件对费舍尔的目的应该颇具价值，因为它是该关键小节中展示的第一份证据。费舍尔详细阐述了这一证据，并提到了“时机成熟”的短语。该短语被费舍尔拿来做了本节的标题，也因为与他论述的关键要素有关。瑙曼恰巧在 6 月 28 日斐迪南大公遇刺时身处维也纳，并在几天后与奥地利官员会面。费舍尔引述瑙曼的话，证明德国政府已经为战争做好准备，甚至正在渴望战争。费舍尔写道，瑙曼确信，“与前一年不同，不仅军方，甚至外交部和皇帝也不再反对对俄国发起先发制人的战争，而且公众舆论也会进一步迫使政府投身战争”。他继续转述：“在外交部看来，‘做出重大决策的时机已经成熟’。瑙曼警告称，如果奥匈帝国不抓住这个机会，德国将抛弃奥地利这个盟友。”[38]

考虑到这份文件在费舍尔论述中的作用，你可能会觉得查阅这个文件很有价值。从费舍尔在这段文字后附上的脚注中，你可以发现瑙曼文件发表在伊曼纽尔·盖斯（Imanuel Geiss）编辑的有关这场危机的文件集中。当你检索这个文件集时，你很快就会发现盖斯的文件集还有一个英译本，而瑙曼文件也包含在那个译本中。阅读这份文件时，你会发现费舍尔的转述与文件原文之间存在很大的差距。例如，费舍尔借瑙曼之口称“外交部和皇帝也不再反对对俄国发起先发制人的战争”，但瑙曼实际上只是表示“与一年前相比，陆海军圈子和外交部对于对俄国发动先发制人的战争，已经不再那么反感”。这语义明显比费舍尔的转述要弱。此外，瑙曼并没有提到**皇帝**对发动先发制人的战争的态度。

那么，关于所谓的瑙曼称公众舆论会“迫使政府对俄国发动战争”的说法又是怎样的呢？瑙曼实际上只是说，公众舆论会迫使外交部在与塞尔维亚的冲突中支持奥地利。这与费舍尔的转述迥然不同。在这一语境中，做出“重大决策”的时机已经成熟的说法指的是塞尔维亚问题，而不是像费舍尔所暗示的那样，指的是策划一场大型欧洲战争的决定。最后，费舍尔声称瑙曼警告说，如果奥地利不采取任何行动，德国会抛弃它这个盟友。我们再一次发现原文的语义要弱得多。瑙曼实际上并未发出任何威胁。他只是指出，“如果奥地利不抓住这个时机，那么奥地利的君主体制和大国地位将会终结”。他的奥地利谈话对象基本同意他的看法。[39]

因此，这份文件几乎无法证明德国领导层在7月初就已经决定“利用萨拉热窝刺杀案的有利契机”发动一场欧洲大战。显然，德国政府被描述得比第一份证据所揭示的更具侵略性。那么，费舍尔在那一小节是否给出了其他证据，以证明德国人在那时候就决定发动欧洲大战了呢？根据他引用的一份报告，德国总参谋部认为“现在发生战争也不会太糟糕”；另一份报告称，军事当局正在谋求“现在发动战争，因为俄国尚未做好准备”。[40]但是，根据其中一份报告，政治领导层并不同意：皇帝据说是“倾向于维持和平”。在费舍尔的语境中，这意味着与法国和俄国的和平。然而，费舍尔表示，此处对皇帝观点的描述是错误的，证据是皇帝给驻维也纳的德国大使的报告。报告上有手写的评论显示：“要么是现在，要么就放弃……我们必须彻底打败塞尔维亚人，得尽快。”然而，正如费舍尔在此处和使用本章副标题中的短语时所暗示的那样，皇帝的评论几乎无法证明他想要的是一场欧洲大争。“要么是现在，要么就放弃”仅仅是指奥地利与塞尔维亚之间的对决。这与欧洲大战完全不同。实际上，在这一小节中，几乎没有证据证明德国政府，尤其是德国政治领导层此时正有意识地决定挑起一场欧洲大战。

那么，费舍尔是否在关于七月危机的两章中的任何一章，为德国意欲引发一场普遍战争提供了令人信服的证据呢？在阅读这些章节时，你心中应该一直有这个疑问。在《第一次世界大战中的德国目标政策》一书中，他确实引用了一份让德国领导层看似颇具侵略性的文件，即德国外交大臣贾戈（Jagow）于7月18日致德国驻伦敦大使利希诺夫斯基（Lichnowsky）的信件。费舍尔表示，这封信简洁地概述了德国在危机中的立场。[41]费舍尔转述文件称，根据贾戈的说法：

> 条顿人(Teuton)与斯拉夫人之间的斗争是不可避免的(这是贾戈在战争关键时刻时常提及的观点)。既然如此，对于德国来说，现在正是最佳时机，因为“几年后，俄国……将做好准备。到时，它将依靠人数优势在陆地上击败我们，它的波罗的海舰队和战略性铁路也将准备就绪。与此同时，我们的联盟正在不断衰弱”。[42]

这是一项关键证据。根据费舍尔对这封信的转述，德国政治领导层显然希望策动与俄国的战争。因此，这份证据足够重要，让人想要亲眼阅读这封信件。然而，当你在盖斯的文件集中阅读这封信时，你发现内容令人震惊。原来，贾戈在这里并未提到“条顿人与斯拉夫人”之间的战争是不可避免的。他只是指出“俄国的斯拉夫性对德国的敌意正日益加剧”。这又是一个语义上更弱的说法。[43]实际上，贾戈谈论军力平衡变化的观点，并非表明现在是挑起一场大规模战争的“最佳时机”。他恰恰持相反的观点，即由于德国仍然更为强大，俄国及其盟友可能会退缩，因此可以在不引发大规模战争的情况下解决塞尔维亚问题。所以，费舍尔对贾戈观点的转述颠倒了原意。

在这样的分析过程中，你得出的结论是，几乎没有直接证据可以支持德国政府故意挑起欧洲大战的看法。费舍尔不得不扭曲证据这件事本身，这恰好是该论述有缺陷的一个有力提示。不过，你并不想就此止步，因为你感觉这里还有其他问题。费舍尔一再将德国希望奥地利对塞尔维亚采取军事行动的有力证据解读为德国真正想要的是一场针对法国和俄国的欧洲大战。奥地利与塞尔维亚之间的“要么是现在，要么就放弃”被解读成欧洲大战的“要么是现在，要么就放弃”，但你好奇为什么他要混淆这两个非常不同的概念呢？是什么假设促使他从证据所展示的内容——即德国希望奥地利在巴尔干问题上采取果断行动——得出德国正试图策划一场欧洲大战这一站不住脚的观点呢？

当你考虑如何弥合证据和结论之间的差距时，你意识到只有一个答案。潜在的假设必然是德国人意识到，在没有俄国干预的情况下，奥地利无法压制塞尔维亚。只要做出这个假设，德国希望在巴尔干半岛发起决战的证据就会变成他们真正想要的是欧洲大战的证据。因此，你要问问自己，费舍尔是否曾经明确提出过这个假设。如果你能定位到直接表达这个观点的地方的话，那么支持它的证据和观点应该是在同一个段落。你可以仔细审读它，看看你是否认为它具有说服力。

因此，你要在这两章中寻找阐述这个观点的段落。果然，你发现费舍尔在一个地方说：“如众多文件所显示的，德国知道俄国绝不会允许奥匈帝国在巴尔干半岛毫无顾忌地行动。”[44]这种类型的观点放在段落的开头，实际上是对读者承诺接下来的段落至少会总结这些“众多文件”中的一两份。因此，你可以看看接下来的内容。然而，那里的证据显示，德国人意识到欧洲的局势似乎很复杂，他们所设想的事态升级未必是不可避免的。实际上，在这段引述的主要文件中——费舍尔应该认为这份文件很重要，因为他还给出了其中一段引文——贾戈首先表示：“我们想要把奥地利和塞尔维亚之间的冲突局部化。”这几乎无法支持德国政府认为的“局部化”在政治上是不可能的的观点。而且，或许你还记得，贾戈在 7 月 18 日给利希诺夫斯基的信中提出了局部化是可能的的观点。费舍尔在前几页还表示，这封信“简洁地”概述了德国的态度。

然而，这些关于局部化可行性的言论是否应该按字面意义来理解呢？你可能会对此表示疑虑，因此，你可能想更深入地了解这个问题。德国人甚至可能在他们内部都假装相信局部化是可能的，同时却意识到这是不可能的。这种假装可能具有一定的政治或心理目的。因此，值得考虑的是，俄国的势必介入是不是一个简单的政治现实。如果情况确实如此，而且对于任何有政治头脑的人来说这一点都显而易见的话，那么，无论德国人当时彼此之间是怎么个说法，我们都有充分的理由得出这样的结论：对塞尔维亚的好战政策因此可以被视为德国意欲挑起一场全面战争的证据。

因此，你关注的焦点转向费舍尔是否给出了与俄国干预问题相关的证据。牢记这个问题，你要尤为关注费舍尔对俄国政策的看法。你注意到他在《幻影战争》一书中有与俄国相关的篇章。事实证明，费舍尔在那一章中提到，直到 7 月 24 日，俄国都认为应该告知塞尔维亚：“如果奥地利军队进入塞尔维亚领土，你首先应该会做的不是抵抗，而是撤军。”[45] 因此，一旦塞尔维亚遭到侵略，俄国并不会坚决要求立即开战。你可能想通过查阅其他关于危机的描述来进一步研究这个问题。但是，就你当前的目标而言，这意味着在危机的后期，俄国的立场仍然仍有软化的空间，这最终让德国人以为战争局部化并非不可能。因此，德国人在巴尔干地区策动战争的证据，不能被视为他们真正策划的是一场欧洲大战的证据。

这就是批判性分析方法的运用过程。首先，你要确定作者的中心观点。然后，尝试理解支持这一中心观点的论证结构。你尤其需要了解总体结论是如何基于更具体的观点的。接着，你要根据作者提供的证据来评估这些具体观点。这些步骤都非常简单明了。在这个过程中，你评估的是整个作品的学术品质。当你发现有人歪曲证据时，你对其作品的评价会急剧下降。

然而，需要注意的是，你不仅是在评估一部特定的历史著作，还是在学习与这个主题本身相关的一些内容。在这个例子中，你已经对第一次世界大战起源的一个阐释进行了评估。你得出的“这一阐释相当薄弱”的结论，必然会在一定程度上影响你对战争起源的理解。如果拥护某个阐释的最具代表性的泰斗级人物都无法提出有力的论证，那么你不禁要怀疑是否有可能提出一个令人信服的论证。除此之外，你已经开始在一些具体领域得出了一些实质性的结论。例如，你或许会认为，德国人很可能严肃考虑了“局部化”，并且认为在没有俄国和法国干预的情况下，奥地利击败塞尔维亚是有一定希望的。不过，你还注意到德国人愿意承担发动欧洲大战的风险，这一态度源于他们对军力平衡的认识，既包括军力平衡的现状，也包括其随时间推移发生的变化。这种结论将影响你对整个战争起源问题的理解。你明白大哉问都取决于相对具体的问题，你已经设法构建了分析框架，那么你在这些具体问题上得出的结论必然具有一定的普遍意义。它们甚至可能为研究国际政治中最基本的问题提供一些启示，即战争的根源是什么或如何稳定国际秩序。

理查德·诺伊施塔特与天弩风波

研究历史时，你可能不得不应对一系列较为次要的问题。例如，你可能对后古巴导弹危机时期（post–Cuban missile crisis period）感兴趣。你读过各种历史叙述，对那个时期的主要事件有了一定了解。导弹危机在 1962 年 10 月底得到解决，之后是 1962 年 12 月的天弩–拿骚风波（Skybolt-Nassau affair），然后是次年 1 月戴高乐否决英国加入欧洲共同市场（European Common Market）的提议，以及在此后一周签署了一项重要的法德条约。1963 年 6 月，肯尼迪总统开启著名的德国之行，7 月签署了核试验禁止条约。研究历史时，你试图理解事物是如何相互联系的。因此，如果你研究这一历史时期，你需要思考这些事件是如何彼此关联的，又是如何融入当时所发生的更为广泛的背景的。

为了解答这些问题，你需要逐个研究这些事件。你尤其需要尽力了解天弩风波。如果按照常规的方法进行研究，你将发现与天弩风波相关的一份长篇报告，这份报告由著名政治学家理查德·诺伊施塔特（Richard Neustadt）于1963年为肯尼迪总统撰写。它很快就被认为是关于该主题最为重要的著作。因此，你首先想做的就是仔细分析诺伊施塔特的观点。

或许你可能从完全不同的角度对诺伊施塔特的报告进行分析。也许你是一名政治学家，对政策制定中的官僚政治理论感兴趣。官僚政治理论认为，国家是由一群半自主的官僚领地组成的，每个领地都在追求自己的狭隘利益，而所谓的政策只是政府内部解决部门间冲突的过程的结果。从这个角度来看，政策具有一定的盲目性。根据这一概括性观点，理性思考——居于中心的政治领导层试图根据其认为的国家最根本利益而制定方针的政策思考——在塑造政策方面并没有发挥真正基本的作用，因为政治领导层实际上并没有真正主导决策过程。

如果官僚政治理论有效，它将对政治学家和历史学家产生各种重要的影响，所以你可能会对验证该理论的有效性感兴趣。验证这一理论的基本方法之一是评估反映官僚政治观点的具体历史事件的阐释。通常，评估某一理论时，你希望尽可能地将其具体化，即赋予其具体内容，将其“翻译”成对特定历史事件的具体阐释，因为这是唯一能真正理解它的方法。不过，某一理论的捍卫者们通常也有一定的兴趣证明其适用于现实世界，并且经常建立似乎支持该理论的历史阐释。因此，关注这些阐释，尤其是其中最好的阐释，是有意义的。如果要找与该理论相关的观点，这个理论的拥护者们肯定能提出这样的观点。在他们的作品中，最强有力的论证可能就隐藏其中。

当你研读官僚政治范式的研究体系这一领域的学术作品时，你会发现很多都引用了诺伊施塔特的著作，尤其是他对天弩风波的研究报告。当你有机会深入了解这篇报告时，你很快就会发现这是一篇极具吸引力的文章。运用官僚政治术语解释特定历史事件的书籍和文章可谓浩如烟海，但诺伊施塔特的报告却能在其中脱颖而出，原因在于作者的才智、论述的精辟以及高质量的实证证据。很明显，如果你希望对官僚政治理论视域下的政策制定形成自己的看法，这篇文章值得一读。

然而，不论你从什么角度分析这个主题，你都需要从基础知识入手。天弩风波的标准阐述是什么？天弩是一种在 20 世纪 50 年代末和 60 年代初由美国研发的空对地核弹头导弹（air-to-surface nuclear-tipped missile）。英国被美方告知，美国如果能在技术上批量生产该导弹，就会允许英方购买。英国之所以想购买这种导弹，是因为天弩能使其面对苏联不断提升的防空能力而逐渐吃力的空基威慑力量（bomber-based deterrent force）获得新的生机。这种武器在英国的国防规划中具有核心地位。然而，到了 1962 年，美国决定取消天弩计划。接下来的问题是，英国能否得到任何替代品。根据标准阐述，美国政府没有提供太多帮助。英国首相哈罗德·麦克米伦（Harold Macmillan）于是决定在 1962 年 12 月与肯尼迪总统在拿骚会面时讨论这个问题。在拿骚的会面上，英方表现得愤怒而目中无人。麦克米伦要求美方向英国提供美国最先进的武器之一海基北极星导弹（sea-based Polaris missile）作为天弩的替代品。麦克米伦表示，如果美方拒绝，英国将被迫自力更生，但这将“导致英美关系出现深刻裂痕”[46]。面对这种威胁，美国决定让步。英国最终获得了北极星导弹作为天弩的替代品。

这里的基本问题是要解释为什么事情的走向会是如此。诺伊施塔特在报告的导言部分提出了他的解释。他表示：“天弩风波作为华盛顿与伦敦之间的一个问题，源于大忙人们持续未能觉察并考虑到他人的需求与愿望。‘酋长们’未能与‘部落民’分享他们的想法，‘部落民’也未能感知或重视‘酋长们’的保留意见，美国人没搞清楚伦敦方面应对紧急事态的规划的限制，英国人也没能理解华盛顿方面预算案的紧迫性；各方均未考虑A的行为会如何限制B的言论。”[47]由此看来，拿骚会议上的对峙并非源于真正的政治冲突，即美国政府的意图与英国接受意愿之间的冲突，而是源于政府采用庞大官僚机构的运作方式。正如官僚政治理论所言，政策并不一定受制于政治中心。你会注意到，在诺伊施塔特的描述中，总统的角色微乎其微。与之形成对比的是，中层官员们却得到了相当多的关注。中层官员们的角色是确保关键的政策文件包含与他们的想法一致的内容。然后，他们将这些文件作为“狩猎许可证”来推进自己的政策目标。他们甚至通过起草反映自己观点的文件，再让国务卿签字，从而向政府高官［如国防部长罗伯特·麦克纳马拉（Robert McNamara）］发出“指示”。诺伊施塔特花了大量篇幅讨论这些事情，由此你可以判断出，他认为这些指示非常重要。[48]

这一基本阐释在报告的正文中得到了深化。诺伊施塔特好奇，在问题上升到拿骚的首脑会谈之前，双方为何无法达成一个都能认可的安排？ 11 月 8 日，英国就被告知天弩项目很可能被砍掉。然而，直到 12 月 11 日，麦克纳马拉在伦敦与英国国防大臣彼得·桑尼克罗夫特（Peter Thorneycroft）会面之后，双方的互相指责就开始了。因此，双方原本有充足的时间就天弩的替代品达成一致，而且双方还并不存在基本的政治障碍。肯尼迪总统并未坚决反对向英国提供天弩的适当替代品。正如诺伊施塔特提到的，“（肯尼迪总统）他本人从未倾向于在没有其他方式满足英方需求的情况下，拒绝就提供北极星导弹达成协议”[49]。既然肯尼迪的态度如此，双方本应在事态失控前就能达成某种协议。英方本可以找上美方，明确表达他们的关切，并尝试达成协议。或者美国方面本可以主动接近英方商量此事。然而，双方都没有这么做。这是为什么？

诺伊施塔特的回答是，双方都受到内部官僚的压力而“动弹不得”[50]。桑尼克罗夫特在美国提供北极星导弹之前无法“迈开步子”。如果他这样做，他会被其内部视为青睐北极星导弹。他会被自己政府内部的势力，尤其被自己的空军视为“背叛天弩”。这种做法会被官僚机构中的某些人认为是“无异于叛国”。

因此，他认为“他只能被动接受北极星导弹，而不能主动争取”。[51]诺伊施塔特表示，麦克纳马拉“持有的则是完全相反的观点”。在麦克纳马拉看来，英国应该积极主动。诺伊施塔特写道：“为了避免与同事发生冲突，他意图让英国人将北极星导弹强加于他。”[52]因此，双方都没能采取行动。当两人于12月11日会面时，美方未能主动提供北极星导弹，英方对此怒不可遏。

这一总体阐释应如何评价呢？麦克纳马拉是真的因为中层官员反对向英国提供北极星导弹而“动弹不得”吗？答案是否定的，这一点从诺伊施塔特自己的证据中得到了明确的澄清。当麦克纳马拉在12月11日与桑尼克罗夫特会面时，他在提出这个问题时并没觉得有什么不妥。“如果我们能提供北极星导弹系统，你们会购买吗？”他询问英国国防大臣。从诺伊施塔特本人呈现的证据来看，对于英方来说，很显然，桑尼克罗夫特在提出可以接受北极星导弹作为解决方案时也并没有觉得有什么不妥。根据桑尼克罗夫特的自述，事实上他在11月9日与麦克纳马拉的电话会谈中就“使用过‘北极星’这个词”。[53]

因此，实际上双方都没有因为官僚因素而受到真正的限制。确实，麦克纳马拉可能没有像他本应该的那样直接，他选择不以直接方式处理这个问题可能导致在与英方国防大臣的会面中出现了一些问题。然而，他的解决方案已经相当明确：英国将得到北极星导弹，尽管导弹将由英方控制，但要分配给北大西洋公约组织（North Atlantic Treaty Organization, NATO，简称北约）部署。在与桑尼克罗夫特的会面结束时，美国事实上已经暗示了这一安排，而桑尼克罗夫特原则上认为这种安排是可以接受的。[54]

然而，如果按照诺伊施塔特的官僚政治理论来理解这个现象行不通，那就意味着我们得另寻解释。你可能不清楚这个解释到底是什么，但你的困惑将帮助你推动研究进程。你现在更明确地知道了需要解释的内容。因此，你还是从这一练习过程中得到了一些有价值的收获。

值得强调的是，批判性分析方法乍看上去可能显得具有破坏性。确实，它为你提供了剖析他人观点的方法，但你要知道这并不是最终目的。我们应该更积极地看待这种方法，而且它在很多方面的确可以发挥非常积极的作用。首先，它帮助你甄别优劣。你会逐渐认识到什么是好的观点，从而针对你可能想要借鉴的方法有了一些感知。你还可以看到什么因素会导致论述失败，换言之，你会发现你可能想要避免的东西。在不自觉的努力中，你的思维中会形成某种标准。这些标准会自动内化于心并被你应用到你自己的研究中。

当你进行这样的分析时，你会更加关注大问题。你会专注于基本观点，努力理解其重要性，即它如何与国际政治运作中的基本问题相联系。你将明白历史观点的概念层面是什么样的，而你对这个观点的分析往往能让你对一个重要概念问题有所了解。对于政治学家而言，这一点显然很重要。不过，历史学家在开展研究时也需要建立一定的概念框架，而在进行这样的分析时，框架大致会自动形成。除此之外，如前所述，批判性地阅读文本是吸收重要事实信息的高效方式。当你发现事件在观点的阐述和分析中所扮演的角色时，它们会深刻地留在你的记忆中。当你以一般的被动方式浏览文本表面的文字时，同样的事物通常不会引起你的注意。

所有这些因素都很重要，但真正使这个方法有价值的原因在于，它能让你以高效的方式深入了解特定历史时期所发生的事情。通过剖析他人的观点，你可以深入到历史问题的核心。这样，你就能直面这个问题，甚至有可能回答它。这个方法因此可以是一种提升能力的路径，它让你坐上了驾驶席。你不必再盲目地接受别人的观点。这样的话，从理论上来说，甚至是在实践中，你都可以亲自解答这些历史问题了。

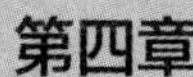

第四章

基于文本分析的阐释：1941 年案例

不准备好花费多年时间研习历史，就无法真正洞悉历史的基本问题吗？并非如此。我认为，即便没有准备好下这一番工夫的学者，只要以正确的方法研究历史问题，他们的历史理解仍然可以达到一定水平，一个无人会称之为肤浅的水平。

那么，如何研究这些问题呢？不可被动。你不能仅仅阅读大量书籍、文章和文件，吸收你所能理解的内容，然后将所有东西都扔进料斗混合机中，期待某种名为“历史理解”的东西几乎自动地从另一端生产出来。相反，我们需要以**积极的**态度来面对历史问题。这意味着你必须对你正在研究的材料提出**问题**。为了提出正确的问题，你需要进行大量**思考**。这并非易事，但如果你以这种方式工作，你会讶异于这种方式多么有效，它将带你走多么远，以及它将如何迅速地带你抵达你要去的地方。

在实践中，你该如何做呢？总体而言，答案很简单。首先找到与你想解决的问题相关的最重要的历史著作。接下来，使用上一章概述的方法分析这些著作：找出基本观点，了解关键主张是如何支撑基本观点的，然后审读这些主张，尤其要关注用于论证的论据。此时，问题就会以非常自然的方式浮现出来：某个作者的主张是否正确？印证这些主张的基本观点又是由什么组成的？论据是否真的能证明它要证明的东西？当作者们像往常一样就重要问题产生分歧时，你会问：谁是对的？谁的论证更有力？最重要的是，你需要思考不同观点之间的关系，特别是主要观点与较为具体的论述之间的关系。问题越是具体就越容易研究。因此，你的目标应该是了解如何通过较为具体的主张解释一般性的问题。当你从论据出发审读这些主张时，你所得出的结论自然具有更为普遍的意义。大哉问将逐渐得到回答，一种解释将逐渐在你的脑海中形成。

以上说法仍显笼统，要想了解这种方法是如何运作的，你需要亲眼见证它的实际操作。因此，在本章中，我想展示如何运用这种方法得出国际政治史上一个重要事件的解释，即 1941 年美国通往战争之路。

1941 年的美国与德国

假设你的目标是解释 1941 年 12 月美国是如何陷入与德国和日本的战争的，那么该从哪里开始呢？你可以着手反思你从大众文化中吸收到的观念。例如，你可能被引导相信，美国是一个爱好和平的国家，试图避免外部纷争；德国和日本是侵略国；美国加入战争纯粹是由于轴心国的侵略行径。你查阅了学者对这个课题的看法。例如，泰勒在其《第二次世界大战的起源》的最后一段中称，希特勒决定与美国开战是“无谓的”，美国是一个“只求独善其身”的国家。[1]你可能注意到这种解释仍被广泛接受，甚至学者们有时仍然顺着这一思路争论。[2]

这样的主张算是一种跳板。根据你对国际政治运作方式的一般了解，你会反思这一观点。你会疑惑，如果美国真的“只求独善其身”，当时正与苏联交战的希特勒到底为什么会向美国宣战？他为什么会“无谓地”向美国这样强大的国家挑起武装冲突？你对国际政治的全部理解让你认为事情不可能如此简单。德国决定对美国开战几乎肯定与美国的政策有关，而且那时的美国很可能比泰勒所暗示的更为深入地参与了欧洲事务。

然而，这种思考仅仅界定了问题。只有证据才能提供答案。因此，为了弄清楚当时的情况，你使用前一章所概述并在附录I中详细说明的方法，开始翻阅你认为关于该时期美国政策最重要的论述。你很快就搞清楚，美国政府的态度根本算不上被动，尤其是在1941年底。事实证明，当时美国在大西洋与德国正在进行一场不宣之战。实际上，与这个课题相关的最重要的著作之一就叫《不宣之战》(*The Undeclared War*)。[3]但是，你会想知道，这种行为该如何理解？美国政治领导层要试图做什么？罗斯福总统及其高级顾问是否只是想要捍卫海上航道，以防英国沦陷？也许他们如果有其他办法，就不会再进一步介入了？或者，罗斯福的目的正是要将美国引入战争，站在英国一边，而海军的行动便是为了实现这一目的而进行的？

你发现学者们在这个问题上存在分歧。大多数观点认为，从 1941 年年中开始，罗斯福确实在“稳步地将国家往战争的方向引”[4]。当时，大家普遍认为公众舆论是关键因素。似乎大多数美国人希望远离战争，但同时也支持强硬行为，即便是冒着战争的风险。罗斯福的政策便是考虑到这种情况而制定的。这一观点认为，罗斯福更倾向于要人们相信（或至少半信半疑），美国是被推向冲突而不得不介入战争，而不是直接提议出手干预。[5]

你想知道，有什么证据支持这一观点？首先，罗斯福确实表示他想与德国开战。罗伯特·达莱克（Robert Dallek）是有关罗斯福外交政策最重要著作的作者。他引用了 1941 年 8 月大西洋会议上罗斯福与英国首相温斯顿·丘吉尔会晤的记录来支持他的观点。他称，到 1941 年底，总统“现在希望将美国引入战争”。罗斯福向丘吉尔解释说，他在国会中“如履薄冰”，如果他要求宣战，国会将花上三个月的时间来辩论。因此，他不会走那条路。他会选择“不宣而战”，“他会变得越来越具挑衅性”。他说他的目标是“强行炮制一个‘事件’”。他“明确表示，他会寻找一个‘事件’来为他发动敌对行动正名”[6]。你注意到，这并非只是一个孤立的评论。事实上，当时罗斯福经常发表类似的言论。[7]

也许罗斯福对丘吉尔所作的评论不应只从字面理解？另一部针对该主题的重要著作的作者沃尔多·海因里希（Waldo Heinrichs）表示，当时罗斯福并没有“寻求战争”。总统在早些时候谈论过美国在北大西洋的巡航会如何导致一个“不会令人反感的事件”时，他可能只是试图“鼓舞士气”。[8]大卫·雷诺兹（David Reynolds）是这一时期英美关系的重要研究者。他大段地引用了罗斯福对丘吉尔的原话，但他认为即使是到1941年11月末和12月初，总统也并不想对德国“挑起敌对行动”。[9]

面对这些观点分歧，我们该如何深入探究问题的本质？答案颇为简单。当你阅读这些历史叙述时，你要寻找与问题直接和间接相关的证据。努力理解罗斯福是如何看待德国在欧洲取胜对于美国乃至整个世界来说意味着什么，并思考这意味着美国应当采取何种政策。你还要关注他及其亲信顾问在公开和私下场合的言论，例如，他在1941年9月1日表示，“我们将尽一切努力击溃希特勒及其纳粹部队”[10]，或他的亲信顾问哈里·霍普金斯（Harry Hopkins）在1941年11月所表示的，仅靠一项《租借法案》远不足以打败希特勒。[11]你要尤为关注美国政府实际上在做什么：正在建设的军事力量、正在进行的规划、正在实行的外交政策以及正在进行的军事行动等。最重要的是，你希望了解这些事情是否呈现出一种模式，亦即通过观察这些事物如何相互关联来理解正在发生的事情。

这番操作能让你得出什么结论？首先，罗斯福是如何处理这些外交政策的基本问题的？你需要查阅研究这些问题的作者所引用的关键资料。当你阅读这些资料时，你会发现某些主题反复出现。罗斯福认为，美国不能墨守严格的防御思维。换言之，美国不能只要没遭到攻击就坐视不管。美国的安全深受世界其他地区动态的影响。如果英国沦陷，轴心国将掌控整个旧世界的资源。届时，新世界将“生活在炮口之下，这门炮还装满了具有军事和经济意义的爆炸性弹药”。[12]

这一威胁在 1939 年到 1941 年期间罗斯福的多次谈话中被反复提及。在罗斯福看来，这一威胁的紧迫性与现代战争的性质尤为相关。过去，大洋可能是“相当可靠的防御屏障”。然而，考虑到现代轰炸机的航程和发起攻击的速度，大洋已经不再可靠。实际上，美国已经被拉得距离欧洲更近，其利益也因此与欧洲的时局更加紧密相关。在为时已晚之前，美国必须正视这个问题。不能坐等事态恶化到不得不“为保卫美国独立而进行背水一战”的地步。等到敌人“打上门来”再采取行动无疑是“坐以待毙”。罗斯福的基本前提是，要赶在问题失控之前解决它。美国必须以更“灵活”的方式进行自卫，而且不应限于边界地区。这一整套论述都暗示着要打倒纳粹：不能允许纳粹站稳脚跟，并利用整个欧洲的资源来扩充实力。即便假设英国在得知美国永远不会参战的情况下也会坚持继续战斗，仅有防止英国沦陷的政策也是不够的。到 1941 年底，罗斯福之前的暗示已变得更为明确。希特勒必须被打倒，坚决不考虑“以向邪恶妥协为基础的和平”，纳粹的威胁必须被“清除”。[13]

事实证明，这不仅仅是罗斯福的观点。他的高级军事顾问也持类似看法。与总统相比，他们更加明确地接受这一观点所包含的意味。从 1940 年底开始，海军作战部长斯塔克将军（Admiral Stark）强烈主张对德开战。陆军参谋长马歇尔将军

（General Marshall）也基本接受了这一方针。有力的证据表明，罗斯福本人曾非常隐秘地向斯塔克明确表示过，他也赞同这一方针。了解这些小圈子里的想法有助于你阐释美国的实际行动，特别是在北大西洋的海军作战行动。在试图理解这一故事时，你应该尤为关注某些关键证据。例如，你注意到，早在 1941 年 2 月，斯塔克将军就表示，“我们所面临的问题是何时参战，而非是否参战”。[14] 考虑到作为海军作战部长的斯塔克应该比较清楚总统在大西洋海军行动方面的真实想法，他的这番言论在这一语境下尤为重要。随着故事中的不同要素逐渐归位，一个完整的画面逐渐呈现出来。[15]

在你选定某种解释之前，你也会想要审视另一方的观点。并不是所有人都认为罗斯福 1941 年希望将美国引入战争，一些顶尖学者就持相反的看法。例如，格哈德·温伯格（Gerhard Weinberg）在其重要著作《剑拔弩张的世界》(*A World at Arms*）中描述了“罗斯福努力斡旋，期望避免战争”的场景。温伯格指出，尽管“罗斯福的一些顾问的确认为美国应该或必须参战以确保打倒希特勒”，但“没有证据显示罗斯福总统本人放弃了美国能够回避战争的希望”。[16] 为了支持这一结论，他提出的关键论述涉及 1941 年的美国海军政策。正如温伯格所指出的，得益于英国情报部门的合作，从 1941 年 4 月开始，美国得以破译截获的德国海军情报。他写道，美国政府以这种方式获得的信息“本可以轻易地用于挑起事故，却经常且谨慎地用于避免事故”。他表示，罗斯福那著名的“对德国潜艇看见即开火”的命令"更多是为了威慑，而非挑衅"。他认为，"了解到德国向其潜艇下令避免事故后"，罗斯福"可以放心地继续向英国提供援助，因为他知道大西洋上会发生的最糟糕状况也不过是一些孤立的事件"。[17] 温伯格相信，尽管"相关记录已经公开数十年"，以及德国学者于尔根·罗韦尔（Jürgen Rohwer）在"很多年前"发表的一篇文章中也分析到了这一点，但几乎所有人都忽视了。[18]

关于海军行动的这些具体主张在支持温伯格关于罗斯福政策的中心观点方面起着关键作用，因此值得仔细研究。为了深入研究这个问题，你查阅了温伯格的那些主张所出现的段落中的脚注。你立刻注意到了一些奇怪的事情。在关键的脚注中，温伯格承认他的解释与罗韦尔的解释"有些不同"。你想要知道，罗韦尔究竟主张了什么，特别是在温伯格的脚注中引用的那些段落中，他究竟展示了什么？

于是你查阅了那些段落，结果发现罗韦尔，像大多数研究这个问题的历史学家一样，发现了美德逐渐走向敌对状态的过程。他将美国针对欧洲大战的政策划分为三个时期。在第一个阶段，即 1940 年春天法国沦陷之前，罗斯福想要避战。即便那时他并非完全的孤立主义者，但在当时的罗斯福看来，英法只需要得到有限的美国支持就能阻止希特勒取得胜利。根据罗韦尔的说法，法国在 1940 年沦陷后，美国政策进入了第二阶段。美国着手建立强大的军事力量，对英国的支持也大为加强。第三阶段始于 1941 年初春，罗斯福正在朝着对德国发起不宣之战的政策迈进。[19]

然而，撇开这些都不谈，我们仍然有理由询问罗韦尔的证据实际上表明了什么。为了解决这个问题，你需要关注具体细节，因此你仔细阅读了罗韦尔的叙述。他的叙述呈现出来的是1941年末的美国政策其实非常积极。例如，7月，美国决定向威胁美国护航船队的德国舰艇发起攻击。罗韦尔称，至少在80个不同的场合中，水雷被投放在了德国潜艇或疑似德国潜艇的物体上。[20]在采取这一政策和这些战术之前，似乎还没有人知道希特勒会如何反应。诚然，事故的数量受到了这样一个事实的限制：海军当局（包括英国和美国）的主要任务是确保护航船队的安全通过。这意味着他们充分利用了情报行动所获得的信息，得以使护航船队避开了德国潜艇。[21]然而，美国显然并没有选择回避与德国舰艇对抗的政策。正如罗韦尔所展示的，在珍珠港事件前夕，（美国）没有攻击德国的主要舰艇纯粹是出于巧合，比如德国方面单纯的机械故障。[22]这并不是因为美国人从截获的德国海军通信情报中了解到他们在不触怒希特勒对美宣战的情况下能走多远，并且走到了那一步，之后没有再越雷池一步。

实际上，利用情报引导护航船队绕过德国潜艇集群以确保安全通过的政策，似乎不能被视为罗斯福希望避免与德国开战的证据。正如罗韦尔所指出的，在决定护航船队的航行路线上扮演了关键角色的是英国。[23]如果（当然希望美国参战的）英国政府选择了这样的政策，为什么美国采取同样的政策就会被视为是他们希望避免与德国开战的证据呢？因此，罗韦尔文章中的证据并不能证明罗斯福试图让美国远离战争。相反，这些证据似乎说明了相反的情况。经过这番分析，你了解了温伯格的阐释依据，并分析了他所引用的用于支持他的观点的关键文本，这些有助于你深入了解手头问题的实质。

让我稍微做个回顾，并对这里发生的事情再发表两点评论。温伯格倾向于将这个故事阐释为侵略者和受害者之间单纯而简单的故事。不过，你可能会认为，不仅美国的政策比他描述的要更为强硬，而且必然会如此强硬，因为这就是国际政治的运作方式。你的假设可能是，面对纳粹在欧洲的所作所为，美国人不会对长期来看影响其安全的事情坐视不理。因此，不同的历史阐释可能反映了不同的理论假设。但这并不意味着理论在逻辑上优先于历史，人们可以先选择特定的理论方法，再相应地解释历史，同样我们也可以轻易地以另一种方式来做出阐释。你可以先分析关键证据，再决定历史问题，而这一决定将有助于你对阐释这些历史问题的理论假设做出判断。上述是第一点评论。

第二点评论与分析这类问题的方式有关。你先关注一个关键主张，一个在支持书中基本观点方面起到重要作用的主张，然后关注作者给出的支持这个主张的证据。因此，你会查阅附在这个主张段落后面的脚注，查找并仔细阅读作者引用的资料，甚至可能检查它们引用的来源。在曝光“水门事件”（Watergate scandal）的过程中，鲍勃·伍德沃德（Bob Woodward）和卡尔·伯恩斯坦（Carl Bernstein）得到了一个著名的建议："追踪资金（的流向）。"不过，如果你想弄清楚一个历史问题，你应该追踪的不是资金，而是脚注。

现在让我们回到历史分析：假设你使用这些技巧得出了结论，即罗斯福在1941年的政策是将美国引入与德国的战争。这个结论很重要，但从根本上说，它只是故事中的一个要素。你距离了解美国是如何被卷入第二次世界大战这一问题还有很长的路要走。毕竟，大西洋的海军行动并没有直接导致美国与德国的战争。截至1941年底，对希特勒而言，与苏联的战争才是当务之急。这意味着他暂时要尽可能地避免与美国开战。德国海军（正如温伯格所指出的）因此被严格约束。德国海军指挥官曾表示，"在任何情况下"，元首都"不希望引发促使美国参战的事件"。[24] 直到日本袭击珍珠港之后，希特勒才理所当然地对美国宣战。

罗斯福与日本

既然如此，你显然还要关注1941年的美日关系。这个故事该如何融入这一时期更广泛的全球政治背景呢？要回答这个问题，第一步是尽可能了解这一时期美国和日本之间发生了什么。你要尝试在非常基本的层面上理解一件事是如何导致另一件事的，以至于最终日本在1941年12月7日偷袭了珍珠港的美国舰队。运用前一章概述的技巧，你可以找到一些经典学术书籍。

通过阅读这些书籍，也许还有一些关键的文件集，你很快就能了解基本是怎么一回事。

简而言之，这是怎么一回事？1941 年 7 月底，日本侵占印度支那南部。美国对此的回应是冻结了日本在美国的资产。资产冻结很快演变成全面的经济封锁，包括暂停石油和石油制成品的出口。这些货物不仅遭到了美国的禁运，还遭到了美国的伙伴国家英国和荷兰的禁运。然而，日本依赖于从这些国家控制的石油产地进口石油。这些石油进口对日本的军事（包括海军）目的尤为重要。1937 年以来，日本一直在中国打着一场从未宣战的战争。如果没有液态燃料的话，日本在中国的军事行动将陷入停滞。要想不放弃在中国的军事行动，日本需要设法获得他们所需的石油。为了达成这一目标，他们可以与美国达成协议以恢复石油运输，或是直接夺取荷属东印度群岛（Dutch East Indies）的油田。然而，到了 1941 年底，所有迹象表明，侵占荷属东印度群岛很可能意味着与美国开战。[25]

1941 年底的日美谈判因此具有根本的重要性。为了避免与美国开战和在中国的行动的崩溃，日本需要与美国谈判解决问题。实际上，日本需要尽快解决这个问题。随着石油储备的逐渐减少，日本感觉自己“如同逐渐干涸的池塘里的一条鱼”[26]。然而，美国并不愿意给出日本想要的东西。中国问题逐渐成为谈判的核心问题。美国坚持要求日本从中国本土完全撤军，但正如美国政府自己也意识到了的，这是日本难以接受的要求。正如 1941 年 11 月美国副国务卿萨姆纳·韦尔斯（Sumner Welles）

所言，在中国“耗费了四年的举国奋斗和牺牲之后”，日本领导人必须得向“自己的人民拿出一些合理的交代”。因此，韦尔斯“无法相信”日本会“同意完全撤出中国”。不过，他表示，“除此之外，别无他法”。[27] 日本因此被逼入绝境。实际上，他们被迫在与美国开战和撤出中国之间做出选择。

美国的政策因此成为太平洋战争爆发的重要因素。大多数学者似乎都同意，美国的石油禁运使美国与日本走上了对抗之路。然而，对这个主题研究最深入的学者们似乎都认为，当时美国领导人最不希望发生的事情就是与日本的武装冲突。乔纳森·厄特利（Jonathan Utley）称：“1941 年秋，没有人想和日本开战。”[28] 即便是那些认为罗斯福试图将美国引入欧洲大战的学者们也认为，与日本开战并不在他的议程之中。实际上，在他们看来，罗斯福与德国开战的事实，使得避免同时与日本开战变得比以往任何时候都更加重要。达莱克在涉及该主题的一章的第一段中写道：“从 1940 年秋到 1941 年夏，罗斯福希望太平洋尽可能风平浪静”；1941 年 6 月和 7 月，总统“避免在太平洋牵涉过深”的愿望“仍然没有减弱”。[29] 然而，罗斯福被“他无法控制的压力”推向了“与日本的对抗”。[30] 即使在实施禁运之后，总统仍然寻求避免或至少推迟太平洋上的冲突。罗斯福认为，“稀缺资源”需要“集中起来与希特勒作战”。[31] 沃尔多·海因里希也对实施禁运时美国对日本的政策提出了相同的总体观点。他表示，美国人“正要介入大西洋战场，但又做不到两面开战。日本只得被搁置和约束，东亚只得与攻与防的核心问题脱钩”[32]。

美国对日本的政策主要被解释为遏制。一些观点认为，美国的政策目标是阻止日本继续向南方和苏联扩张。[33] 然而，当我们了解到故事的基本背景后，你可能会质疑这样来阐释美国的政策是否合适。毕竟，美国一直坚持要求日本从中国撤军，用后来的国际关系术语来说，这更像是回推（rollback）[34] 而非遏制。如果政策目标仅仅是为了阻止日本实施扩张政策，那么美国政府本应该会明确告诉日本，继续扩张将引发美国与其开战。然而，如果这是美国的政策，那么美国官员也本应该会明确表示，如果日本同意停止扩张，两国可以像禁运之前那样和平共处。毕竟，只有当日本认识到他们可以通过屈服于威胁来避免战争时，威胁才有作用。如果他们同意停止扩张，但战争仍然发生，那么他们追求缓和性政策的动机又是什么呢？

换言之，你现在的目标仅仅是尝试弄清楚，在这一语境下，遏制和威慑政策到底是怎么一回事。如果美国威胁称，只要日本继续侵略，美国将对其实施制裁，那么美国采取的策略可以说是威慑。如果美国暂时禁运石油，之后很快又用许可证制度取代了禁运，那么这也可以被认为是一种威慑：这一措施将向日本表明，如若日本继续实行扩张政策，美国可能会重新实施全面禁运。哪怕是在日本承诺放弃进一步的侵略行动之前一直维持全面制裁，这即便算不上是一般意义上的威慑策略，也肯定可以用来支持遏制政策。

因此，思考在分析这个问题中起到了根本性的作用。当你这么思考问题时，关键的历史观点更容易在你的脑海中留下印象。你更有可能看到一些“未吠之犬”的重要性，比如即便日本（假设）继续推进，也不会受到制裁的威胁；美国决定不明确警告日本只要侵占印度支那南部就会面临制裁，以及在日本政府明确表示愿意暂停侵略（包括可能对苏联的北进行动）而不谋求与美国开战时，制裁也并未解除。[35]另外两个关键事实的意义也变得更加清晰，首先是大多数日本领导人对石油禁运感到惊讶，其次是日本被告知，即便日本收敛进一步的扩张行为，也可能无法避免战争，因为“已经做出的”事情很可能才是问题的症结。[36]这样一来，故事在你的脑海中变得更加丰满，你对当时发生的事情的理解也逐渐加深。

不过，这里值得注意的是体会思考是如何推动研究进程的。仅仅通过思考，你就会明白为什么不能不加批判地接受美国政策的传统阐释。思考并不能直接给你答案，但它确实有助于让真正的历史问题显现出来。你在这里得出的基本结论：美国政府并未简单地选择遏制或威慑。这有助于明确问题，从而为进一步的研究奠定基础，即如果目标不是遏制日本，也不是阻止日本的继续侵略，那么究竟是什么呢？

你可能首先想知道为什么要以这种方式来考虑这个问题。之所以这么思考，原因可能有多个。可能是因为一些主要的学者对美国政策被描述为遏制和威慑而感到不满。例如，海因里希认为，美国并没有简单地选择威慑策略。他表示，禁运“是一种威慑，如果严格实施，就会有强大的威慑力”，而且他认为禁运执行得的确非常严格。[37]或者，你可能对海因里希书中的一个观点感兴趣，即罗斯福选择对日本采取“强硬政策”，以阻止日本袭击苏联。[38] 如果罗斯福的基本目标是让日本“从苏联的背后离开”，他能否仅通过采取可能导致开战的威胁措施，就能阻止日本向北发动进攻？他能否尝试与日本达成一项协议，其中包括日本承诺不会袭击苏联，如果日本违反协议，就对日禁运，以保证协议的效力？日本似乎已准备好为避免与美国开战而做出这一承诺。[39] 如果信守承诺的代价相对较低，日本是否更有可能顺应（我们所设想的）美国的意愿——与苏联保持和平，同时避免与美国开战——从而也就不会在中国问题上被逼到墙角？美国人可能本来想的就是在北线和南线都遏制日本。如果这就是罗斯福在这一方面所期待的全部内容，他是否真的需要冒打太平洋战争的严峻风险？

或许，你现在已经对 1941 年美国政策的根本问题很敏感，可能是得益于研究过威慑理论，尤其是伯纳德·布罗迪和托马斯·谢林的相关著作。你可能从这些著作中了解到，对于威胁性政策而言，政策造成的恐惧和预期远比实际行动更为重要。无论行动多么残酷，除非它们影响了对方对未来可能发生事情的预期，否则它们就没有胁迫或威慑价值。例如，布罗迪指出，向日本投掷的两颗原子弹本身并无胁迫作用。在他看来，日本投降是因为“更多的威胁可能会到来”，即由于“日本并不知道我们实际上并没有多余的原子弹”所带来的威胁。[40] 布罗迪在这方面的基本见解具有重要意义，并直接与 1941 年的威慑政策相关联。当然，原则上而言，你可以尝试独立思考这个问题，问问自己“遏制”和“威慑”这些术语的真正含义。然而，有这样一位研究相关理论体系的领路人，确实对解决这类问题有很大帮助。

假设在思考如何阐释 1941 年美国对日政策的问题时，你得出的结论是：无论这一阐释是什么，它都不会是遏制或威慑政策。那么你已经清除了一部分障碍，核心问题已经显现出来：如果目标不仅仅是遏制，那么美国政府到底想要做什么？你再次注意到美国政策的影响是美国与日本走上了冲突的道路，但你也注意到几乎所有认真研究这个问题的学者都认为，罗斯福总统及其高级顾问希望避免与日本开战。将二者结合来看，问题变得更加明晰：这两点该如何调和？如果目标是避免太平洋战争，为何会采取这样的政策？

这个问题就像一盏明灯，为你指明了方向。当你回头研究关于这个主题的主要历史文献时，它会告诉你应该关注什么。带着这个问题，你会发现答案可以分为两大类。一类学者认为罗斯福没能完全理解禁运的后果。他们主张，尽管经济制裁的影响非常严重，但罗斯福并不认为禁运会导致战争，因为日本不敢攻击西方列强。然而，另一类学者提出了截然不同的论点。他们认为，政治领导层已经无法控制政策。他们表示，禁运是在没有知会罗斯福或未经其同意的情况下实施的，而当他发现此事时，已经无法挽回了。

这两种观点都试图解释美国政府如何将美国引入了一场罗斯福本人极力避免的战争。然而，当你思考这些观点之间的关系时，你逐渐意识到还真的只有这两种解释是可能的。如果罗斯福自 1941 年 7 月以来就掌握了政策决策权，鉴于禁运实际上使美国与日本走上了对抗之路，那么你又该如何为总统是在避免与日本开战的说法辩护呢？只有一种办法：你只能辩解说罗斯福误判了。你只能辩解说总统没有意识到禁运会产生什么后果。如果罗斯福知晓禁运会让美国与日本走上对抗之路，并且他也有效地掌控着政策，那么 1941 年末美国对日本的政策就只能被视为是蓄意而为。这么一来，你只能得出这样的结论：美国政治领导层有意识地选择了将直接导致美日开战的政策。因此，为了不让当时的美国被这么理解，你只能辩称总统要么是没有理解其行动的后果，要么是没能有效地控制自己的政府。这两种说法都可以通过证据得到检验。然而，如果两者都被证否的话，其影响将是深远的。这意味着美国政府故意采取了这样的政策，而且是在其领导人充分意识到这么做可能导致美日开战的情况下。[41]

于是，你逐步了解了这一历史问题的结构。你了解了如何通过将它们分解成更具体、更易于研究的问题来得出重要历史问题的结论。然而，你不应该全凭自己去发现问题的结构以获得这样的认识。相反，你要尝试了解你注意到的历史学家所提出的具体观点是如何既相互关联，又与更为宏大的历史问题相关联的。认识问题的结构至关重要，但在实践中，获得这种认识的过程通常更像是“自下而上”的过程，而非“自上而下”的过程。

当你将一个重大历史问题分解成多个部分时，你就能逐个研究这些具体的问题。你可以首先从美国政治领导层没有理解禁运后果的说法开始，特别是美国政治领导层不认为禁运会导致美日战争的说法。一位学者写道："总统确信日本不会想要同时与美国和大英帝国作战。这一判断是他 1941 年 7 月之后的决策的基础。"[42]"美国政府，"另一位学者称，"不相信日本对美国冻结其资产的反应会升级成攻击英国或荷兰的领地。"[43]你明白这些主张的重要性，即它们如何与更为宏观的历史问题相关联，但你现在必须关注它们是否属实。

你可能想知道，美国政治领导层究竟认为禁运的后果会是什么。这个问题再次指导你寻找相关内容，并关注特定的段落。然而，或许会令你吃惊的是，罗斯福和他的亲信顾问都明白，石油禁运很可能会促使日本袭击东印度群岛，进而引发战争。正如总统本人所言："禁运只会把日本逼向荷属东印度群岛，而这将意味着太平洋战争。"[44] 1940 年和 1941 年间，罗斯福在公开和私下场合多次强调，禁运将促使日本袭击东印度群岛。[45]到 1941 年底，袭击东印度群岛将意味着与美国开战的事实也变得越发明显。此时，美国高级官员已经得出结论，严厉的经济制裁会如韦尔斯 7 月 9 日所判断的那样，"在不久的将来，激怒日本"对美国开战。[46]

因此，罗斯福明白石油禁运很可能会导致与日本开战。假如他的目标确实是避免与日本开战，那么美国为何要采取禁运政策呢？根据你目前为止的思考，你意识到这个问题现在只有一个答案。我们只能认为是罗斯福失去了对政策的掌控。事实上，许多学者确实认为如此。例如，乔纳森·厄特利的《走向对日战争》（*Going to War with Japan*）一书就提出了这种观点。你还注意到其他一些学者要么明确支持厄特利的观点，要么自己顺着类似的思路进行论证。[47] 因此，厄特利的观点值得仔细分析。

厄特利旨在“解释一个原本并不想与日本交战的国家，最终缘何卷入了战争”[48]。厄特利称，即便是在1941年秋天，也没有人“渴望与日本开战”，但由于未能控制住官僚机构，战争还是爆发了。[49] 厄特利写道，国务卿科德尔·赫尔（Cordell Hull）和总统罗斯福都未能“成功地控制日益庞大且复杂的外交政策官僚机构。他们失去了对政策执行的掌控，从而失去了对国家走向的掌控”[50]。实际采取的行动未必反映了“高层决策”，实际生效的政策是什么样也是由官僚们定的。厄特利认为，在罗斯福政府里，“外交政策机构并非一个运转顺畅、和谐的机器，影响力很大的领导人和不知名的官僚蛇鼠一窝，互相牵制、交易，甚至不时要弄手段，从而将国家推向在他们来看最恰当的方向”[51]。

石油禁运无疑是最典型的案例。厄特利称，尽管罗斯福和赫尔并不希望完全禁止石油出口，但在以助理国务卿迪安·艾奇逊（Dean Acheson）为代表的中层官员的推动下，禁运仍然实施了。中层官员们对“如何对待日本”有自己的看法。[52] 当日本在美资产于 7 月底被冻结时，总统的想法是这只是为之后实行出口许可制度奠定基础。随着许可证的发放，石油供应将恢复。然而，艾奇逊掩人耳目，要弄手段，使得日本用于购买石油所需的资金没有被解冻。因此，厄特利写道："原本旨在避免挑衅日本的政策，转变为全面的经济战争，最终酿成四个月后的珍珠港事件。"[53]厄特利称，直到9月4日，赫尔才发现禁运是多么的彻底，"但为时已晚"，禁运一个月之后再重新开放石油供应"会向东京传递错误的信息，并巩固日本强硬派的立场，他们会叫嚷美国屈服了"。[54]艾奇逊傲慢地"擅自修改总统令"，而且"安然无事"。[55]最终的结果是灾难性的。美国对日开战，并不是因为国家政治领导层做出了这样的决策，而是由于像艾奇逊这样不负责任的官僚绑架了政策过程，甚至可以说是自行其是。

如果这些结论成立，出于多种原因，它们会对理解美国政策产生非常重要的影响。不过，你想知道的是，1941年底的美国政策真的是以如此随意的方式制定的吗？鉴于罗斯福对局势的了解，他真的可能被蒙在鼓里吗？毕竟，总统此前已经明确表示，他认为这是一个非常敏感的政策领域，一个他打算亲自掌控的领域。[56]为何在局势变得**更加**严峻之际，他会突然改变主意并**降低**参与度呢？他是否对日本直到9月都未能获得石油真的**不**知情呢？即便艾奇逊没有汇报他的行动，但考虑到此事的严重性，罗斯福是否会通过其他渠道了解到实情？例如，通过美国截获并解密的日本外交通信。

然而，即便罗斯福在9月份才发现他的政策被自己的政府内部颠覆，那时候是否真的为时已晚，以至于无法放松禁运并允许石油运输哪怕部分恢复呢？7 月底冻结日本资产时，他的态度是很快就会发放出口许可，石油运输会继续，但他声称，这个政策“可能在任何一天发生变化，从那时起我们将取消一切许可”[57]。当时他的想法是，与其“紧紧地勒住日本的脖子”，不如“给它的脖子套上套索，再不时地猛拉一下”。[58] 六周之后放松禁运本来就是符合这一想法的：暂时的停运将“猛拉”日本一下，但也不至于将他们逼向战争。如果由于某种原因，罗斯福 9 月份时感到无法放松制裁——假设他被像艾奇逊这样的官员所采取的行动诱导，而忽略了他制定的政策方针——你会期待有一些证据来应证。如果艾奇逊的确这般自行其是，当罗斯福和赫尔发现他所做的事情时，你能想象他们会非常愤怒。这些预期再次成为一盏指路明灯。它们帮助你关注可能有助于解决问题的证据。但是当你什么也没找到时，你会质疑罗斯福和赫尔是否真的失去了对政策的掌控，以及禁运是否真的违背他们的意愿。

缺乏相关证据可能会让你感到疑虑，但这并不是决定性的。实际上，所有这些思考也都不是决定性的。然而，它们很重要，因为它们有助于你评估厄特利观点的内在合理性，并因此让你了解证据需要达到多高的标准。这种思考方式还让你明确了你期待回答的具体问题。因此，它有助于你弄清楚需要关注哪些问题、哪些段落，甚至哪些资料。

你可能尤为好奇，证据反映了政治领导层那时候对全面禁运的真实态度了吗？最初，冻结资产是为了建立许可证制度以继续石油供应。这是总统在7月末定下的政策。然而，在寻求与此相关的证据时，你可能会发现，政治领导层在那段时间内对这一政策的承诺可能远不如标准叙事所表明的那样。例如，7月初，美国领导人似乎在考虑，如果日本侵占印度支那南部，那么就实行全面禁运。英国大使报告了罗斯福7月18日（日本军队侵占该地区前几天）那天的态度："总统本人正在明确考虑全面禁运所有石油产品。"[59] 韦尔斯在几天前也明确表示，他支持对日本实施"彻底的经济禁运"，许多学者指出，韦尔斯那时候与罗斯福关系非常密切。[60] 因此，总统此时决心避免极端行动——也就是他自己所说的"意味着太平洋战争"的行动——是非常值得怀疑的。

这就是全部内容了吗？你能找到任何直接与艾奇逊是否自行制定政策相关的证据吗？带着这个具体的问题，你可以回头看看学者们关于这一点的看法。结果，你发现海因里希在描述这一事件时给人的印象是罗斯福正在掌控一切。他着重强调了艾奇逊是在听命于韦尔斯。[61] 在讨论这个问题的段落后面，他附了一个长篇脚注，明确反驳了厄特利的观点。这个脚注埋藏于书的末尾，很容易被你忽略，除非你正在关注这个主题。脚注中，海因里希引用了一些文件，证明艾奇逊被指示在接下来一两周内不得批准任何出口许可，直到罗斯福和韦尔斯有机会与丘吉尔等英国官员在大西洋会议上商讨这一问题。"考虑到韦尔斯和罗斯福之间的亲密关系，且韦尔斯目前暂代国务卿一职，以及这个问题的重要性，"海因里希得出结论，"韦尔斯的这一行为或者不作为，如果说没有得到总统的批准，是令人难以置信的。”[62]

提及与丘吉尔的会面，意味着英国的一些资料可能对这个问题也会有所启示。与这一时期相关的一些关键的英国文件已经公开，其他一些文件的缩微胶片也可以轻易找到，而且这些文件集整理得非常好，因此进行高度针对性的研究非常容易。通过查阅这些资料，你会发现英国希望在这个问题上采取强硬立场，而且担忧美国立场可能软化。[63]他们希望“确保经济措施能得到维持和加强”[64]。丘吉尔在大西洋会议上向罗斯福提出了这个问题。丘吉尔表示，“美方保持已经对日本采取的全面经济压力措施至关重要”。罗斯福的反馈非常明确：“总统宣称他本人也打算维持高强度的经济措施。”[65]韦尔斯更加明确地表达了这一立场。在与英方讨论冻结日本资产的实施情况时，韦尔斯做了保证：“政策执行得非常严格。”在石油方面，他表示：“只许可了相当于 1935 年原油出口量的额度，不会给超出的额度发放任何许可证。目前的出口量已经达到限定的额度，因此除了足够让日本船只从美国港口回到日本的原油额度之外，不会再发放更多许可了。没有发放过任何涉及航空汽油、普通汽油或润滑油的出口许可。”[66]所有这些都非常明确地表明，关键决策是由罗斯福本人做出的。

现在你可以把这些信息串联起来了。罗斯福知道全面石油禁运意味着什么，他知道禁运会使美国和日本走向战争。尽管如此，他还是选择了实施禁运。这个政策是他的主意，而不是由艾奇逊等中层官员在他不知情或未经他同意的情况下制定的。因此，罗斯福故意选择了一个他知道很可能会导致与日本开战的政策。

这是一个重要的结论，但它并没有解释美国政府为何会采取这一政策的基本问题。恰恰相反，我们的分析排除了罗斯福不清楚自己在做什么和他失去了对政策制定的掌控这两种解释，但现在的分析并未就如何解读这一时期美国对日政策的根本原因提供任何真正的答案。你在思考时突然意识到，美国对日政策是应该放在更具体的亚洲背景中去理解呢，还是应该放在更宏大的美国的全球政策背景中理解，尤其是与欧洲局势有关的背景？美国是否已经受够了日本的侵略行径，以至于美国领导人实际上认为是时候与日本摊牌了，而世界其他地区的局势对这一决定的影响相对较小？或者，对日本采取这一政策的决定应该从更宏大的全球范围来理解，与罗斯福想让美国参加对德战争的愿望有某种根本上的联系？

以日本为窗口

如何回答有关美国对日政策的问题呢？显然，为了深入理解美日关系，你需要尝试了解日本的政策。研究日本政策必然会为如何阐释美国政策提供一些线索。如果事实证明日本具有高度侵略性且决心扩张，甚至不惜与美国开战，那么美国政府所采取的政策或许并不重要，因为美国不得不在某处定下政策底线，因而日美之间的战争几乎是不可避免的。这种看法认为，罗斯福在那一时期的基本目标是“在不开战的情况下遏制日本”，美国只是试图“寻找阻止日本的方法”。[67] 从这个角度看，战争爆发是因为日本拒绝被“阻止”。然而，如果你发现日本在 1941 年底迫切希望避免与美国开战，而且你对日本政策的研究使你确信日本已经准备放弃扩张政策，以避免与美国的战争，那么这将使你以一种相当不同的方式看待美国的政策。所有关键因素都是相互关联的：为了理解美国的政策，你确实需要了解当时日本所愿意接受的条件。

如何理解 1941 年底的日本政策呢？和此前一样，你现在所要做的是研究主要学者是如何详细阐述他们的观点的，即他们是如何用具体的主张支撑他们的观点的。这些主张足够具体，研究它们是可行的。这样的分析方法使得你在这些具体问题上得出的结论必然具有普遍意义，亦即这些结论将对你所关心的基本问题产生一定的启示。

那么，支持日本决心“不惜冒着与美国开战的风险以达成其目标”的具体论述是什么呢？[68] 这一论述基于对特定历史事件的阐释，即日本在 7 月 2 日的御前会议（Imperial Conference）上做出的向南扩张的决策，即便这意味着与美国开战。[69] 我们假设可以按字面意思来理解这个决策。不过，这个假设也可以通过证据进行检验。其他具体论述也是可以检验的。例如，理查德 · 奥弗里（Richard Overy）写道：“1941 年 10 月，新任内阁总理大臣东条英机向美国提出了给予日本在亚洲行动自由的要求。（日本方面）秘密达成的共识是，如果美国胆敢拒绝（可能性很大），战争可能将于 12 月 8 日开始。”[70] 你可以查阅那个月（实际上应该是东条出任内阁总理大臣后的那个月）的美国档案，看看日本当时是否确实向美国提出了在亚洲“行动自由”的要求。奥弗里还表示：“当时即便是更倾向于和解的日本领导人，也不准备放弃他们已经取得的任何战果。”[71] 另一些学者主张，1941 年 11 月的日本政府实际上“渴望开战”，因此完全拒绝了恢复原状（即恢复日本进入印度支那南部之前的状态）的想法。[72] 这些论断可以通过证据来检验，特别是通过这些学者所引用的证据（如果有的话），来检验这些具体论述。

你现在知道，一般性的观点认为，日本宁愿与美国开战，也不愿放弃其扩张计划。你注意到，这种观点一般源于军方在日本政策制定中的角色。学者们通常认为，日本政策的控制权掌握在陆军和海军手中。实际上，真正的权力据说是掌握在“大本营陆军参谋本部和（海军）军令部鲜为人知的参谋人员手中”。[73] 这些高级军官——陆军参谋总长、（海军）军令部总长以及陆军大臣和海军大臣——据说是“他们下属的傀儡”。[74] 这个观点认为，这些参谋人员采取了非常激进的立场，他们所执行的政策使得日本与美国的战争不可避免。

当然，这些观点并不都是不可置疑的。你总是可以问问支持这些主张的证据是什么。不过，也许需要特别指出的关键是，你之所以会首先提出这个问题，是因为这些主张中至少有一些在某种程度上让你觉得有问题。例如，在参谋人员的作用问题上，你可能会质疑高级指挥官是“他们下属的傀儡”的说法。人们可能很难相信，随着军衔级别的提升，军官的权威反而在减弱。的确，你很难相信在世界上的任何一个组织里会有这样的事情发生。或者，在试图理解战前日本的外交政策时，你可能读过詹姆斯·克劳利（James Crowley）关于 1937 年日本政策制定的杰出研究。[75] 克劳利所展示的是，陆军参谋本部希望在中国问题上采取温和立场，但被内阁总理大臣近卫文麿（Konoye Fumimaro）公爵否决。正是近卫文麿在将日本引入与中国的战争中扮演了关键角色，那时，陆军没能有效地掌控政策。这本身可能表明，军方在 1941 年大权独揽的说法不应被我们不加批判地照单全收。

你可能觉得，日本不计后果而企图扩张的基本观点在很大程度上令人难以接受。如果你研究过国际政治，你就会对其运作方式有一定的了解，至少了解权力因素在塑造政策中的作用。当你面对认为日本不可遏制且无法威慑的观点时，你内心会明白：“这不可能，国家行为不会是这样的。”你的这一反应表明了国际政治的理论已经发挥了作用。众所周知，从可动员的战争潜力来看，美国比日本要强大得多。例如，当时两国钢铁产量的数据是公开的，很容易发现双方的差距。那么，你会自问，为什么像日本这样的一个国家，已经陷入了战争，而且明知这很可能直接导致与美国开战，却还要坚持实行扩张政策呢？即便一连串的杰出学者是这么说的，你也难相信日本政府或其他任何政府在这件事上会这么做。当然，你还不能确信这种观点就是错的。没有人保证国家行为就一定是理性的，但你对国际政治运作方式的理解使你不愿迷信这个观点。你感到困惑，你知道你只有通过查找实证证据才能解决这个谜团，而且得是直接涉及为日本无法控制且无法威慑的总体观点所辩护的具体主张。因此，在这种情况下，你意识到有必要深入研究当时的日本政策以及美日关系的历史背景。换言之，你在现有阐释的结构中发现了一个松散的线索，正是一定的理论观点才让你找到它。也许当你拉扯这条线索时，整个结构会开始解体，你将得以用一种完全不同的理解来代替它。

在研究整个问题时，你的方法同样受到这样一个事实的影响（当你深入了解这个主题时，你很快就会注意到）：并非所有人都认同 1941 年日本不可遏制的观点。这意味着你不是仅凭自己对事物运作的一般理论直觉来与所有人的实证研究结果进行对抗。如果真是如此，面对历史学界的共识，你可能会有些畏缩。然而，当评论家们意见不一致时，你在面对权威时就不会感到那么拘束，更能够通过权衡各种观点来开展研究。

事实证明，战前美国驻日大使约瑟夫·格鲁（Joseph Grew）和英国驻日大使罗伯特·克雷吉（Robert Craigie）爵士都否定了日本是不可遏制（从而导致战争不可避免）的观点。得益于他们的职务地位，他们都熟悉内情，都有资格就此发表评论，而且这两位对他们各自政府在珍珠港事件之前对日本采取的政策都持批评态度。你还注意到，他们的观点都来自针对具体事件的论述。

格鲁关注的是美国政府如何处理日本所提议的罗斯福与近卫文麿的首脑会谈。格鲁表示，当禁运实施后，近卫“开始有不好的预感”。他意识到他的国家“正在走向灾难”。尽管近卫文麿在很大程度上应对日本现在的困境负责，格鲁写道，“但他也是唯一有能力挽回局势的日本政治家。出于迫切需要，他竭尽全力地想要实现这一目标”。近卫文麿计划在美国领土上与罗斯福会面，并向格鲁表明，他准备在会面时接受美方提出的任何条件。[76] 日本甚至似乎愿意从中国撤军。[77] 格鲁确信近卫文麿会兑现承诺，在国内贯彻这一政策，并在天皇的支持下使得与罗斯福达成的协议在国内获得认可。[78] 格鲁写道，日本内阁总理大臣近卫文麿“谦卑地在美国领土上与美国总统会面，在我们驻日使团看来，这显示了日本政府决心弥补因为疏远强大且日渐不满的美国所造成的巨大伤害。的确，除非日本政府准备做出大幅让步，否则会面的提议似乎毫无意义”[79]。然而，在格鲁看来，问题在于美国政府的“不妥协态度”。格鲁写道：“在那个关键时刻，就我们在驻日大使馆所了解的情况来看，美国政府的政策几乎算得上是完全僵化的。”[80] 国务院对近卫文麿的提议兴趣寥寥，首脑会谈的计划也最终未能成行。格鲁的结论是和平的契机——按照美国条件达成和解的契机——悲剧性地流失了。

克雷吉的叙述则侧重于另一件事情，但他的基本观点与格鲁的大致相同。[81] 克雷吉同样强调了 7 月底实施的经济制裁的震撼效果：“对日经济措施的成效迫使日本不得不在有限的时间内做出与美国为敌还是为友的决定。对日本来说，问题不再是在东亚还能向南扩张多远而不引发与美国的战争，而是如何通过谈判还是战争来解除日益紧迫的经济窒息。”[82]他认为，日本为实现这一目标愿意做出很大让步。对克雷吉而言，关键在于1941年11月20日日本提出的“妥协”。作为恢复石油供应的交换条件，日本愿意从印度支那南部**撤军**。克雷吉认为，基本目标是“实质性地恢复**原状**”：换言之，目的是回到7月底日本进入印度支那南部之前的状态。[83]诚然，日本的计划似乎也要求美国暂停对中国的援助，但克雷吉认为这并不是什么太大的障碍。“根据我当时掌握的信息，”他后来写道，如果美国接受了计划的其余部分，日本“不太可能”坚持这一条件。[84]在他看来，这个妥协性的和解提议具有根本的重要性。[85]他认为，西方列强未能对该提议做出积极回应，引发了本可以推迟甚至完全避免的战争。[86]

需要注意的是，不仅像格鲁和克雷吉这样的外交官持有这种观点，一些非常有才华的学者也持类似看法。保罗·施罗德的著作《1941年的轴心国联盟与日美关系》(*The Axis Alliance and Japanese-American Relations, 1941*)就支持格鲁的基本看法，并基本认同克雷吉对妥协性和解提议的评价。[87]施罗德写道，日本人“在整个过程中对自己地位的认识很清醒，并未突然变得疯狂。偷袭珍珠港之举是出于绝望，而非疯狂。在美国的外交和经济攻势下，日本是因为被逼入绝境才选择开战”[88]。施罗德认为，在实施禁运前，美国的目标主要是防御性质的，但在7月之后，美国的政策发生了变化。美国不再只是“抵制日本的侵略并试图使日本摆脱与德国的威胁性联盟”。他认为，现在“美国政策的首要目标是要主动迫使其从占领区撤离”[89]。原先的目标，即遏制日本及瓦解日德同盟，是合理且可以实现的。然而，在两大目标触手可及之时，美国改变了政策，将关注点转向了第三个目标，即解放中国。他得出的结论是，这导致了一场“不必要且本可以避免的战争”。[90]

值得注意的是，严肃学者针对这一关键问题的分歧——日本的可遏制性和战争的可避免性——进一步凸显，要想深入理解这个问题，你必须针对性地查阅实证证据。这些学者之间不仅在基本问题上存在分歧，而且在特定事件的阐释上也有所不同，这些具体的阐释在支撑他们更为普遍意义上的论证方面起着关键作用。因此，这些问题就是你所需要关注的。再次强调，在你研究包含实证证据的著作时，文献中的具体主张对于支持更为普遍意义上的观点至关重要，而这也决定了你应该关注的焦点。如果妥协性协议一事至关重要，你需要关注各位作者们对这个问题的看法，特别是关注他们为佐证他们的主张所提出的证据。同样的原则也适用于关于 7 月 2 日做出的决定的“不可逆性”、关于近卫文麿所提议的首脑会谈，以及关于 1941 年底日本军队角色的说法。

不过，从哪里找到这些证据呢？你阅读的所有书籍都提供了一些实证证据，但要回答你心中的问题，你希望找到一些细节丰富、对原始资料的引用和引述非常充分的书籍，就像路易吉·阿尔贝蒂尼（Luigi Albertini）对第一次世界大战的直接起源的非凡论述那样。[91]遗憾的是，并没有这样的作品，但有一本英文书籍充分利用了日本方面的资料：角田顺（Tsunoda Jun）的《日本之对美开战》（*The Final Confrontation*）的英译本。[92]

得益于目前为止阅读的这一领域的历史文献，你的脑海中已经形成了许多问题。当你带着这些问题阅读角田的作品中提供的证据时，你会有什么新的发现呢？你很快就可以发现，所谓日本军队是一个整体，坚持扩张而不惜与美国开战的观点，在证据面前是站不住脚的。的确，有些日本军官颇具战争倾向，但考虑到你目前为止对日本军队的了解，相反方向的证据尤其引起你的关注。例如，很多著名的海军将领都知道日本在这样一场战争中胜算甚微。实际上，几乎所有研究这个主题的人都了解到，联合舰队司令长官山本五十六（Yamamoto Isoroku）大将认为与美国的战争最终将是以日本战败为结局的："最终，我们将无法与他们对抗。"[93]然而，这通常被当作是一个特例。不过，正如山本五十六本人所指出的，还有四位舰队指挥官与他持相同观点，海军航空本部长井上成美（Shigeyoshi Inouye）中将也颇为悲观。[94] 10月5日，（海军）军令部第一部长福留繁（Fukudome Shigeru）少将在陆军参谋本部参谋总长、（海军）军令部总长及所属部长、课长列席的会议上发表了角田称之为"至关重要"的声明，他表示对海军作战结果"没有信心"。[95]这尤其引人关注，因为福留繁被认为是战前日本军方决策圈中少数可以发号施令的核心参谋之一。[96]另一位核心参谋海军省军务局局长冈敬纯（Oka Takasumi）和海军大臣及川古志郎（Oikawa

Koshirō）也持相同的总体观点。[97]10 月 7 日，及川直接告诉陆军大臣东条英机："我没有信心。"然而，及川并不情愿正式表明这一立场。他说："从海军的立场来说，我们不可能公开明确地表示我们反对这场战争。"[98]

然而，陆军非常清楚那些海军高级军官的想法。如果海军无法打赢这场战争，那么开战是否仍然值得考虑？南下进军以及与美国开战的一系列问题是否需要重新考虑？正如一位高级官员在 10 月 17 日所解释的那样，"即便是陆军也充分了解，在海军没有真正下定决心的情况下，日本绝不能贸然与美国开战"。[99] 陆军大臣东条英机同意这位官员的观点，表示"如果海军没有信心和决心，我们在决定投身于影响国家命运的大战之前必须保持极度谨慎"[100]。事实上，陆军明确表示，只要海军直接坦白其无力与美国开战，陆军将会遵循不开战的政策。陆军内部的不满也不会阻止陆军领导层这么做。正如另一位核心参谋武藤章（Mutō Akira）所言，陆军的观点非常简单："如果海军不愿开战，那么我希望他们能明确地说出来。如果他们这样做，我们就会压制陆军中的开战论调。"[101] 冈敬纯被直言相告："如果海军说'办不到'，我们会想方设法控制住陆军。"[102] 陆军了解海军的感受，但对无法得到明确答复而感到沮丧。"及川并没说过他没有信心，"东条于 10 月 14 日告知陆军参谋长杉山元（Sugiyama Hajime），"但他的语气却是那样的。因为他不曾明说，我们还无法就此做出决定。如果海军不支持开战，那么我们必须根据这一点考虑采用其他方式行事。"[103] 从角田提供的证据来看，陆军领导层似乎真的指望海军公开反对战争。武藤将事情告诉了此次事件中的一位关键中间人，内阁书记官长富田健治（Tomita Kenji），并表示他希望海军公开表态必须放弃既定政策并避免战争：

> 看来海军还没做决定。如果海军真的不想开战，陆军将不得不重新考虑。然而，海军并没有公开反对战争，而是告诉陆军这取决于内阁总理大臣。如果只是说这由内阁总理大臣定夺，我控制不了陆军的局面，但如果海军公开告知陆军他们不想开战，那么我就可以控制住陆军。你能不能让海军为我开这个口呢？[104]

这些话可不像是从一个血气方刚的参谋的嘴里说出来的。

武藤和东条本人之所以愿意采取这种立场，一部分原因是他们和其他人一样，了解美国的战争潜力有多么强大。[105]但另一部分原因是他们非常忠于天皇，而天皇显然希望避免战争。[106]在一次非同寻常的御前会议上，天皇表明了自己的态度。武藤对军务局的一名同事大声疾呼："战争绝不可能！现在好好听着！陛下吩咐我们不管怎么样都要通过外交手段解决这个问题。我们必须采取外交途径。"[107]东条也准备在这个问题上服从天皇的旨意。陆军省军务局的石井秋穗（Ishii Akiho）大佐在10月16日"收到了天皇发给陆军大臣的一封手谕，要求其放弃在华驻军的想法，并表示敕令（组阁）是可行的。石井迅速草拟了一份回复，证明在中国驻军的必要性，并于 10 月 17 日下午提交给了要出席御前会议的东条。东条告诉石井，‘天皇怎么说，我就怎么做。我们不可对天皇据理力争。你可以留下你精心措辞的备忘录’”[108]。

因此，声称军队不顾后果一心求战是错误的。实际上，像东条这样的陆军领导人觉得日本正面临一个非常困难和痛苦的境地。一方面，美国无疑比日本更强大，日本无法长期与美国对抗。另一方面，美国要求日本放弃其在华地位并撤军。经过多年的牺牲，日本真的就这么轻易地向美国屈服吗？东条感受到的情感冲突尤为强烈：“我们在中国事变（China Incident）中失去了 20 万条生命。我没办法就这么轻易放弃。然而，当我想到一旦日美开战，还会有更多生命损失，我们就必须得考虑撤军。这是一个非常艰难的决定。”[109]

这里值得关注的是，即便对东条英机而言，在中国问题上妥协也并非完全不可能。如果这是军方领导层的看法，那么这意味着我们不应该忽略政治领导层为避免与美国开战所做的努力，因为无论他们个人的倾向性如何，他们在军事领导层的压力下无法做出重大让步，甚至无法摆脱 7 月 2 日做出的无论如何都要向南扩张的“不可逆转”的决策。实际上，角田详细阐述了石油禁运之后，近卫文麿和外务大臣丰田贞次郎（Toyoda Teijirō）大将如何通过种种途径来“消化”这一决定。[110] 从他提供的证据出发，你不难看出，他们正竭力寻找避免与美国开战的办法。

在深入研究这个问题之后，现在你需要直接面对格鲁关于近卫文麿提议的首脑会谈的观点。当你审视与这一事件相关的证据时，你会发现近卫文麿显然愿意做出很大的让步。正如我在上文中提及的，格鲁坚信，近卫文麿最后会接受美国提出的任何条件。他认为，这正是近卫文麿公爵提出在美国领土与罗斯福总统会面的用意所在。他在一封致罗斯福总统但未寄出的信中写道："近卫公爵对于他与你在阿拉斯加的会晤寄予厚望。他真诚地告诉我，他准备在是次会晤中无条件接受美国的任何要求。"[111] 日本甚至准备从中国撤出绝大部分军队。近卫向他明确保证，他"有意愿且有能力让他的国家满足"罗斯福"在这次会晤上提出的**任何要求**"。[112]

这个问题极为重要，因此你需要寻找更多的证据。在查找可能直接熟悉该事件内情的人的著作时，你找到了一份时任美国驻东京大使馆代办尤金·杜曼（Eugene Dooman）的口述史访谈记录。[113] 杜曼的叙述基本与格鲁相符，并补充了一些细节。他称，近卫直接告诉他："一旦我和总统达成协议，我将立刻向天皇汇报。天皇本人将会下令军队停止敌对行动。"[114] 对于近卫的意图，战后的一些叙述也提供了佐证，如 1941 年时任外务大臣的丰田大将的叙述、时任内阁书记官长的富田健治的叙述、近卫对其密友伊泽多喜男（Izawa Takio）的叙述，以及你在研究过程中发现的其他证据。[115]

不过，另一方面的观点是什么呢？首脑会谈之所以未能举行，主要是因为美国国务院对这个想法反应冷淡。然而，大多数学者认为，即便两位领导人会面了，情况也不会有太大不同。例如，赫伯特·费斯（Herbert Feis）坚称，战后出现的书面文件并不支持“维持太平洋和平的难得机会”被错失的观点。他认为，这些文件显示了日本的真实政策。它们表明，日本人在满足美国人的要求方面，尤其是在中国问题上，根本没有做出足够的让步。他写道，近卫是“其主持的会议上所精确规定的条款中的囚徒，无论他自愿与否”。他被已经达成一致的正式政策文件缚住了手脚。这些文件明确规定了日本的最低要求。即使他想要更进一步，军方也会制止他。[116]

然而，我们必须将这一说法与格鲁的观点相对比。格鲁认为，这些文件不能按字面意思理解。在解读这些文件时，要考虑到近卫需要“让军方的领导人配合”。他不会向他们明确表示自己准备做出多大的让步，他的计划是直接造成类似于既成事实的局面。[117] 杜曼的结论在很大程度上依据的是他 1953 年与近卫的密友及秘书官牛场友彦（Ushiba Tomohiko）进行的长时间谈话。谈话中，牛场赞同他的阐释。牛场表示：“显然，近卫实际上是在欺骗陆海军。”[118]

该如何深入了解这个问题呢？你可以将其分解成几个部分。首先，问题之一是文件是否表明近卫被其他人所强加的条件缚住了手脚，因此在与罗斯福的交涉中他并不能做出很大的让步。费斯在这一点上的观点如何？事实上，这个观点并不十分有力。我们没有理由认为一份文件只能按照字面意思来理解。书面文件的存在本身，并不能驳斥格鲁的观点。实际上，格鲁的整个观点的前提是，近卫打算在这个问题上运用谋略制服那些反对他这么做的人，如果他的策略是这样的话，书面文件就并非神圣不可置疑。关于近卫是否打算尽一切努力避免战争，大量证据似乎都在支持格鲁的观点。例如，正如格鲁所论述的，我们很难理解为什么近卫如此强烈地想要促成首脑会谈，除非他准备“做出重大的让步”[119]。此外，考虑到与美国开战很显然将是一个非常危险的举动，我们不难相信，作为一个对国家陷入绝境负有个人责任的人，近卫可能会做出史无前例的极端行为。

接下来是近卫能否成功实现这一目标的问题。假设他与罗斯福会面，而且为避免战争做出了必要的让步，最后试图以既成事实的形式告知国内。不论美国提出什么条件，军方都会允许他接受吗？[120] 假设美国坚持要求日本从中国全面撤军，即使近卫已经得到了天皇会发布必要命令的承诺，军方是否会同意？似乎近卫认为自己很有可能成功，而且他显然有能力评估日本的政治现实。其他熟悉内情的日本观察员也认为他可能会赢得国内的支持。[121] 不过，可能与这个问题有关的最重要的主体材料是角田提供的有关军方态度的证据。如果你得出众多陆海军高级军官并不渴望战争，而且实际上正在寻求摆脱战争的办法这一结论，这就表明，如果近卫与罗斯福这一结论达成协议，近卫也不会被军方赶下台，毕竟这一协议似乎很有可能已经得到了天皇的首肯。

然而，如果研究日本方面情况的目的是进一步了解美国政策，那么回答这些问题实际上并非必要。关键问题并非日本是否会按照美国的要求从中国撤军，而是能否遏制日本，即能否阻止其继续向南推进（同时避免其向北进攻苏联）。首脑会谈一事之所以有趣，不仅在于它阐明了日本是否能被要求从中国撤出的问题，更重要的是它向我们展示了日本能否被遏制，以及美日战争是否不可避免。在这个问题上，这个故事所传达的意义十分明确。如果日本的核心领导人在中国问题上对迎合美国持开放态度，甚至连日本的一些军方高层也不排除采取一切必要手段避免与美国开战，那么日本肯定会同意美国提出的更为宽容的要求，即以放弃进一步扩张为代价换取和平。

在分析第二个关键问题时，同样需要关注的是太平洋战争是否可以避免，其核心在于日本偷袭珍珠港的几周前，双方能否达成妥协。首脑会谈计划破裂后，近卫内阁倒台。10 月，东条英机大将受命组阁。新任外务大臣东乡茂德（Tōgō Shigenori）想知道是否可以达成一项协议以恢复原状，即回到 7 月份日本进入印度支那南部之前的状况。日本愿意从这一地区撤军，以换取石油供应的重启。[122] 11 月，日本向美国表达了这一愿望。在陆军高级指挥官的强烈要求下，计划中还加入了一项条款，要求美国不应“采取可能妨碍日本和中国共同努力实现和平的举措”。然而，这并非日本的最终立场，在东条英机的支持下，东乡茂德准备在谈判中做出进一步让步，以“促使谈判成功”。[123]

克雷吉等人认为局势按照这个方向进展的话，是可以且应该能得到转圜的。然而，那些西方的反对人士指责这是延续“绥靖”政策。日方提出的中国条款被理解为美国要结束对中国的军事援助，这是美国和英国都不能接受的。因此，通常认为这一提案无法促使双方达成避免战争的协议。

这个问题很重要，因为它揭示了每一方为避免战争愿意做出多大的让步，所以值得仔细研究。当你查阅既有文献如何处理该问题时，你发现双方在中国问题上的立场并没有像后来所描述的那么迥然不同。[124] 在日本人向美国表达意愿后不久，他们就中国条款做出了解释。东乡茂德在与格鲁的会议上提到了罗斯福总统的提议，即美国可以在日本和中国之间充当“调解人”的角色。经过“调解”后，日本和中国可以达成停战协议并启动和平谈判。此时，美国政府应该暂停向蒋介石提供军事援助。[125] 一些学者指出，此时，美国国务院实际上也在考虑类似的方案。[126] 正如海因里希所言，双方已经“在谈判意义上互相靠拢”[127]。然而，最后美国在认真分析后，并未对这一安排表现兴趣。日本显然是愿意被遏制的。实际上，日本甚至愿意从其南方占领区撤出。然而，就在以此为基础的解决方案触手可及时，美国认定这还不够。

解释美国政策：间接途径

当我们深入研究日本方面在这个问题上的立场时，你会再次注意到一个关键问题。如果日本并非“不可遏制”或“无法威慑”，那么战争的爆发可能是因为美国政府要求的不仅是遏制。事实上，美国人显然是要求日本在中国问题上让步。但为什么他们会选择这样的政策呢？不久之前，他们还一直能忍受日本在中国的行径。尽管他们不喜欢日本在中国的所作所为，但他们并没有准备为了迫使日本撤离中国而对日开战。然而，在德国方面的局势日益严峻之际，他们的政策却发生了剧变。

整个故事都令人费解。美国在东亚确实有切身利益。正如施罗德所指出的，美国出于其自身的重大利益而阻止日本南下，以及逼迫日本摆脱与希特勒的联盟。然而，正如他所论述的，这两个目标都可以在不开战的情况下实现。他写道，到 1941 年底，美国已经达到了“实现这两个目标变得触手可及”的程度。然而令人困惑的是，就在美国“即将取得重大外交胜利的关键时刻，却放弃了原先的目标，并将重心转向了解放中国”——这一新目标“使得战争不可避免”。施罗德最终得出结论，美国因此“失去了几乎唾手可得的外交胜利”[128]。事实上，这正是问题的核心所在。那么，该如何解释美国的这一政策转变呢？

施罗德认为，美国政府被自己的意识形态束缚住了。他表示，7 月份采纳的“新的进攻性政策”本就可能导致战争，但这一行动并非“政策制定者理性决策”的产物。[129]他认为，美国的政策过于死板，过于强调道义，而美国人在处理政治现实时也过于不妥协。国务卿赫尔在这方面的作用极具破坏性。施罗德表示：“他的‘全要抑或全不要’的处事态度是他作为外交官的主要缺点之一。”[130]罗斯福也有责任，“纵容赫尔和其他人劝阻他放弃直觉和最初的想法。如果罗斯福坚持那些想法的话，冲突可能会被避免”。然而，需要负责的人不只是赫尔和罗斯福。

实际上，对施罗德而言，整个国家基本都得承担责任。“这个错误（假设它是一个错误），”他写道，“对日本采取过于强硬和死板政策的错误，正如所指出的那样，是整个国家共同犯下的错误，其根源非常深刻。其背后不是阴险的设计或好战的意图，而是对道义原则和自由主义教条的真诚而不妥协的坚持。”[131]

这是一个重要的观点，呼应了美国现实主义思想中的某些主要主题。乔治·凯南（George Kennan）在他非常有影响力的《美国大外交》（*American Diplomacy*）一书中，沿着这些思路进行了尤为雄辩的论述。[132] 美国在冷战或越南战争中的政策也经常被做类似的解读。[133] 也许你在这些领域做过一些研究，因此对这类观点产生了一定程度的怀疑。[134] 如果是这样，你可能反而更倾向于对施罗德关于美国政策是美国意识形态产物的总体解释持保留态度。不过，即便你对这个问题并不持有什么总体观点，你仍然可能觉得有必要认真对待施罗德对 1941 年美国政策基本根源的总体观点。显然，这里的根本问题具有至关重要的意义。美国领导人是否真的无法以现实主义的方式思考问题？施罗德所谓的错误的外交决策方式是否深深植根于美国文化之中？

研究这个问题的一个直观方法是观察美国政府内部是否就此问题进行了辩论。是否所有人都认为政策必须以道义原则为基础？让我们首先看看罗斯福从他的首席顾问那里得到的建议，即赫尔在政治方面、陆军参谋长马歇尔和海军作战部长斯塔克在军事方面的建议。

赫尔的情况尤其引人关注，因为这位国务卿通常被视为政府的首席意识形态旗手。然而，你注意到，当你带着这个具体问题阅读相关文本和文件时，赫尔对与日本达成某种协议其实非常感兴趣，甚至认为接受日本在中国东北的立场也可以是这一协议的一部分，即便这直接违反了美国所谓的“原则”。[135]1941 年底，赫尔还认为拒绝近卫提议的首脑会谈是一个错误，他不想再犯一次同样的错误。[136]因此，他非常认真地探讨了达成妥协的可能性。实际上，他本想忽略中国和英国的反对意见，直接与日本谈判。当罗斯福否决他的意见时，赫尔非常愤怒。他是真想努力避免战争的，而“毫不动摇地坚持原则”并非他首选的行动方向。[137]

罗斯福从其高级军官那里得到的建议也倾向于对日本采取温和政策。从 1940 年 11 月 12 日斯塔克的“D 计划”（Plan Dog）备忘录开始，到 1941 年 9 月 11 日陆海军联合委员会（Joint Board）的《胜利计划》（Victory Program），美国的战略思维在珍珠港事件前一年左右的演变尤为引人注目。马克·斯托勒（Mark Stoler）在他关于美国“二战”大战略的书中给出了精彩的描述。[138]他提供的信息足够有趣，让你想亲自查阅他引用的关键文件。当然，众所周知，战略家们得出的基本结论是，在战争爆发的情况下，美国最好采取“欧洲优先”的战略。不过，对于我们当下的目的而言，真正重要的不是这个结论，而是在这些文件中发现的思路，即论证美国政策（甚至是战前政策）的思路。

战略家们的基本前提与罗斯福的思考非常一致，那就是美国政府不能只是在（美洲）大陆或是（西）半球范围内进行思考。他们认为，如果英国崩溃，整个欧洲都沦陷于德国控制之下，美国将不再安全。届时，作为超级大国的德国，将掌控整个欧洲大陆的资源，且不再受制于英国海军势力的阻挠，必将威胁到西半球的安全。斯塔克写道：“多年来，美洲防卫结构的强大支柱之一，一直是存在于欧洲的权力平衡。英国的崩溃或英国舰队的覆灭或投降，都将摧毁这种平衡，使得欧洲的军事力量有可能侵入我们的半球。”[139] 当然，德国在欧洲获得胜利后可能不会立即与美国开战。《胜利计划》的作者们表示，征服整个欧洲之后，纳粹德国“可能希望与美国维持数年的和平，以便整顿战果，恢复经济，加强军备”。不过，在做这些事的同时，德国人将为“最终征服南美洲和在军事上击败美国”做准备。[140] 这一整套分析都是以地缘政治为框架的。实际上，这一思路显然是从权力平衡的角度出发的。根据《胜利计划》，美国的一个主要目标是在欧洲和亚洲建立“最后的权力平衡”。斯塔克写道：“远东的权力平衡对于我们自身的利益和欧洲的权力平衡同样重要。”[141]

这一切都意味着，对于军方领导层而言，美国必须干预对德国的战争。日本作为较小的威胁，可以用不同的方式来处理，这样美国就可以集中精力解决德国问题。参与讨论的一些军官甚至进一步辩称，在 1941 年 6 月德国闪击苏联后，美国不仅要进行干预以制止德国，还要阻止任何一个大国主导欧亚大陆。

其中一位写道："德国和苏联正在为世界霸权而战，而胜者将在未来主宰世界。"这反过来将对美国构成严重威胁："**如果任何一个大国主宰亚洲、欧洲和非洲，即便我们得以掌控南美和整个北美，我们的国家最终也将沦为二流强权。**"[142] 正是在这一罗斯福本人也认同的思路的基础上，即便是倾向孤立主义的军官，也逐渐认为美国干预对德国的战争是至关重要的。[143]

更重要的一点是，美国不仅必须大规模干预，而且必须相对**迅速地**干预，即使是在英国"完全战败"的情况下。[144]《胜利计划》的作者非常担心德国会击败苏联，占领苏联的大部分领土，再通过空袭摧毁苏联剩余领土的力量，然后逐步调动其在苏联和欧洲其他地区所控制的资源，从而使其军事实力达到惊人的程度。不过，德国征服东方进而急剧扩张其军事实力会耗费一段时间。根据《胜利计划》，德国可能需要"整整一年的时间才能在被征服地区恢复秩序"，甚至在 1943 年年中之前都无法从彻底击败苏联当中获得经济利益。[145] 这意味着，对美国而言，一个至关重要的机会窗口正在打开。如果美国等到德国在东线腾出双手，并利用已被征服的欧洲的资源为他们的战争机器提供动力，美国的任务将会变得更为艰难。因此，应该"大干快上，抢在敌人从对苏战争中解困或恢复之前，对其进行决定性的进攻行动"，这是"旷日持久的消耗战"的唯一替代方案。[146]《胜利计划》的作者认为："时间至关重要，我们越是延误对轴心国展开有效进攻的时机，我们取得胜利的难度就越大。"他们写道："我们必须尽早认识到我们艰巨的任务，并在训练人员和生产舰船、军备及储备物资方面赢得全国上下的鼎力支持。否则，我们在不久的将来所面对的德国，将是经济上站稳了脚跟、物资供应充足、工业能力强大、军事力量在欧洲范围内游刃有余的超级强国。这样的德国可以轻易捍卫并维持其在欧洲的霸权地位。”[147]

美国军方领导层因此自然认为，德国主导下的欧洲所产生的威胁才是真正需要面对的问题。在他们看来，日本构成的威胁只是次要的。如果德国被击败，日本就不会构成太大问题；德国一旦战败，大获全胜的美国会很容易让日本屈服（这也恰好是格鲁和克雷吉为支持其相对温和的政策所提出的论点）。[148]这意味着西方列强在对待日本时，应该会比对待德国更加温和。这一思路构成了《胜利计划》基本论述的核心。原始文件中划了线的总结性段落写道：“**美国短期内的基本战略方法应该是在物质上支持当前针对德国的军事行动，并积极参战以增援欧洲，同时随局势发展适当牵制日本**。”[149]一年前，海军上将斯塔克也呼吁“努力避免与日本开战”[150]。在斯塔克看来，为了维持亚洲的权力平衡，日本在东亚政治格局中应该扮演一个重要角色。[151]格鲁也持有类似的看法。“虽然我们最终无疑会取得胜利，”他在 1941 年 9 月致罗斯福的信中写道，“但我怀疑将一个贫困的日本打入三流国家是否符合我们的利益。”[152]

出于这种思维方式，美国军方反对政府在 1941 年 7 月底采取的对日政策就一点也不奇怪了。正如韦尔斯在 8 月份指出的：“美国陆军部和海军部都认为，目前太平洋地区的主要目标应该是避免与日本发生战争，因为在当前时刻，美国与日本之间的战争不仅会使美国舰队的大部分甚至全部受到牵制，而且还会在我们应该集中精力应对大西洋问题时，对我们的军事体制和生产活动造成很大压力。”[153] 次月，美国与德国之间未经宣战的海战启动。与此同时，美国当时的禁运政策似乎也让美国朝着与日本开战的方向迈进。军方领导层对后一项政策深感不满。斯托勒写道：“在大西洋的敌对行动正在进行并不断升级的情况下，从军事角度看，总统和国务院似乎正发疯似地积极在太平洋地区挑起第二场战争。”[154]在11月的“妥协性协议”谈判期间，军方领导人呼吁美国政策应该表现出灵活性。一位陆军的核心军官在 11 月 21 日告诉赫尔：“我们在欧洲的军事努力取得成功的关键在于与日本达成妥协性的协议。”[155] 最高指挥官马歇尔和斯塔克希望至少推迟几个月再与日本开战。他们告诉罗斯福：“现在最重要的是争取时间。”[156]

现在，你知道该如何评估这一与美国政策相关的基本且具有很大影响力的阐释了，即美国的政策制定者受制于美国的自由主义意识形态，坚持为自己的道德信仰挺身而出，而且他们无法制定基于现实主义原则的政策。事实证明，政策选择的范围要比你原先认为的广泛得多，核心政策制定者完全有能力从权力平衡的角度进行思考，而且战略现实在塑造思维方面也发挥了非常基本的作用，以至于即便是具有孤立主义倾向的军官也转向了强烈的干预主义政策。

那么，在面对更大的问题时，这些讨论能让我们得出什么结论呢？我们的目标是理解 1941 年末的美国政策。如果施罗德的解释站不住脚，那么应该如何解读美国对日本的政策呢？毕竟，美国政府的行为必定有某种解释。应该是有某种原因使得美国政府不愿意接受遏制日本的政策。你可以对比各种可能的解释，并根据直接证据及其合理性进行评估。例如，罗斯福是否已经厌烦于日本的侵略行径？他是出于这一原因选择了强硬路线（即直接引发战争的政策）吗？你需要评估这种解释的基本合理性。在罗斯福迈向对德开战之际，他是否会因为对日本感到厌烦，而希望与它进行第二场战争，哪怕这个国家愿意迎合美国的要求并放弃进一步扩张？一个真正具有政治头脑的人绝不会这样做，而罗斯福显然是具有政治头脑的。这种解释并不合理。因此，通过排除法，你会得出这样一个结论：他对日本的政策只能从他对欧洲战争这一更为重要的问题的政策背景中来理解。

这样你才能获得理解 1941 年末美国政策问题的抓手。你需要对像《胜利计划》这样的文件中所提出的基本观点进行判断。假设你认为这些观点是合理的，而且非常令人信服，以至于罗斯福不可能轻易地将其摒弃。毕竟，总统认为德国是主要问题，并且他显然希望让美国参加欧洲大战。那么，为什么他还想要与日本进行第二场战争呢？为什么他没有将美国的东亚政策限制为简单的遏制政策？军方领导人得出的结论是美国只要遏制日本即可，不宜多生枝节。这个结论源于他们对美国所面临的地缘政治问题的基本分析。这个观点似乎很有说服力，罗斯福也赞同其中许多基于地缘政治前提的观点。然而，他并没有得出与军方领导人相同的结论。他最终并没有选择仅仅遏制日本的政策。我们必须假定这一决策绝不是轻率做出的，特别是考虑到军方观点的力度。鉴于这些问题的严重性，罗斯福必然会认真思考这些问题。因此，必然有某种因素促使他的思考偏向了相反的方向，这些因素是军方领导人在推导美国对日政策结论时所没有考虑到的。那么，这个因素究竟是什么呢？

如果说罗斯福不仅接受了《胜利计划》的观点，而且还进一步发展了这一观点。这种想法完全不可能吗？或许罗斯福同意美国必须迅速加入对德国的战争，但考虑到国内的公众舆论，以及希特勒不愿与正在大西洋开展行动的美国海军正面冲突的态度，他推算出唯一能让美国迅速加入战争的方式就是利用日本方面的局势？当然，罗斯福的对日政策寄希望于通过“走（对日开战的）后门”将美国带入欧洲大战的这一观点，通常被严肃学者们一概予以驳斥，甚至包括那些对美国在珍珠港事件前几个月的行为持批评态度的历史学家们。[157]这一观点之所以受到质疑，是因为它与对罗斯福荒谬且毫无根据的指控有关。该指控称罗斯福故意安排珍珠港的美军遭受日本的偷袭——他这样做的目的是将一个已经变得愤怒、团结且复仇心切的美国引入战争。不过，即便这一指控毫无根据，也并不意味着关于罗斯福可能利用东亚局势将美国引入欧洲大战的总体观点不值得被认真对待。你可能会认为，这种可能性还值得单独考虑吗？

那么，你如何着手弄清楚后门论的真实性呢？到目前为止，你的分析或许已经为你提供了认真对待该观点的一定依据，但为了形成更为扎实的观点，你需要更深入地研究这个问题。你应该找不到与这个问题直接相关的证据。也不会有文件显示罗斯福说过：“我之所以对日本采取这种政策，是因为这是唯一能让美国迅速参与对德国战争的政策。”如果存在这样的文件，你肯定已经听说过了。[158] 而且，如果罗斯福并非出于这个原因选择了他的对日政策，那么这个否定性的观点也很难通过直接证据来证明。因此，你别无选择，只能寻找间接证据，即一些可能与这个问题有关的蛛丝马迹。如果你获得了足够多这样的证据，你可能就能得出某种结论，而你对这个结论的信心将取决于这些证据的强度。

那么，你如何进行这种研究呢？一种方法是确定与后门论相关的具体论点，然后根据与手头问题最直接相关的证据来核查这些论点。例如，有人认为，罗斯福几乎不可能选择走后门策略，因为他无法预知德国在日本袭击美国时会采取什么行动。这个论点基于一个罗斯福知道了什么的假设。因此，为了深入了解这个问题，你需要看看这个假设是否有充分的依据。你需要研究罗斯福认为德国在美国对日本开战时会采取什么行动，尤其要关注情报方面的证据。德国是否向日本提供了任何保证？美国情报部门对德国人的口径了解多少？

于是，你寻找可能为这些具体问题提供一些启示的著作。一份很容易找到的文献是欧内斯特·梅（Ernest May）编辑的关于两次世界大战开战前的战略情报的卷册。[159] 大卫·卡恩（David

Kahn）在该卷中撰写了文章《1941 年美国对德国和日本的看法》（United States Views of Germany and Japan in 1941）。这篇文章可能会提供你正在寻找的信息。如果你已经研究过这一领域一段时间，你可能已经知道卡恩是密码破译和通信情报领域的权威人士。鉴于他在该领域的声誉，你可能会忍不住把他的判断视为权威。卡恩表示，希特勒决定向美国宣战是"毫无预谋且一定程度上非理性的，是由珍珠港袭击事件引发的。因此，任何情报机构都不可能提前获得这方面的信息"[160]。他称，关于希特勒意图的第一手确凿情报是在珍珠港袭击后的 12 月 8 日才发来的。如果卡恩是对的，那么这将为后门论带来一个重大问题。你倾向于认为卡恩一定知道他所说的意味着什么。

不过，对于如此重要的事情，你不会想就此打住。你会想进一步拓宽调查范围。因此，你研究了关于战略情报的文献。你找到了一些可能包含相关信息的其他叙述。F. H. 欣斯利（F. H. Hinsley）在《第二次世界大战中的英国情报》（*British Intelligence in the Second World War*）中非常详细的官方研究似乎具有基本的重要性，所以你找到此书并在其中查找与这个问题有关的部分。你很快注意到欣斯利的叙述与卡恩的非常不同。欣斯利表示，"德国对珍珠港事件的反应并不令人惊讶。1941 年 8 月，日本驻柏林大使向东京报告了一次会谈。希特勒在会谈中向他保证'一旦日本与美国发生冲突，德国将立即与美国开战'"。丘吉尔被告知，这份解码文件还被发送到了华盛顿。[161]从其他描述中，你注意到希特勒可能是为了强化日本在与美国交涉时的立场而给出了这一保证。他清楚美日正在展开交涉，并担心美日可能就此达成协议。[162] 你将这一点暂时放在心底，当你试图构建这一时期更全面的叙事时，它可能会变得非常重要。

你或许可以利用你在研究这一时期战略情报的文献中找到的其他证据，来补充欣斯利的证据。结果发现，例如，在11月初，美国当局从德国驻华盛顿代办汉斯·汤姆森（Hans Thomsen）那里获得了重要信息。他当时已经成为美国的线人。汤姆森告诉美国人，如果美国和日本爆发战争，德国将向美国宣战。[163] 截获的通信情报也提供了额外的证据。一些学者提到了德国外交部长里宾特洛甫（Ribbentrop）在11月下旬向日本驻柏林大使给予的非常具体的保证。[164] 根据这些信息，我们有理由认为，罗斯福推测（至少在珍珠港事件之前的某个时候），如果日本攻击美国，希特勒很可能也会与美国开战。

然而，这一切究竟证明了什么呢？一个反对后门论的批评者，可以毫不费力地对迄今为止所证明的一切做出回应。是的，这位批评者会辩称，美国**最终**发现了这些保证，但在罗斯福获得有关德国将如何行动的任何信息之前，他就已经对日本采取了强硬立场。如果在1941年7月，他无从知道德国在美日战争爆发的情况下会采取什么行动，那么他当时采取的政策又如何能从他想通过走后门把美国引入欧洲战争的角度来理解呢？这个观点需要回应。你要思考着这个问题。这一论述能否驳斥"后门"论呢？你同意，罗斯福在7月底实施禁运时，可能不知道日本袭击美国时德国会采取什么行动，但那时他并没有不可转圜地承诺过什么。你认为，在日本方面的危机不断加剧的情况下，当局肯定会密切关注局势，如果对日政策从“后门”论的角度来看没有产生“正确”的结果（即德国不会介入美国和日本的战争），那么美国对日政策可能就会放松下来。换言之，你的驳论是，7 月份的初步政策选择本身并不是最终决定，可以在任何时候更改。最重要的是政策被维持了下来，而且政策维持不变可能与美国政府从截获的情报中了解到的情况有关：在了解到德国对日本的承诺后，美国选择继续执行原定政策。

因此，后门论能够克服一定的障碍，但你还需要考虑第二条论证思路。这次的问题不再是德国是否（以及何时）做出过承诺，而是这些承诺应该被多么认真地对待。美国人真的能确认，希特勒无论做出了什么承诺，都不会对日本背信弃义吗？如果希特勒有很大可能不会信守承诺——毕竟没有人认为他是一个光明磊落的人——那么从罗斯福的角度来看，后门策略是不是也会因为这个原因而过于冒险？而且，德国不介入美日战争的可能性越大，后门论的可信度就越低。

你再次通过关注一个关键假设来解决这个问题，这次，你关注的是一个观点：只有当希特勒决定介入美日战争时，后门策略才能奏效。不过，是否有可能是美国人做出了开战的决定呢？换言之，如果日本袭击美国，不管希特勒是否对美国宣战，罗斯福是否都可以借此机会将美国引入对德国的战争呢？现在，你问自己，是否发现过与这个问题有关的证据，也许你确实记起了某些证据。例如，你可能会记得，到 1941 年初，美国政府显然已经决定，如果与日本爆发战争，（按照一份关键文件的原话来说）美国将“立即对德国和意大利开战”。[165] 如果这是美国的政策，那么这是否意味着德国对美主动宣战的重要性或许远不及你想象的那么重要？

然而，这里你还需要考虑一个驳论：即便罗斯福想要实行这样的政策，鉴于当时美国的政治现实，他能否真的做到呢？如果在日本发动袭击之后，希特勒拒绝对美国宣战，他真的能让美国与德国开战吗？这显然是一个重要问题，你于是寻找可能有助于回答这个问题的证据。你发现了一本名为《希特勒袭击珍珠港：为什么美国对德国宣战》（*Hitler Attacks Pearl Harbor: Why the United States Declared War on Germany*）的书，从书评和 H-Diplo（外交史学家的电邮讨论小组）中的讨论来看，这本书恰好涉及了这个问题。虽然这并非一本很好的书，但它确实提供了一些关于 1941 年 12 月美国民意的有趣证据。作者展示了一系列证据。其中包括珍珠港事件之后、德国宣战前四天进行的一项盖洛普（Gallup）民意调查。调查结果显示受访者中有 90% 支持美国对德国宣战。

然而，珍珠港事件发生后立即出现这样的观点并非空穴来风。日本勾结希特勒的观念在美国大众心中已经存在了一段时间。根据保罗·施罗德的说法，三国同盟条约（Tripartite Pact）的签署在这方面具有根本性的重要意义。1940 年 9 月，德国、日本和意大利签署了该协议，“导致美国对日本的态度疾趋强硬，日本帝国一下子被与轴心国、希特勒以及美国确信他所代表的征服世界计划和侵略威胁绑定在一起”。事实上，当时人们认知中的轴心国联盟的紧密程度要比其实际情况更甚。正是出于这一原因，珍珠港事件被广泛地归咎于整个轴心国联盟。的确，当时全美各地的许多人（比你想象的可能还要多）都相信日本人是“希特勒的傀儡”。[166] 当然，罗斯福不可能不了解这些基本情况。我们可以肯定地认为，他在决定采取特定行动时，会考虑到这些普遍的社会观念和态度。他很可能得出这样的结论：无论希特勒做出什么决定，德国都无法置身于美日战争之外。而这意味着，在那种政治背景下，后门策略很可能是可行的。[167]

因此，你已经做出了一些判断。你考虑了一些反对后门论的观点，并得出了一些结论。不过，核心的历史问题尚未真正得到解决。你当然还无法找到任何确凿的证据证明罗斯福当时采取的是一种后门策略。因此，在某种程度上，你对那些反对后门理论的观点的研究进展并没有比刚开始时更进一步。然而，这并不意味着这些操作完全毫无价值。你显然学到了一些东西，而你学到的东西将成为你对 1941 年所发生的事情的总体理解的一部分。

当你在阐释一个问题时，你需要做很多类似的操作。有各种相对具体的问题需要你关注。例如，你能搞清楚罗斯福的总体政治风格是什么样的吗？他是那种会以马基雅维利式的方式行事的人吗？这些问题显然与手头的问题密切相关，但你能找到可能为这个问题提供一些启示的证据吗？你可能会从你所读过的一些历史著作中回忆起，罗斯福在某些时候确实以谋略见长。在与日本的谈判中，他会“哄骗”日本人，拖住他们，争取时间。[168]战争部长亨利·史汀生（Henry Stimson）在其被广泛引用的日记的10月16日条目中提到了罗斯福在白宫召开关于日本问题的会议：“因此，我们面临着如何施展外交技巧的微妙问题，以确保误导日本，并让他们先采取恶劣行径。”[169]在另一条经常被引用的日记条目中，史汀生引述了罗斯福11月25日的发言：“问题是如何操纵他们（日本人）开出第一枪，同时不让我们自己遭受太大的危险。”[170]当然，这些评论并不能证明罗斯福认为需要通过这些计谋来引发本可以避免的对日战争。[171]他可能认为战争不可避免，只是希望确保战争以对美国最有利的方式开始。不过，一份关键证据非常明确地表明，他确实希望操纵德国人对美国开战。这就是8月19日罗斯福在大西洋会议上对丘吉尔的表态的档案记录，正如我所提到的，总统在那里表示“他将发动战争，但不宣战，他将变得越来越具挑衅性。如果德国人受不了，他们大可以攻击美国军队”。[172]这份证据表明，美国领导人完全有能力以战术性方式思考问题，操纵、算计以及以不那么直接的方式追求他们的目标。

罗斯福对珍珠港袭击的反应是另一个重要指标。总统担心日本会限制其对英国和荷兰领地的攻击，并避免与美国军队的接触。他知道，这样的话，他可能很难鼓动美国人民参与对日战争。正如他的亲信顾问哈里·霍普金斯（Harry Hopkins）几周后所表示的：“因此他对日本所采取的方式感到非常宽慰。”[173]当收到珍珠港袭击的消息时，总统召集了他的高级顾问们开会。

“会议的气氛并不过于紧张，”霍普金斯写道，“因为我认为我们所有人在上一次的分析中都相信最终的敌人是希特勒，他不可能在没有武力干预的情况下被击败；我们迟早将参与战争，而日本给了我们一个机会。”[174] 这并不完全等同于说罗斯福故意利用远东局势将美国引入欧洲大战，但它确实暗示美国领导人对事态的发展感到满意，因为他们非常清楚，他们自己的政策在这个过程中发挥了关键作用。[175]

丘吉尔在这一点上的态度是另一个指标。英国首相对珍珠港袭击的消息感到兴高采烈。他想的是“所以我们毕竟还是赢了！”“希特勒的命运已经注定”。“百感交集，思绪万千，”他写道，“我上床睡觉，如释重负，心存感激。”[176]珍珠港袭击后的第二天，他“对美国和日本的局势兴致颇浓”[177]。他后来写道，克雷吉关于日本战争本可以避免的观点完全错误，因为这是“上帝的赐福。日本攻击美国，会让美国全心投入战争”[178]。再次强调，这并不能证明丘吉尔曾迫切要求对日本采取强硬政策，以达到将美国引入欧洲大战的目的，但它确实指向了这个方向。

当然，整个 1941 年，丘吉尔的主要目标是让美国参加对德国的战争。[179] 理想情况下，他会希望在美英不必同时与日本开战的情况下让美国加入。正如他当时所言，这种结果将是“头等大奖”。不过，如果美英同时与日本和德国作战的话，他认为这是“二等奖”，比美英两国与日本保持和平但美国不参加欧洲大战要好。[180] 遵循两鸟在林不如一鸟在手的原则，丘吉尔本打算尽其所能争取这个二等奖。在 10 月 2 日的战时内阁会议上，丘吉尔“质疑了美国介入太平洋战争不符合我们利益的说法”[181]。尽管有时犹豫不决——总是有日本可能只攻击英国和荷兰领地而不理会美国人的风险——但在最后的分析中，他的政府还是倾向于对日本采取相对强硬的政策，并在破坏“妥协性协议”中发挥了关键作用。[182]因此，英国政策的纯粹目的是帮助英国实现其让美国参战的根本目标。你可能会想，这是否仅仅是一个巧合。鉴于你对政府运作方式的了解，你可能很难相信这里面不涉及什么算计。

这一点对我们的目的很重要，因为研究英国政策可以为我们了解美国思维提供一个窗口。如果你认为两国的核心利益基本相同，如果你认为罗斯福和丘吉尔从这些共同利益出发，基本上形成了关于如何处理问题的相同的总体方针，那么关于丘吉尔对与日本作战的看法的证据确实会影响对罗斯福试图做什么的整体评估。通过研究英国人的想法，你也许可以对美国的政策有所了解。因此，在决定如何阐释美国人所做的事情时，从英国的资料中得到的印象是你可以考虑的指标之一。

正是通过这种方式，你逐渐形成了自己的观点。在没有强有力的直接证据的情况下，你尽可能地进行推理。间接证据具有启发性，而非决定性。你观察某个微不足道的线索，它本身可能什么都证明不了。但如果你收集到足够多这样的证据，你就能评估某个观点的可信度。每一个小细节都会产生影响，更完整的画面逐渐就此呈现。

更完整的故事

假设你得出结论：罗斯福利用日本的局势将美国引入欧洲大战。这个结论在很多方面都很重要。如果属实，它告诉了你关于美国政策本质的一些基本信息，即地缘政治压力可以在塑造美国行为方面发挥决定性作用。这也可能对整个国际政治产生更广泛的影响。这可能表明，战争一般可以理解为政治过程的结果，而不是纯粹侵略行为的产物：如果即便对于 1941 年的德国和日本这样具有侵略性的国家而言，与美国开战的决定都不能被视为一种“无谓的”行为，那么战争就不应该被理解为只是侵略国决定发动战争这么简单。

然而，尽管关于罗斯福的东亚政策的结论很重要，但它只是全面的解释结构中的一个要素。并不是说你只需要得出这个结论，就可以停止分析了。你已经构建了一个模块，现在需要将其归位。关于罗斯福的结论必须被放进关于大国博弈在更长时间范围内发生了什么的更一般性的论述之中，不仅是在 1941 年底，而是更长的时间范围内，比如从 1939 年 9 月到 1941 年 12 月。

在构建这个更全面的解释时，一个问题会引出另一个问题。如果你认为罗斯福在 1941 年希望将美国引入对德国的战争，并通过将美国与日本置于冲突之中以实现这一目标，那么你必须考虑为什么他选择了这一政策。这与他对德国政策的理解有什么关系？他如何看待希特勒的长远目标？这样的看法是如何形成的？这些问题引出了关于希特勒的目标是什么以及他用于实现这些目标的计划是什么等更多问题。希特勒是否认为一旦在欧洲获胜，那么在不久的将来与美国争夺世界霸权的斗争将不可避免？如果他确实曾这么说过，那么这些言论是应该被视为一时兴起，还是他在认真考虑在不久的将来对美国发动战争？

这些问题是可以通过一般的方法进行研究的。你可以查阅历史学家们的观点，并尝试从其内在逻辑和支持这些论点的证据的充分程度来评估这些论点。一些学者认为，希特勒在有生之年并没有打算与美国进行这样的战争，他认为美国和德国之间为争夺世界霸权的战争只会在“模糊不明、无限遥远”的未来才会发生。[183] 然而，另一些学者则持不同看法。你再次好奇哪一方是对的。你从哪一方的举证更具有优势的角度来评估，结果发现一些最关键的证据与希特勒的军备政策有关。在欧洲大战爆发之前，希特勒似乎就已经决定为与美国的一场重大冲突做准备，决心要建造一支强大的远洋海军和一支强大的远程空军。理查德·奥弗里指出：“海军建军计划和战略轰炸机建设计划，包括梅塞施密特（Messerschmidt）在 1939 年开始研制的‘美洲轰炸机’（Amerikabomber），以及德国当时正在推进的一系列先进技术项目。这些都清楚地表明了希特勒战略的未来走向。”“主要计划”定在“1943—1945 年”完成。[184] 当战争出乎希特勒的计划之外而在 1939 年 9 月提前爆发时，这些计划不得不被搁置。然而，每当欧洲大战看似行将结束之际，比如 1940 年 6 月法国战败后，以及 1941 年 7 月苏联似乎即将崩溃之时，希特勒都会恢复与美国展开最后决战的准备。[185]这表明，希特勒确实认为与美国的冲突不是在遥远的未来，而是在未来的几年内，最好不是马上，而是在他击败欧洲的敌人并将自己的军事实力提升到足以与世界上最强大的工业国家对抗的水平之后，比如 1943—1945 年间。

了解希特勒的目标有助于我们聚焦美国的问题。罗斯福总统如何看待这个问题？他对希特勒的意图，特别是德国的军备政策了解多少？有很多迹象表明，总统担心，如果德国征服整个欧洲并得以征用欧洲大陆的庞大资源，美国将面临巨大的威胁，他的确非常担心如果在未来的某个时刻与大获全胜的德国爆发战争，美国将处于何种境地。[186]

显然，核心利益受到威胁的感觉推动美国走向了干预。然而，美国日益加深的介入难道不会影响**希特勒**的考量吗？带着这个问题，你查阅了关于希特勒战时政策的文献，特别是关于他决定进攻苏联的文献。这一问题帮助你从文献中挖掘出一个关键点：你注意到，他之所以在 1940 年决定于次年春天进攻苏联，显然至少有一部分原因是他认为美国正变得越来越强大，参战的意志也越来越坚定。他意识到，时间并不站在他这一边。换言之，他自己的“机会窗口”正在迅速关闭，他表示，欧洲大陆的所有问题必须在 1941 年解决掉，“因为从 1942 年开始，美国将会出手干预”。[187]然而，如果征服了苏联，德国便不必担心东方的大国。随着几乎整个欧洲大陆的庞大资源都落入其控制之下，德国将有能力对付美国。[188]因此，窗口逻辑在塑造**双方**

政策方面发挥了重要作用。随着德国调用中欧、西欧乃至苏联腹地的资源，德国将在不久的未来实力大增，这会促使美国加快行动，而美国介入的前景在很大程度上又推动了德国的攻势。

“窗口逻辑”？**这个词**从何而来？这个术语指的是由“脆弱窗口”和“机会窗口”的开启和关闭所产生的压力，即由于战略平衡朝某个方向偏移所触发的战略考量。例如，这可能是“要么现在，要么放弃”的问题。因此，及时采取行动非常重要。当你研究珍珠港事件发生前的时期时，你就发现了这种逻辑的运作。不过，这个术语本身来自国际关系理论。这个概念在当代国际关系理论家史蒂芬·范·埃弗拉和戴尔·科普兰（Dale Copeland）的著作中发挥着关键作用。[189] 从这个案例中，你可以看到为什么历史学家需要熟悉国际政治理论这一思想体系。如果你接触过这类观点，然后遇到像《胜利计划》这样的文件，你的脑子里就会像是敲响了警钟。关键的历史观点便更有可能在你的脑海中留下印象。你更有可能会说：“这很重要，这真的很重要。”如果你没有接触过这方面的文献，你便很难理解这些文件中所阐述的思想的更大意义。

因此，具备一定的知识后，你能更好地理解这种逻辑。不过，你不能就此止步。你知道这一阐释所依据的证据相对较少，你希望能在更为坚实的基础上进行分析。因此，如果可以的话，你想要丰富这个基本阐释，更加深入地发展它。你需要研究这种逻辑可能发挥作用的具体领域，例如德国的军备政策（特别是空军和海军的建设），或者德国对西北非洲、大西洋东部及中部诸岛［马德拉群岛（Madeira）、亚速尔群岛（the Azores）、加那利群岛（the Canary）和佛得角群岛（Cape Verde islands）］的政策。在每个案例中，你想了解德国在这些领域的行动以及他们在多大程度上针对着美国。你尤其想知道，当他们看到以及的确是出于理性审视而得出美国对其欧洲地位产生了日益增长的威胁后，他们在多大程度上为此做出准备。你于是去查阅关于德国对西北非洲和大西洋诸岛政策的文献，例如诺曼·戈达（Norman Goda）的《明天的世界》（*Tomorrow the World*）。你惊讶地发现，德国在这一领域的政策是由针对美国的攻击性和防御性考量所共同塑造的。[190] 同样，如果你接触过国际关系理论，会知道罗伯特·杰维斯针对这种情况发表过的一个著名观点，你就能更好地处理这些问题，并了解在无法区分进攻性战略和防御性战略的情况下会发生什么。[191]

当然，你不能仅研究德国方面的叙述。这一阐释的核心问题在于双方在多大程度上互相影响。因此，面对美国政策，你需要提出与德国政策相同的问题。罗斯福在这些领域推进积极政策的过程中，他在多大程度上试图抢在德国人之前采取行动？[192] 你可以通过研究美国方面的资料来解决这个问题。罗斯福对德国在西北非洲和大西洋诸岛的行动了解多少？他认为德国在这个领域的意图是什么？他如何解读手头的证据？他是否将这些证据纳入了某种更大的解释框架？例如，考虑到巴西离非洲西部凸出部位非常近，他是否将德国在这一地区［特别是达喀尔（Dakar）］的兴趣与德国在拉丁美洲的规划联系起来了呢？他在多大程度上考虑过抢在德国之前进入西北非洲和大西洋诸岛的可能行动？他认为在为时已晚之前采取行动有多重要？所有这些问题都可以进行研究，实际上这些问题构成了研究工作的框架。而且，由于这些问题源于这种思考过程，回答它们的方式将让你深入了解一些真正基本的历史和理论问题。

一旦对窗口逻辑产生了敏感度，你自然会特别关注那些沿着这些线索进行论述的历史学家。例如，奥弗里认为，窗口逻辑甚至在 1939 年就起到了重要作用。他辩称，当时英法两国政府感觉到，他们目前的“高水平军备支出只能维持很短的时间”。他表示，这一事实“迫使两个西方国家政府得出这样的结论：最好采取果断行动，发动战争也在所不惜，而且宜早不宜晚”，这反过来成为 1939 年战争爆发的关键因素，而希特勒本来是希望将战争推迟几年的。[193] 欧弗里认为，按照希特勒的意愿的话，如果德国“再享有四五年的和平”，历史可能会走向完全不同的道路。他表示，德国本可能发展成为“20 世纪 40 年代的超级军事大国之一”[194]。

这一观点以及其他叙述所暗示的基本观点是，1939 年战争的爆发引发了一种希特勒无法控制且最终难以招架的事态。正如安德烈亚斯 · 希尔格鲁贝尔（Andreas Hillgruber）所辩称的，截至 1941 年 12 月，希特勒实际上已经认命于美国将对其宣战的事实，他之所以向美国宣战，只是试图在不利局势中攫取最大利益。[195] 如果与美国的战争无论如何都不可避免，他不妨抓住珍珠港事件之后现成的机会，向日本输诚，巩固与日本的同盟。而且，希特勒认为，等着罗斯福先出手宣战是软弱的表现。因此，主动宣战也许是他最好的选择。不过，从这些描述中得出的结论是，对于希特勒而言，那个时候与美国开战并非一个令人愉快的解决方案。

因此，你会看到一件事如何引发另一件事。随着西方列强看到他们的机会窗口即将关闭，战争于 1939 年爆发；德国的初期胜利引发了美国更加深入的介入；希特勒对美国最终介入的担忧是促使其继续向前推进的主要原因。他的举动反过来进一步促使了美国加入战争，而美国的对日政策必须在这种背景下理解。美国与日本的冲突在珍珠港袭击中达到高潮，几天内美国对德国正式开战。所有这些事情都有一个将其紧密联系在一起的逻辑，其中权力因素起着关键作用。为了理解这个故事，或用汉森的话来说就是让这些事件变得可以理解，你要弄清楚这种逻辑是什么。

因此，当你逐渐把这些事情放在一起时，你的头脑中开始形成了对更为完整的故事的某种感知，或者至少是对其中的一个主要部分的感知。这种感知可能非常粗糙和不完美，但你知道如何深化对所发生事情的理解。你知道这个故事的某些要素可以被更仔细地研究。在这种情况下，我刚才谈到的所有事情都可以通过观察基本观点所依赖的具体主张来进一步阐述，然后可以通过观察实证证据（特别是那些主张中引用的证据）来研究这些具体主张。

你要把这个过程进行到什么程度？答案取决于你的目标是

什么。不过，即便你想深入探讨这些问题，一开始就试图以相对粗略的方式弄清楚历史问题的基本结构仍然是有意义的。你能得出的结论可能只是一个简单的草图。但是，在你继续推进研究时，拥有一些感觉至关重要。无论这种感觉有多么粗糙，它都能帮助你了解整个故事会是什么样子的。当你完成研究时，阐释中可能没有什么内容会仍旧完好无损，但重要的是这个过程。当你进行这样的研究时，你会更深入地理解事物是如何联系在一起的。你对所研究的历史过程的质地有了更好的感知，对实际塑造事件进程的因素有了更好的理解。

注意国际关系理论在这个过程中所发挥的作用。我在前面已经多次提到这个问题。在那些段落中，我的基本观点是，通过解决基本的概念问题，尤其是理解理论文献中的观点，历史学家能够认识到故事中可能被忽视的各个元素的重要性。在前面的段落中，我举了“窗口逻辑”的例子。对于我们当下的目的而言，这个一般性的观点非常重要，因此我想在这里再举几个其他例子。

在当代美国国际关系理论中，最基本的观点之一涉及所谓的“安全困境”，即国家可能出于纯粹的防御目的而采取进攻性政策。他们的目标可能仅仅是为了保障自己的安全，但正如罗伯特·杰维斯所言，他们可能被“形势的逻辑所困”。这个问题在进攻方优势明显的情况下尤为严重。这种情况也就是军事行动中进攻优先于防御的情况。[196]

那么，假设你在研究 1941 年美国政策时熟悉这些观点。你注意到罗斯福总统和其他高级官员是以非常宽泛的方式定义防御的。他们认为，美国人在本国受到攻击之前选择无所作为是愚蠢的。到 1941 年，他们认为，在为时已晚之前采取行动以打击德国非常重要。他们认为德国是如此巨大的威胁，美国对该国采取的“**任何**行动”都“必然是自卫行为，永远也不可能被视为侵略行为”。[197] 你注意到这一总体观点与他们对现代战争本质的理解相联系，特别是对于罗斯福而言，美国政策必须基于对“现代战争闪电般的速度”的理解。[198] 他们认为国家受到德国进攻性军事能力的威胁而因此必须发展自己的进攻性力量，你对这一事实印象深刻。[199] 更为令人印象深刻的是你在空战这个非常重要的领域所发现的内容：双方都明白，防御空袭的最佳方法是在地面上摧毁敌方的空军，双方因此都承受着发展“航程范围超过敌人潜在打击能力”的飞机的压力，以及设计航程范围越来越远的轰炸机的压力，双方因此不断采取更具威胁性的进攻性姿态。实际上，在开战之前，德国和美国都已经开始研发洲际轰炸机。你注意到，罗斯福对这些进展的重要性的认识有助于解释为什么他采取了那样的政策。[200]

如果你熟悉这些理论观点，当你看到人们实际上是在说他们的国家需要出于防御目的而采取进攻性行动，以及当你看到这种态度与他们对现代战争的理解之间的联系时，你会特别注意。你之所以会特别注意，是因为你觉得你看到的不仅仅是一个孤立的历史现象，而是一个具有普遍性的问题框架。你意识到更普遍的东西正在起着作用，理论家们在更抽象的层面讨论的那种动态正在这个特定的案例中发挥着作用。理解意味着从具体事物中看到普遍性，这正是理论帮助你做到的。

不过，我是从历史学家的角度看待这个问题。对于政治学家来说，联系是相同的，但是它的运作方式是相反的。当你发现 1941 年发生了什么，当你发现美国政策的核心是什么样的思考方式，关键的理论观点就呼之欲出了。它们呈现出一定的现实品质。你开始明白，在进行理论研究时，你并不只是在进行某种智识游戏。你不仅是在研究抽象的理论结构，你正在研究的是有助于你理解国际政治实际运作的观念。

因此，历史对理论家来说很重要，理论对历史学家而言也很重要。为了解决特定问题，历史学家必须进行大量思考，而理论文献可以提供一定程度的支持。令人惊讶的是，理论家通过深入研究历史问题，即深入了解它们，以及从内在逻辑和支持它们的证据充分性的角度分析历史观点，也可以学到很多东西。

第五章

处理文献资料

在大多数情况下，前两章中概述的方法已经能带你走得足够远。假如你还想走得更远，假如你的目标是（尽你所能地）深入了解某个历史问题，那你必须花很多时间研究一手资料。你肯定想看一看已出版的文件集。你可能还想使用缩微胶卷、缩微胶片或电子格式的资料。你甚至可能想要查阅国内外的档案资料。

那么如何开展这种工作呢？你可能会有大量的资料可以查阅。从何处开头，如何进行？如何评估特定的文件？如何从你检索的信源中提取有意义的信息？

用一手资料做研究：基本原则

如果你想根据当时的信源研究一个问题，你不会想以完全不加思考的方式接触这些信源，即任意选择一点开始，然后一份接着一份地阅读文件，直到故事在你的脑海中形成。你会想要带着一系列问题来接触这些信源，这些问题将帮助你了解你所阅读的文件中的重要内容。知道问题是什么也将让你更好地了解你想要关注的文献合集和你想要检索的顺序。

你可以通过两种基本方法提出一系列的问题。第一种方法是研究学者们对你感兴趣的主题的看法。你可以使用我在前两章中谈到的技巧。通过分析历史文献，你会培养起对历史问题结构的感知。你了解到一般观点是如何立基于某些相对具体的主张的，而这些主张又是如何得到特定证据支持的。然后，你会问：这些总体观点是由什么构成的？那些具体主张是否有效？所引用的证据实际上显示了什么？当学者在关键问题上的意见有分歧时，你可以问：谁是对的？要解决这些问题，你不仅可以权衡学者们彼此的论据，只看那些文本中提出的证据，你还可以自己检索证据。实际上，你可能还记得，在上一章中，我们以一种非常有针对性的方式深入研究了一手资料，从而解决了一些重大问题。你可以运用这一基本技巧，但是以更加广泛、更为系统的方式去运用。

第二种方法是尝试自己思考关键的历史问题。你可以通过聚焦基本问题来做到这一点。你要牢记的关键点是国际政治是关于冲突的学问，是关于当不同的国家秉持不同的愿望，且它们的愿望互相冲突时，会发生什么的学问。因此，在研究特定时期的国际政治时，你可以从一些基本问题入手：每个国家**想要**什么？它正在执行怎样的政策？这种**政策**根植于什么样的**思**

维？每一方实际上**做**了什么，以及每一方如何对其他国家的行动做出反应？换言之，这里的基本**故事**是什么？而“故事”并不仅仅是一连串毫无头绪的事件。我指的是带有某种因果结构的故事，一个能够解释为什么事情会以这样的走向发展，以及是如何从 A 点到 B 点的故事。

如果这些是基本问题，那么你如何回答它们呢？你可以从多种方式着手，或至少在两个不同的方向上同时推进。一方面，你需要开始拼凑信息，以了解主要的事态发展以及事物之间的关联。为此，你可以按时间顺序阅读涉及某一问题的外交文书，甚至可以从头到尾阅读（比如）涉及特定问题的外交部文件。你还可以查找最易获得的公开来源信息，如报纸、杂志、演讲和新闻发布会等。你会惊讶地发现，仅仅通过阅读《纽约时报索引》（*New York Times Index*）中的相关条目，就能学到很多东西。不是**《纽约时报》**本身，而只是**索引**。

与此同时，你可能需要尝试了解一些基本的思维方式。换言之，你应该试着站在掌握政策并在决定国家实际行动中发挥关键作用的那个人的角度来看待世界。你首先要关注的是记录关键政策制定者的思考，尤其是每个国家政治领导层的思维的文件。这些文件可能是正式的，如美国国家安全委员会（U.S. National Security Council, NSC）、英国内阁（British cabinet）或执政的共产党政治局（Politburo）的会议记录。也可能是非正式的，如记录涉及政府高级官员一对一会谈的文件。可能是纯粹的内部文件，或是记录政府间高级别会议的文件，实际上，后者通常会非常有趣。会议记录并非唯一能让你深入了解这些问题的文件。例如，外交通信，即关键的外交部官员与驻外代表之间的通信，在这方面往往非常重要。

因此，你的研究策略的一个基本原则应该是从高层着手。在实践中，这意味着最好尽早查阅主要国家出版的大量外交文件集，如美国国务院（U.S. State Department）的“美国对外关系”（*Foreign Relations of the United States, FRUS*）系列、法国的《法国外交文件》（*Documents diplomatiques français, DDF*），以及英国和德国等国家出版的各种文件集系列。[1]这些文件集中的文件最初并非为大众阅读而撰写，一般而言，它们会在撰写后约 30 年才对外解禁。这些文件集之所以如此有用，其中的一个原因是编辑人员（通常是经过专业训练的历史学家）倾向于拣选相对重要的文件出版。尽管是由外交部出版的，但它们经常包括非外交部的资料。例如，美国国家安全委员会的会议记录会经常出现在“美国对外关系”中。

还有其他已出版的资料，如日记、关键政策制定者的个人文件集等，你可能希望在研究项目实施的初期参考这些资料，以便深入了解在你的故事中发挥重要作用的某些个人的思考。当然，这些资料并不需要逐页阅读，你通常可以使用索引快速定位关键问题。然而，仅仅使用已公开的资料的话，你的研究可能会受到限制。你可能需要查阅缩微胶片、缩微胶卷或电子格式的文件。例如，美国国家安全委员会的记录（有缩微胶片可供查阅）包括许多从未在“美国对外关系”中公开或仅部分公开的会议记录。你可能会惊讶地发现，这类资料竟然如此容易获得。在本章的最后一节和附录 II 中，我将更详细地介绍如何查找和使用这些资源。

对于严肃项目而言，你可能还需要深入研究。为了在这种情况下实现你希望达到的理解程度，你几乎肯定需要研究真正的档案。这并不像许多人想象的那么可怕。档案馆通常是非常舒适的工作场所。不过，在进行档案研究时，你应该从何开始呢？在美国，总统图书馆（presidential libraries）拥有最丰富的资源，包括与最高层决策有关的资源，因此你可能希望尽早访问其中的一两个档案馆。在英国，你可能希望首先研究英国国家档案馆［British National Archives，以前称为“公共记录办公室”（Public Record Office）］中某些密级的资料，内阁记录、首相办公厅记录（records of the prime minister’s office）等。在其他国家，你通常也不难找出哪些是最重要的资料合集。重要的手稿合集也可以参考，研究历史时，你会对关键人物有所了解，而且这些人往往会留下可供你研究的文件集。关于这方面的更多信息，我将在本章末尾和附录 II 中进一步讨论。

你可能想知道如何判断谁才是关键人物。当然，你不能仅凭头衔来判断。例如，在美国的体制中，总统在决策过程中可能起到主导作用，也可能不起作用。国务卿可能是关键人物，也可能被下属当枪使。但当你深入研究主题时，这些关于谁真正重要的问题往往会自行解答。你可以看到谁服从谁，谁起主导作用，谁觉得被排斥或选择从决策中自我边缘化，以及外国政府与谁打交道。

因此，你通常不难看出谁发挥了主导作用，从而确定哪些资料对于你的目的最有价值。但这并不意味着你要限制自己只使用这些资料。在项目开始后不久，你就可以开始扩展研究范围。你可能会注意到军事考量如何影响某个决策，因此你可能会觉得需要更好地了解军事方面的情况。这意味着你需要研究军事方面的信源。你要做的是再次遵循从上到下的基本原则，亦即从国防体制的文职和军职领导层保留的记录开始。在美国，这意味着从参谋长联席会议（Joint Chiefs of Staff）和国防部长办公室（Office of the Secretary of Defense）的记录开始。在研究这些资料时，你可能会决定需要更深入地研究某个问题，因此，你可能需要查看陆军参谋部的记录，或者研究某位关键军事指挥官的文书，比如 1950 年代末的北约指挥官诺斯塔德（Norstad）将军。你带着特定的问题研究这些资料。这些问题决定了你关注哪些卷宗或档案盒，在相关人员或设施的协助下，你通常可以大致了解每个档案盒或卷宗所包含的内容。对于外交部或情报机构的资料，同样的基本方法也适用。这些资料通常可以在缩微胶片或电子格式的文件中找到。

这里需要注意的关键一点是，研究项目一般会自行展开。你可能认为自己在掌控整个过程，但很快就会发现事实并非如此。在你进行研究时，问题会逐渐浮现，这些问题必须得到解答。虽然你正在追踪一个问题，但在试图弄清楚实际情况的过程中，你无法预先准确判断哪些问题会出现。你基本上只能让项目自行发展。

让我举几个例子来说明，在实践中它是如何运作的。第一个例子与古巴导弹危机有关。在研究这场危机时，你可能会注意到（或许是你自己发现的，也或许是其他学者指出的），1962年10月22日，当肯尼迪总统发表演讲宣布苏联向古巴运送导弹时，美国预计的似乎是一场“旷日持久的斗争”，即一场持续几个月的危机。然而，在短短几天之内，这一观点发生了翻天覆地的变化。[2]到了10月25日，美国领导人对危机的紧迫感加剧。他们现在认为，危机需要迅速解决。这种转变如何解释？这个问题很重要，因为它涉及为什么危机会这么快达到高潮的关键问题。将这个问题放在你研究的中心，可以让你更有针对性地进行研究，更有效地从你研究的资料中找到意义。

再举一个同样与古巴导弹危机有关的例子：从你研究的文件中，你可以看出肯尼迪的计划是让苏联中止其在古巴的导弹基地的工程，然后与苏联进行谈判。然而，谈判未能举行。相反，苏联在10月27日晚接受了美国提出的条件。既然美国还有一份更为温和的提议摆在桌面上，很难理解为什么苏联最终会接受一个事实上的最后通牒。这是否意味着他们不了解肯尼迪的计划？但在这种情况下，他们怎么可能对肯尼迪的意图一无所知呢？同样，这是一个相对具体也具备研究可行性的问题，回答它可以让你更好地了解为什么危机的走向会是那样。

或者，假设你正在研究“一战”爆发前的1914年的七月危机。你注意到，俄国在这场危机中最初的政策是建议塞尔维亚不要抵抗奥地利的入侵，而是将他们的命运“交予列强的裁决”。[3]如果这个立场保持不变，一场大规模的欧洲战争很可能会被避免。但你也注意到，在7月24日采取这一立场后的几天内，俄国的立场发生了变化。现在，奥地利的入侵将意味着一场欧洲大战。你想知道，这一非常具体的政策转变如何解释？

再举另一个涉及俄国在危机中政策的例子：因为俄国政府判断战争即将来临，于是在7月30日下令全面动员，俄国的动员引发了德国的动员，而对德国来说，动员意味着战争。不过，德国已经决定，他们不要成为第一个发动员令的国家。他们想让俄国先出头，指责俄国才是跨越雷池导致战争不可避免的国家。那么，你可能会想，如果俄国政府了解到德国的政策是不第一个动员，它是否还会下令全面动员？如果俄国了解德国的政策，（你可能推测认为）他们被迫采取行动的压力就会更小。因此，俄国对德国政策的了解程度如何相当重要。这个具体的问题原则上是可以被研究的。为了弄清楚这个问题，你甚至对你想要查询的资料来源已经有了一些想法。例如，你可能会想查阅俄国驻柏林的军事武官的报告。

研究这类问题时，你并非只是为了收集详尽信息而已。这些问题之所以重要，是因为它们对阐释更大的问题有一定的影响。再次注意这里的基本技巧：你的目标是了解大问题的阐释如何取决于相对微观、相对具体且因此更易研究的问题。再举一个七月危机当中的例子：7月29日，俄国下令针对奥地利进行部分动员，德国首相则通过向维也纳发送著名的“世界陷入火海”的电报做出回应。他写道：“我们必须拒绝让自己被维也纳拖入世界性的战火中，这是罔顾我们的建议、恣意妄为。”[4]看起来德国政府现在意识到战争具有非常现实的可能性，试图将局势从战争边缘拉回来。然而，就在这封电报发出的14个小时后，俄国下令全面动员，此后战争几乎不可避免。因此，你可以通过关注这14个小时内发生或未发生的事情及其原因，来探讨第一次世界大战起源的宏大问题。你想到如果德国首相真的想要贯彻“世界陷入火海”电报中的政策，他本该采取什么行动；你注意到，在这段时间里，他没有采取任何严肃行动来阻止战争。你开始寻找可能解释他在这个具体案例中不作为的证据线索。

因此，你不只是在做琐碎细致的工作而已。你的目的不只是收集数据。你在积极寻找答案。你在积极地试图了解故事是什么。这并不是说你只需阅读文件，重要的结论就会像成熟的果实一样落入你的怀抱，而不需要你做任何真正的智识努力。你必须进行一些真正的思考。你必须思考你所研究的事件中令人困惑的点是什么。你必须设身处地地站在你所研究的人的角度，再问问自己你会做出什么行为。这种练习有助于让你对他们面临的问题更加敏感，并帮助你提出研究问题，找到研究的焦点。

在梳理事件的过程中，你几乎会自动对你的主题产生更深入的理解。在你还没有完全意识到的情况下，你对历史事件的基本认识就发生了转变，你对主题的了解会摆脱最初简单的人云亦云。以古巴危机为例，这是一场双方紧盯着对方，直到一方退缩的简单对抗；或者在七月危机的案例中，战争是因为“危机失控”而爆发的。你开始明白，事情并不能用这么简单的方式来理解。你对特定事件的性质和复杂性有了更深入的认识。

以这种方式建立阐释的过程因此相当直接。你先提出问题，再通过查阅证据来回答它们。在你这么做的过程中，新的问题会浮现出来，而这些新的问题本身需要得到解答。你只需要跟着这个过程走。没有什么神秘之处。

评估证据：一些技巧

历史学家认为，阐释主要是基于对一手资料证据的仔细研究。但是，如果一手资料如此重要，你是不是需要某种方法来判断特定证据的可靠性？

总的来说，历史学家对这个问题并不特别关心。一份文件是否准确记录了真实发生的事情——这种来源可靠性问题——偶尔还是会出现。不过，只有当历史学家感知到某个具体证据与他们所理解的更完整的图景不太吻合时，他们才会关注这类问题。当历史学家们产生疑虑时，他们可以针对该文件提出相当有针对性的问题。如果该文件显示其记录了一次会议，是否能（在参会人员的日志或预约簿中）找到其他证据证明这次会议确实举行了？如果这是一次政府间会议，那其他政府的档案中是否有关于此次会议的其他记录？根据你对那些被记录为以某种方式交谈了的人的了解，他们所使用的语言是否和你了解的一致？你要运用各种常识性的测试方法，得出特定文件是否可靠的结论。[5]

不过，这样的问题很少出现，历史学家认为他们在档案馆（及其他地方）找到的文件通常可以视为是真实的。例如，如果某个官方文件显示某人说了某事，那么那个人可能确实说了类似的话。毕竟，文件是为满足政府自身的内部目的而制作的，如果记录不保证准确，那么保留记录有什么意义呢？我们很难相信，起草文件时的一个主要目标是在 30 年后欺骗历史学家，这意味着当时几乎没有人真正关心眼前的问题。此处的观点非常普遍，但我当然不是暗示这类记录就是完美的。例如，会议纪要不会提供给你关于所记录内容完整和绝对准确的描述。显然，你也不应该这么期望。实际上，文件可能会因为各种方式而失真。例如，会议纪要可能排除了可能使某位权势人物处于不利地位的材料，某些事情可能会因政治原因被省略。以及，某些类型的信源需要我们持怀疑态度，例如日记条目。然而，如果一份官方文件记录了某人确实说了某事，你可以在相当程度上确信其并非纯粹的捏造。

某些官方文件在当时属于机密，数十年后才会向公众解禁。如果你已经花费了数年时间利用历史资料研究历史，你就会知道这类文件基本上是可靠的。你经常会碰到同一次会议的多份记录，因此你可以很容易地比较这些记录。例如，肯尼迪总统 1963 年 1 月 22 日在国家安全委员会的发言记录可见于 1961—1963 年“美国对外关系”系列的第八卷，另有三份记录可以在该卷的缩微胶片补充资料中找到；你还可以在肯尼迪图书馆（Kennedy Library）查阅到第五份记录。[6]关于美国国务卿杜勒斯（Dulles）1957 年 11 月 19 日与法国外长的会晤，既有法方的会议纪要，也有美方的会议纪要。[7]1962 年 12 月的拿骚会议既有英方的会议纪要，也有美方的会议纪要。[8]我还可以举出许多其他例子，实际上，研究多种档案的一个不太常被强调的原因是，它经常能使你获得同一次会议的多份纪要。在进行比较时，你不仅能判断出你所查阅的具体叙述是否可靠，还能得出特定类型资料来源是否可靠的一般性结论。

让我举一些关于这个过程是如何运作的例子。首先要提的是 1945 年 7 月至 8 月的波茨坦会议。波茨坦会议是一个特别有趣的案例，因为美国、英国和苏联对这一高层会议的记录都已经解禁。实际上，我们有两套美方记录，一套是当时美国驻伦敦大使馆的首席秘书卢埃林 · 汤普森（Llewellyn Thompson）记录的，另一套是国务卿伯恩斯（Byrnes）的特别助理本杰明 · 科恩（Benjamin Cohen）记录的。当你比较这些记录时，你会发现什么呢？以 1945 年 8 月 1 日的第 12 次全体会议的记录为例。在那次会议上，斯大林（Stalin）、伯恩斯、杜鲁门（Truman）和英国外交大臣欧内斯特 · 贝文（Ernest Bevin）商讨了如何在胜利国之间瓜分德国资产的问题。以下是四份记录中关于那次讨论的一个关键部分的摘录。

汤普森的会议纪要：

斯大林先生提议就以下几个方面达成协议。

苏联放弃声索其盟友在德国找到的黄金。关于（德国的）股份和对外投资，也许应该以苏联和西方占领区之间的分界线来划分。该线以西的一切归盟国，该线以东的一切归苏联。

（美国）总统询问他是否指的是从波罗的海到亚得里亚海的分界线。

斯大林肯定地回答说，关于（德国的）对外投资的分成，（德国在）这条线以西的欧洲的所有投资归盟国，东欧所有的投资归苏联。他举例说，德国在罗马尼亚和匈牙利的投资将归苏联。

贝文先生问，其他国家的德国投资是否仍属于他们。

斯大林先生回答说，会属于他们，并且提到了法国、比利时和美国作为例子。

贝文先生说他同意，然后问希腊是否属于英国。[9]

科恩的会议纪要：

斯大林：我们不要求黄金。关于（德国的）对外投资的分成，我们放弃军事分界线以西的一切。分界线以东的一切应归我们所有。

杜鲁门：这仅适用于分界线以东的德国投资。

斯大林：例如，德国在罗马尼亚和保加利亚的投资。

艾德礼：我同意。

贝文：希腊属于英国。[10]

英方的会议纪要：

（斯大林表示）苏联政府愿意放弃在西部占领区的企业中的所有股份、盟国在西部占领区发现的黄金以及德国相应的境外资产份额。这可以表示为：位于苏联占领区和西方占领区之间分界线以西的国家的所有资产应由英国和美国支配，而位于该线以东的所有资产应由苏联支配。因此，例如法国、比利时和荷兰以及西半球的资产将由英国和美国支配；而芬兰、保加利亚和罗马尼亚等国的资产将由苏联支配。

贝文询问斯大林总理的建议是否可以表达为，位于苏联军队占领区的所有德国境外资产将由苏联支配，而位于其他地区的所有此类资产将由英国和美国支配。斯大林总理表示同意。[11]

苏联的会议纪要：

斯大林：我们能否就以下问题达成一致意见。苏联代表团放弃对黄金的声索，至于西部占领区的德国企业股份，我们也放弃声索，并将整个西德视为你们的势力范围，东德视为我们的势力范围。

杜鲁门：我们将讨论这个提议。

斯大林：关于德国投资，我认为，德国在东欧的投资归我们，其余的归你们。

杜鲁门：这仅适用于德国在欧洲的投资吗？还是其他国家的投资也算在内？

斯大林：具体来说，德国在罗马尼亚、保加利亚、匈牙利和芬兰的投资归我们，其余的归你们。

贝文：德国在其他国家的投资都归我们？

斯大林：在所有其他国家，如南美、加拿大等，这一切都归你们。

贝文：这么说，在德国占领区以西的其他国家的所有德国资产将属于美国、英国和其他国家？这也适用于希腊吗？

斯大林：是的。

伯恩斯：这也适用于德国企业股份的问题吗？

斯大林：在我们的占领区内的将属于我们，在你们占领区内的将属于你们。[12]

当你比较这些记录时，你会对这次讨论的要点有一个相当清楚的认识。德国资产被划分为东西两部分，关于这些经济问题的协议带有某种政治色彩。当然，这几份记录在某些方面有所不同，但即便如此，这并不意味着你无法对会议上的发言形成一些看法。例如，美国的两份会议纪要都显示贝文提到了希腊，苏联的会议纪要也显示他提到了希腊问题。然而，在英国的会议纪要中，希腊并没有被具名提及。我们有理由得出这样的结论，贝文确实明确提到了希腊这个国家，而英国的会议纪要中没有点名提到希腊是可以理解的。西方政府即便在其内部文件中，也更愿意以更谨慎的方式展现其领导人是如何处理这些问题的。当然，这并不是说贝文实际上说了“希腊属于英国”。他在措辞上可能没有那么直接。但对于试图抓住他所说的要点的记录者而言，他提出的这个问题如何被合理地理解成那样并不难理解。

第二个例子与1959年12月在朗布依埃（Rambouillet）举行的西方政府首脑会议有关。所有参加会议的四位政府首脑都在他们的回忆录中对这次会议做了描述。这是一个非常不寻常且相当有趣的情况，我们还有这次会议的英方和法方的官方记录。[13] 因此，人们可以将回忆录中的描述与其他回忆录，以及档案中的记录和公开的外交文件进行比较，也可以将英方和法方的官方记录相互比较。当你进行这个练习时，你会得出什么结论呢？回忆录中的描述彼此差异很大，而且其中的大部分内容与英方和法方的官方记录也大不相同。另一方面，两份官方记录却给出了相似得令人惊讶的会谈内容。在这种情况下，判断哪些信源是可疑的、哪些信源是可靠的并不困难。例如，艾森豪威尔（Eisenhower）在他离任几年后发表的回忆录中，描述自己拒绝了法国总统戴高乐（Charles de Gaulle）的提议，即法国、美国和英国政府应该“建立一种三方联盟，以促成他们在世界范围内的共同利益”[14]。

然而，英方记录显示，在戴高乐一点一点的敦促下，艾森豪威尔提议“建立一个三方机制，以秘密的方式运作，讨论三个政府共同关心的问题”。而法方记录也显示，艾森豪威尔在这一点上呼吁建立一个三方“秘密机制”。[15]

那么，我们应该相信回忆录中的内容还是文件中的内容呢？回忆录的读者受众广泛，作者在决定写什么时必然会考虑到这个基本事实。但是那些起草正式记录的人则不必太担心大众的反应如何，他们更能承担得起诚实的责任。文件是根据当时的笔记编写的。回忆录是在多年后编写的，人的记忆会随着时间的推移而逐渐消退。因此，即便是在文件和回忆录之间的一对一竞争中，文件也应该获胜。然而，当你拥有两份独立准备的文件，分别由两个政府在事件发生多年后解禁，而且这些文件都显示发生了相同的事情，那么就根本不存在竞争。文件毫无疑问会获胜。

请允许我再举第三个例子。这个案例可能是最有趣的，因为在这里，你可以将会议的官方记录与实际发言进行比较。在古巴导弹危机期间，肯尼迪总统曾与他的高级顾问会面，讨论需要采取的行动。这些讨论被录了音（大多数与会者都不知情），而这些录音的文字转写记录如今已向公众开放。正式的会议纪要是由当时的国家安全委员会官员布罗姆利·史密斯（Bromley Smith）编写，他对录音也一无所知。这些会议纪要自1978年起在肯尼迪图书馆对外开放，如今已被出版。你可以将会议纪要与录音的文字转写记录进行比较。你甚至可以亲耳听一下录音。因此，你可以自行判断这类会议纪要作为历史资料来源的可靠性。[16]

在比较时，你发现史密斯的目标显然并不是按照会议发言的确切顺序，详述每一条发言，仿佛它们都同样重要。相反，他的目标是尽可能清楚地传达讨论的要点。因此，会议纪要中的讨论看起来要比实际发言更加集中。然而，这正是这种会议纪要与录音的文字转写记录不同的地方。这并不意味着这种会议纪要在根本上是不准确的。如果你逐句阅读会议纪要，几乎纪要中的每一句话都可以对应录音的文字转写记录中的至少一个（通常不止一个）段落。这表明史密斯已经对所说的内容给出了基本准确的描述。这意味着，在大多数情况下，布罗姆利·史密斯的会议纪要可以被视为相当可靠的信源。

当你进行这类练习时，你不仅仅是在评估特定的信源（在历史研究中，你通常会进行很多这样的练习）。你不仅是在判断波茨坦会议的汤普森笔记、艾森豪威尔的回忆录或布罗姆利·史密斯的会议纪要的可靠性，你是在了解档案馆和已发布的文件集中发现的记录的可靠性；你是在了解回忆录作为信源的一般可靠性；你是在了解可靠的证据是由什么构成的，以及哪些证据不够可靠。

对于大多数历史学家而言，文件记录（在当时生成并保密多年的材料），是最好的信源。是的，你有时需要阅读公开的信源，即那些在当时就已进入公共记录的材料，但是你不能过于迅速地将某人在公开场合的言论视为他或她真实思考的代表。

众所周知，人们在私下里更倾向于自由表达真实的自己。原因不言自明。在公开场合发言时，发言者往往更关注其他人的反应。他们知道什么是可以接受的公共话语，以及受众对他们的期待是什么。他们一般熟知自己政治文化的惯例，因而不能太坦率。

在处理外交政策问题时，政治领导者面临着一个尤为特殊的问题。任何政治体系的最高层领导人都生活在两个彼此独立的世界中。一方面，他们生活在国际政治的世界。他们比大多数同胞接触到更多国际政治的现实，因此他们承受着根据该世界的现实调整他们思维方式的压力。但是，他们也生活在国内政治的世界，因此需要向国内民众辩解他们的政策。这些民众相比于政治领导者被更多地保护于国际体系的现实之外，因此倾向于以更狭隘的地方观念看待外交政策，即更加强调本民族的文化价值观。因此，政治领导者非常有必要将这一点纳入他们的考量，并将其政策做相应的包装，即以一种能反映其文化所正式拥护的价值观的方式来构建他们的政策。换言之，他们采用的措辞会迎合公众所期望听到的内容，而并不一定反映政策制定者的真实思考。因此，不是只在民主制度中，而是在任何政治制度中，公共话语本质上都是值得质疑的。真实的思考更可能通过人们私下里的谈话透露出来，这些谈话被记录在他们认为很多年都不会公开的文件中。

当然，这并不意味着公开的信源毫无价值。事实上，在研究近期发生的事件时，你可能别无选择，只能依赖这些信源。使用这类信源进行研究也可能获得非常好的成果。阿诺德·沃尔弗斯（Arnold Wolfers）的《两次大战之间的英国与法国》(*Britain and France between Two Wars*）和E. E. 沙特施奈德（E. E. Schattschneider）的《政治、压力与关税》(*Politics, Pressure and the Tariff*）就是两个很好的例子。这两本书都值得一读，可以帮助你了解如何做这样的研究。当然，如今的学者可能不会满足于仅使用这两位作者用到的资料来源去研究他们所关心的问题。[17] 如果要找一个更加近期的案例，你可能会想看看理查德·科恩（Richard Kohn）的《当今美国文官治军权之流失》(“The Erosion of Civilian Control of the Military in the United States Today”）一文。[18] 这篇文章相当扎实，非常有趣，同时也值得一读，因为它展示了在某些情况下，使用公开信源，加上历史学家的研究方法和学术直觉来分析当代问题，可以研究得多么深入。不过，总的来说，使用公开信源还是要谨慎。

当公开信源记录的观点与你所认为的当时人们可能想要听到的内容相悖时，这些信源就尤其引人关注。例如，在公开场合中，政策制定者会稍稍推动边界，冒着一定的政治风险采取某种立场。罗斯福在 1940 年和 1941 年的一些最有意思的公开发言就属于这一类。

同样的考虑也适用于另一种信源：对前任（或现任）政策制定者的访谈。当然，通过访谈，你可以学到很多东西，尤其是你在与受访者见面之前了解了某个主题的所有信息后。这尤为适用于关于当代问题的访谈。詹姆斯·戈德盖尔（James Goldgeier）

的《并非是否，而是何时：美国扩大北约的决策》(Not Whether but When: The U.S. Decision to Enlarge NATO, 1999) 就是一个很好的例子。这是一部主要基于访谈的一流学术作品。不过，在访谈时，你显然需要对受访者所说的话保持警惕。记忆容易出错，而诚实的程度则因人而异。此外，受访者通常会想让你以某种特定的方式看待事情。因此，你一般不能完全相信受访者告诉你的一切，通过这种方式了解到的信息也不如从文件中了解到的信息那么可靠。

并非所有人都持这种观点。例如，理查德·诺伊施塔特曾表示，如果“被迫在档案文件和一些事件主要亲历者晚年的有限而片面的访谈之间进行选择的话”，他会“被迫摒弃文件”。[19]然而，这一评论让大多数历史学家瞠目结舌。他们和相当多的政治学家并不太能接受“允许亲历者过分美化其过去的研究方法”。事实上，这种研究方法的确过分忽视了书面证据的价值。[20]

即使书面文件是我们拥有的最好信源，但它们对于我们的目的而言真的足够了吗？一份文件可能是一份可靠的记录，因为人们确实说了基本上与记录相符的内容。你可以合理确信一份文件并非纯粹的捏造，而且记录实际上并没有被篡改。然而，即便你知道人们说了什么，你真的知道他们当时的心思吗？他们可能确实在会议上说了某些事情，但你如何判断他们所言非虚呢？

你在这方面做出判断的方式与你做出任何历史判断的方式相同，即通过查阅尽可能多的证据。举例而言，假设你阅读了

1962年12月16日关于“天弩风波”的美国高层官员的会议纪要。根据该记录，国防部长罗伯特·麦克纳马拉首先回顾了他刚与英国国防大臣彼得·桑尼克罗夫特在伦敦的会谈。他提到“英国人强烈要求美国保证支持其建设独立的核威慑力量，以及他本人拒绝给出这样的保证”[21]。那么该如何看待这一发言呢？你查阅了与该事件相关的其他信源。关于“天弩风波”的诺伊施塔特报告（Neustadt Report）可能是最重要的信源之一。该报告提到了美国国防部官员约翰·鲁贝尔（John Rubel）记录的麦克纳马拉与桑尼克罗夫特会议的笔记。这些笔记显示，桑尼克罗夫特曾询问麦克纳马拉是否“准备公开表示美国愿意竭尽全力帮助英国维持其独立的核威慑力量”。麦克纳马拉回答：“是的，我愿意。”——这与他在12月16日华盛顿会议上的陈述直接相悖。[22]那么，你应该相信哪个版本呢？鲁贝尔的笔记具有真实谈话的感觉，他似乎没有理由歪曲当事人所说的话。实际上，12月16日，麦克纳马拉是在向包括副国务卿乔治·鲍尔（George Ball）在内的一群人介绍情况。你已经对这个主题做了很多研究，你知道鲍尔听到麦克纳马拉表示他会公开支持英国维持其独立的核威慑力量的想法后会很不高兴。因此，你可以合理地确信鲁贝尔的笔记是可靠的，而麦克纳马拉关于会谈内容的描述并不准确。

即便没有鲁贝尔的笔记，你仍然可以做出判断。你可以查找这次会议的英国记录，可能在公共档案馆的官方文件中，也可能在桑尼克罗夫特的个人文件中。你可能会找到桑尼克罗夫特与首相麦克米伦（或其他官员）之间的会议记录。会议上，桑尼克罗夫特可能描述了麦克纳马拉所说的内容。你可以搜索该会议其他与会者的记录，包括英方和美方的与会者。你还可以从其他间接证据中得出结论，它们能让你了解麦克纳马拉的总体政策观点，以及他的个人特点，特别是他是不是那种总是尽量陈述事实的人。这里的基本原则非常简单：通过尽可能多地放眼全局来进行评估，即将事物放在尽可能大的背景下进行观察。

这个案例之所以引人关注，是因为它以非常清晰的方式展示了如何处理这类问题。不过，这个案例本身有些极端。通常，你不会试图判断某人是否在说谎。你的目标要宽泛得多。你要试图弄清楚某人在会议上说了什么，或者备忘录中记录某人说了什么，或者某人在向驻外大使发出的指示中提到了什么；换言之，你试图阐释一份文件。你尤其想弄清楚说过的话与实际发生的事情之间的关系。不过，我在麦克纳马拉材料上提到的基本观点也适用于这个更普遍的情况。你需要尽可能广泛地铺开你的信息网。如果你对关键政策制定者的真实想法感兴趣，就不要过于局限于某份文件。你会想知道那位政策制定者是否在各种语境下和在相当长的时间段内一直都持相同观点，以及他的观点是否真实反映了他的心思。你还会想知道这些话是否与实际行动相符。

举例而言，假设你看到艾森豪威尔总统谈论美国需要撤出欧洲，以促使欧洲成为世界事务中的独立力量——如何判断这样的言论是否值得被严肃对待？首先，你会发现，在他成为总统之前、担任总统期间以及卸任后，他在各种场合与各种人反复强调这一点。你会看到他有时甚至非常激昂地阐述这一观点。你需要弄清楚，如果总统真的是认真的话，这一想法的实际意味是什么，再看看他实际采取了哪些行动。你可以查查看，并得出你认为合适的结论。

如何阐释你所拥有的证据，并非处理文件时唯一需要解决的问题。另一组基本问题与文件记录总是不完整这一事实有关。许多谈话和想法从一开始就没有被记录下来。会议记录可能没有包括在会议上发表的重要议论，可能是因为准备记录的人被告知不必包括这些议论。即便文件被制作出来了，学者们在几十年后可能都无法看到它们。或者，材料会以高度选择性的方式对外公开。[23] 最具颠覆性的材料可能根本不会出现在公开的外交文件中，无论它在历史上有多重要。关键文件可能在特定文件对公众开放之前被撤回。或者，文件可能被“消毒”（sanitized）[24]后再发布。这个术语本身就表明，其目的是在历史学家有机会看到之前就去除“污点”。这里的核心问题是，既然我们最关心的是政府行为，我们就不得不主要依赖帮助我们了解政府为何采取特定行为的材料。这只能是政府自己制作并掌控的文件。如果文件中的内容被认为具有政治敏感性——最重要的证据通常具有政治敏感性，有时甚至在许多年后仍然如此——政府在决定对外公开什么的时候自然也会考虑这一点。有时，重要的材料实际上已经被销毁了，可能是因为在战争过程中，这些文件有助于阐明其起源，也可能是出于政治或官僚主义的原因。例如，美国参谋长联席会议自 1947 年冷战开始以来的几乎整个时期的会议纪要，都被军方官员销毁了。[25]那么，历史学家如何在这样的证据基础上建立准确的阐释呢？

这些问题虽然严重，但绝不是完全无法解决的。即便记录中存在重大空白，你仍然可以对重大历史问题有所了解。考古学家仅通过研究遗留下来的零星文物，就可以窥知史前聚落的一些情况；天体物理学家仅研究“数十亿年”前宇宙的遗迹，就可以窥探宇宙起源的一些信息。同样，即便只有有限的证据，历史学家也可以对某些历史问题得出结论。每一条证据都是通向同一历史现实的窗口，而你不需要透过每一个窗口来了解历史现实。

如何应对信息来源的资料有限这一问题呢？你只需充分利用手头的证据。寻找任何能为你关注的问题提供启示的信源，即便是间接启示。[26]举例而言，假设你无法仅通过检索美国档案馆中的资料来回答有关罗斯福 1941 年政策的关键问题，但你可以通过查阅英国方面的信源来回答有关美国政策的问题。[27]或者，假设你想了解“二战”后苏联在德国问题上的政策，但你无法接触到苏联档案，你仍然可以通过查阅非苏联信源形成你的观点。你可以提出各种问题。在战争刚结束的时候，苏联是否有兴趣建立一个统一的德国，而且这个国家不一定由共产党统治？那么，如果你当时是苏联的统治者，想要达成这样的安排，你会怎么做呢？至少你会接触西方列强，向他们明确表示你有兴趣达成这样的安排。你可以查阅西方列强的档案。你注意到有记录证明苏联并没有这么做。通过研究西方信源，你注意到苏联在某些方面做了什么或没做什么，并从你所注意到的事情中合理地推断出了一些结论。因此，你能够对 1945—1946 年苏联在德国问题上的政策得出某些结论——也许不如你期待的那样扎实，但总比什么都没有要好得多。[28]

在整个信源的资料无法获取时，这基本上就是你可以采取的应对方法。如果你掌握了证据，但这些证据对外公开时带有证据提供者的政治议程，你该怎么办呢？如果某些类型的信息出于政治原因被系统地排除在可用证据的范围之外，这难道不意味着我们对该证据所涵盖的主题的理解将不可避免地被扭曲，且恰好迎合了审查者的目的吗？

同样，有一种方法可以应对这类问题。它基于这样一个想法：如果你能弄清楚解密材料的人的偏见是什么，那么在进行阐释时，你可以对其进行控制。既然解密常常是一个高度政治化的过程，你该如何识别出掺入在解禁证据中的偏见的本质呢？历史学家并不是在面对一个单一、高效且总是以完全相同的方式行事的审查者。例如，在美国，特定的文件通常有多个副本，散落于多个存储库中。这些不同的副本有时会被不同的人在不同的时间以不同的方式解密。因此，我们经常会得到同一文件的不同版本。你可能认为，新版本总是会比旧版本更完整，但实际上，早期发布的版本有时反而会比后来的版本受到更少的审查。这种情况比你想象的要多得多。鲍伊报告（Bowie

Report）便是一个例子。这是一份 1960 年的重要文件。1989 年 7 月 20 日解密的版本虽然有删减，但实际上比 1993 年在《美国对外关系》上发布的版本更完整，而无任何删减的完整版文件则是在 1980 年发布的。[29] 这只是证明这个过程非理性的一个例子，但重要的是你要意识到，你只有在解密过程不完全理性的情况下才能使用我将要谈论的方法。

原则上讲，这种方法非常简单。你只需要比较同一文件的不同版本，这些版本可能都以各种方式被“消毒”了。进行这些比较可以让你对解密者的偏见有所了解。一旦识别出了偏见，你就可以在建立阐释时对其加以控制。[30]

你只有在遇到同一份文件的多个版本时才能使用这种方法，而这本身正是进行广泛的档案研究的理由。在我们的研究中，多个版本的文件往往藏身于美国的多个档案馆里。不过，当你处理这类问题时，你也会遇到档案藏身于不止一个国家的档案馆的情况。对美国外交政策感兴趣的人通常认为，他们只需要使用美国的信源。但即便对仅对美国政策感兴趣的人来说，非美国信源的资料也具有极大的价值。使用非美国信源可以让你进行我在这里所谈论的各种比较，这一定程度上是因为不同政府有不同的解密政策。例如，英国人并不会像美国人那样删减文件。当对外公开文件时，他们公开的几乎总是完整版。

让我举几个例子来说明这种方法是如何运作的。第一个例子与 1957 年 11 月 21 日美国国务卿约翰·福斯特·杜勒斯（John Foster Dulles）和他的联邦德国同行——外交部长海因里希·冯·布伦塔诺（Heinrich von Brentano）会晤的记录有关。杜勒斯在核问题上发表了一些非常有趣的评论，而这些评论在1986年《美国对外关系》发布的文件版本中被删除了。[31]实际上，只剩了两个简短的段落：

> 核武器
>
> 关于核武器，国务卿表示，我们认为在这个阶段，一个又一个国家都试图进行这项耗时漫长、耗资不菲的研发工作以制造这一武器，这是对我们共同资产的浪费……
>
> 制造这些武器的过程当然花费不菲。美国正在生产方面提升质量和增加数量。我们正在使它们变得干净以及体积更小。我们正在付出巨大的代价来做到这一点，而让所有北约国家都试图这么做将是愚蠢的。

这些摘录让人觉得杜勒斯想阻止欧洲人获得核能力，事实上，一些杰出的欧洲学者就是这么阐释被删减后的文件中的这段话的。[32]然而，当你查看档案馆中的完整文件时，呈现出来的是一个截然不同的图景。[33]实际上，杜勒斯似乎在说，美国在欧洲生产的核武器不能继续由美国垄断控制。他（在被删除的一个段落中）表示，欧洲人“需要比以往在更大程度上得到安全保证”。这个问题需要“在公正的基础上”进行处理：“就我们而言，我们认为，在北约内部一流和二流大国并存的情况是不可能的。”接着，他指出，在1954年达成的伦敦–巴黎协定中，“原子武器在政治和道义上被视为截然不同的东西”，这些协议以及其他东西在很多方面严重限制了德国在核领域的行动。但“他并不认为这种情况会一直持续下去”。在他看来，核武器正变得越来越普通：“随着时间的推移，核武器和其他武器之间的区别将逐渐消失。”这意味着1954年的限制不应被视为永久性的，全面核化的世界是不可避免的，而美国政府实际上希望帮助欧洲人获得更多的对核武器的控制权。事实上，在《美国对外关系》公布的文件版本谈到欧洲人试图重复美国在核领域所做的事情是“愚蠢的”之后，杜勒斯接着指出，“反过来说，我们的北约盟友必须有信心，这些武器在战时一定是可以用得上的”。与删减后的文件版本想要引导你相信的情况相比，事实显然大不相同。

从这个练习中可以明显看出的一点是，如果可能的话，你应该尽量查看文件的完整版本。这一点当然是有用的。这个案例非常清楚地表明了为什么你在进行非常严肃的学术研究时，不应该仅依赖于已公开的资料，为什么你可能还需要进行档案研究。但还有另一个也许更微妙的观点。通过这种比较，你还能了解到审查者可能从不想让你发现的事情，即艾森豪威尔政府在欧洲核武器问题上的态度比你被误导相信的要宽松得多。换言之，你已经窥探到了解密者的偏见，从而了解了现有证据是如何被歪曲的。现在，你可以对冲这种偏见。你可以根据你现在对解密过程的了解来阐释证据。

第二个例子与1962年12月19日在拿骚举行的肯尼迪总统

和麦克米伦首相的会晤的英美记录有关。如果你将英国国家档案馆中的英方笔记与《美国对外关系》中公开的美方会议纪要进行比较，你可以很容易地找出英方记录中与美方文件中被删减的部分相对应的那部分。事实证明，这些部分大多与德国有关。美国的审查员不希望人们看到美国和英国政府对德国获得核武器这一问题很敏感。[34] 你可以再次发现证据是如何被歪曲的，一旦你找出了偏见，你就可以在形成自己的阐释时对其加以控制。

因此，虽然证据存在问题，但你可以运用某些方法来解决它们。关键点是你希望尽可能广泛地收集信息，这是贯穿本节我给出的所有例子的共同点。在评估证据时，事件背景是至关重要的。你希望能理解更为完整的图景，但你还希望重点关注与你感兴趣的具体文件密切相关的文件，包括你在不同地方找到的同一文件的不同版本。

这就是为什么当你进行非常严肃的历史研究时，你希望尽可能深入你所研究的问题。你以这种方式深入研究一个主题时，你的目的并不是要吸收大量的详细信息。你这么做的目的是要形成深刻的理解，以看清更为完整的历史图景。

历史研究的基本技巧

在处理一手信源时，你需要掌握一些最重要的技巧。这些技巧看似平凡，但却至关重要。你需要学会如何找到与你研究的主题相关的重要资料来源，学会如何使用特定的信源，学会如何在档案馆里展开研究等。在本节中，我将简要讨论这些相对平实的问题。不过，这里的讨论只涉及一些基本概念。附录II中将提供更详细的信息。

这里我将谈论三类资料来源：出版物（在这里指印刷品）、缩微胶片和电子资料、档案资料。这三者的顺序并非随意排列。在进行研究时，你通常会首先查阅最容易获得和使用的资料，这意味着在开始研究资料时，你应该首先查阅已经出版的资料。

最重要的资料来源是一些政府出版的外交文书合集。这些合集对我们的研究具有根本性的重要意义，因此，请允许我花一些时间来谈论它们。我之前已经多次提及，美国方面的主要资料合集包括美国国务院出版发行的《美国对外关系》系列。目前该合集涵盖的时间段为1861—1976年。过去每个自然年份都会有一卷或多卷出版。但从1952—1954年系列开始，一卷会涵盖三到四个年份。每一个系列的每一卷都会涉及特定主题（如国家安全事务或经济事务）或世界上的特定地区。这个系列不仅包括国务院的文件，还包括其他政府机构的文件和总统办公室的文件。《美国对外关系》系列还会有一些特别卷册，例如关于1919年巴黎和会、雅尔塔会议、波茨坦会议的卷册等。部分特别卷册是以缩微胶片形式出版的，例如杜鲁门和艾森豪威尔时代早期的国务卿会谈备忘录。近年来，一些印刷版卷册还会配有缩微胶片形式的补充资料。你可以在线阅览完整的目录。[35]部分卷册也支持在线查阅，政府印刷办公室（Government

Printing Office）目前出售的卷册列表也可以在网上找到。[36]通过查阅《美国对外关系》的网站，你还可以了解到即将出版的卷册以及具体的出版时间。[37]

英国也出版了一些重要的文书合集：《关于战争起源的英国文件，1898—1914》（11卷）[*British Documents on the Origins of the War, 1898–1914* (11 volumes)]；《英国外交政策文件，1919—1939》（65卷）[*Documents on British Foreign Policy, 1919–1939* (65 volumes)]；以及《英国海外政策文件》（*Documents on British Policy Overseas*，迄今为止已出版15卷，涵盖了第二次世界大战后至1975年的某些方面的政策）。后者有时会附带缩微胶片形式的补充资料。还有一部重要的私人出版的英国文书合集，叫做《英国外交事务文件》（*British Documents on Foreign Affairs*）。这个非同寻常的文书合集涵盖了从19世纪中叶到1950年的英国外交。它包括了被认为足够重要而被收录在所谓的"机密印刷品"中的文件，这些文件数量非常庞大，当时会被印刷并分发给英国的主要官员。该合集的原始印刷文件以影印本形式呈现，迄今已出版500多卷，可以在线查阅已出版卷册的列表。[38]

法国外交文件的合集与英国的合集类似，分为几个部分。但法国合集与英国不同的是，合集的标题都相同。多年前出版的《法国外交文件》涵盖1871—1914年的文件，共计41卷。涉及1914—1939年期间的卷册只有部分出版。该系列的大部分卷册（32卷）涉及1932—1939年期间的文件，但涵盖1914—1919年、1920—1932年和1939—1944年期间的卷册也正在出版。《法国外交文件》还有两个系列专门涵盖“二战”后的时期。1944—1954 年系列已经出版了 10 卷。涵盖 1954 年及其后时期的系列，迄今为止已出版 28 卷，一直涵盖到 1965 年。相关列表和订阅信息，请查看为该合集设立的网站。[39]

德国外交政策也有合集出版。涵盖魏玛共和国和纳粹时期的合集是《德国外交政策档案，1918—1945 年》(*Akten zur deutschen auswärtigen Politik, 1918–1945*)，分为五个系列，共计 62 卷。其中两个系列还翻译成了英文出版:《德国外交政策文件，1918—1945 年 》(*Documents on German Foreign Policy, 1918–1945*) 共计 18 卷，涵盖 1933—1941 年的时间段;《德意志联邦共和国外交政策档案》(*kten zur auswärtigen Politik der Bundesrepublik Deutschland*) 涵盖 1949 年以后的时期，该合集每年至少出版一卷，迄今已出版 30 多卷，涉及 1949—1953 年和 1963—1974 年的时间段。1914 年之前的德国政策文件也有合集。最著名的是《欧洲内阁的伟大政治，1871—1914 年》(54 卷中的 40 卷) (*Die grosse Politik der europäischen Kabinette, 1871–1914*)。该合集已被广泛翻译成法文《德国外交政策，1870—1914 年》(32 卷) (*La Politique extérieure de l'Allemagne, 1870–1914*)。另外还有一卷涉及引发普法战争的危机的德国文件于 1957 年被翻译成英文出版：乔治 · 博南 (Georges Bonnin) 编辑的《俾斯麦与霍亨索伦家族的西班牙王位继承资格》(*Bismarck and the Hohenzollern Candidature for the Spanish Throne*)。

外交文件的主要合集是最为基本的资料来源，但还有许多其他重要的出版来源。后者实在是太多了，无法在此一一列举。许多日记和文件合集已经出版。例如，《伍德罗·威尔逊文件集》（*Papers of Woodrow Wilson*）已出版了68卷，《德怀特·大卫·艾森豪威尔文件集》（*Papers of Dwight David Eisenhower*）迄今也已出版了21卷。要寻找此类资料，一个可以尝试的小技巧是在图书馆搜索引擎的高级搜索中将你感兴趣的人名同时放入两到三个搜索字段中，例如作者、标题和主题字段。你可能会被出现的结果惊讶到。或者，你可以在作者字段中搜索特定的姓氏，同时在标题字段中搜索诸如"论文"（papers）、"通信"（correspondence）、"信件"（letters）、"著作"（writings）、"日记"（diaries）和"作品"（works）等词［如果可能的话，用布尔值连接符"或"（OR）将它们连接在一起］。日记和个人文件的摘录通常也可以在传记中找到：阿利斯泰尔·霍恩（Alistair Horne）撰写的麦克米伦传就是一个很好的例子。[40]

对于某些研究目的而言，你可能不满足于已发布的材料，希望深入挖掘。这意味着你可能需要使用缩微胶片、缩微胶卷资源，或者是光盘或互联网上可用的资源。有许多这样的资源可供使用，而且并不难用。大多数缩微胶片和缩微胶卷收藏都附有印刷的指南，通过这些指南，你通常可以很快地判断出要查看哪些胶卷或胶片，甚至往往可以知道要查看哪几帧。在大多数图书馆，你可以使用只需按一个按钮就可以复印你感兴趣的文件的阅读器。

如何找到与你感兴趣的主题相关的合集呢？你可能会想从

浏览一些通用指南开始，列出这类资源通常可获得的来源。我发现的最好的一份指南是芝加哥大学图书馆为其馆藏编制的指南，这些资料可能也可以从你自己的机构或通过馆际互借获得。[41] 下一步，你可能想浏览一下我们领域内主要私营出版商的缩微形式和光盘材料的在线目录——美国大学出版物（University Publications of America）、学术资源公司（Scholarly Resources）、汤姆森·盖尔（Thomson Gale）出版集团和亚当·马修（Adam Matthew）历史档案数据库。[42] 你可能还想查看一下美国国家档案馆发布的缩微胶片出版物目录。这些目录以及一些更重要的合集会在附录 II 中有更详细的讨论。

尽管这些非档案信源非常有价值，有时会让你惊讶地发现它能让你学到这么多东西，但你可能需要更为深入地研究某个主题，这意味着你可能实际上还是需要进行一些档案研究。许多人会就此畏缩不前。他们对基于档案研究的工作充满敬畏，好像档案工作是只有经过高度训练的学者才能做的事情。

进行档案研究原则上并不比进行任何其他类型的历史研究更难。在档案馆做研究没有什么神秘之处，也不需要什么了不得的技能。而且，解释这种研究实际上是如何完成的并不困难。首先，你要确定你想查看的档案合集。然后，你需要获取查找这些收藏的检索工具，即那些告诉你每一盒、每一卷甚至每一个文件夹包含了什么内容的指南。当你决定要查看哪几盒、哪几卷或哪几个文件夹时，你需要填写并提交这些材料的订单。现在，这套程序往往可以通过电子方式完成，有时你可以在访问前一天或更早通过电话预订。然后，相关材料会从档案库中被取出。你可以拿到所订阅的材料，并浏览这些卷宗、档案盒或文件夹中的内容，将对你的目的而言显得重要的文件进行复印、扫描或者做笔记。对于你已经复印的文件，请确保为它们记录确切的档案位置，以防你以后需要引用它们。

要使用某些档案收藏的话，你可能需要提前获得许可，或者可能需要携带证明你作为研究人员的信誉的信函或某些身份证明，但通常不难找到所要求的证明信息。档案馆的网站上通常会列出你要做到的基本规范，有时你甚至可以在网站上填写你需要的任何申请，然后提交电子文件。

你如何判断哪些档案收藏可能值得查看？通常来说，官方档案收藏位于相当明显的地方：国家档案馆、外交部的档案馆，或是像美国总统图书馆这样的特殊档案馆，又或者是保存各种军事记录的特殊档案馆。这些机构通常都有印刷版或在线版的档案收藏指南。关于主要官方档案馆的详细信息，请参见附录 II。

在许多情况下，你还需要查看私人文件的收藏。事实上，有时这些是可用的最重要的收藏。我最喜欢的一本书，乔治·蒙格（George Monger）的《孤立的终结》（*The End of Isolation*）就是主要基于这类信源。有时，私人档案主要围绕特定关键人物而设立——例如，法国孟戴斯研究所（Institut Mendès France）——但更常见的是，私人档案馆里也会有许多不同人物的手稿收藏。在美国，国会图书馆收藏了大量重要文件，与主要的研究型大学相关的各种图书馆和机构也收藏了许多重要文件。在德国，关键的文件收藏通常位于与主要政党相关的机构内。特定人物的文件也可能在官方档案馆中找到，比如法国的国家档案馆（Archives nationales）或英国的国家档案馆。有时，与特定人物相关的文件会散布于几处的馆藏。例如，在耶鲁大学的斯特林图书馆（Sterling Library at Yale）、密苏里州的杜鲁门图书馆（Truman Library in Missouri）以及马里兰州科利奇帕克的国家档案馆（National Archives in College Park, Maryland）都有艾奇逊文件的收藏。马里兰大学帕克分校的国家档案馆还藏有一些国务院的材料。

特定人物的文件可以通过多种方式找到。对于美国档案馆的文件，你可以查阅手稿收藏的国家联合目录（National Union Catalogue of Manuscript Collections, NUCMC）。你还可以使用研究型图书馆组织的 Eureka 搜索引擎搜索研究型图书馆组织联合目录（Research Library Group's Union Catalog）中的资料。英国私人收藏的信息可以在英国国家档案馆的网站上找到。德国收藏的信息可以通过华盛顿的德国历史研究所（German Historical Institute in Washington）在线获得。还有各种门户网站，链接到欧洲乃至世界各地的重要档案馆，包括官方和非官方的档案馆。关于这些信息，我将在附录 II 中详细介绍。

你还可以通过其他方式了解重要信源。特定档案中特定文件的位置通常会在已出版的外交文件中给出（或者在其他来源中，比如我将在附录 II 中讨论的解密文件参考系统）。从这些注释中，你通常可以判断哪些文件的收藏最丰富，并决定是否要亲自查看这些文件。相关档案收藏有时会列在已出版文件卷册的简介或特定卷册的编者按语中。历史作品，尤其是官方修订的历史（无论是已出版还是未出版的），通常会在脚注和参考书目中提供信源，这些线索也可以为你指引正确的方向。你还可以与档案馆员和其他学者交流，以获取关于信源的建议。此外，还有一些介绍特定地区（尤其是前苏联阵营的国家）档案情况的文章，你可能会觉得有用。[43]

一旦确定了要查看的档案收藏，你需要查阅相应的检索工具，以便知道订阅哪些档案或卷宗。实际前往档案馆时，档案馆员会告诉你检索工具在哪里，以及如何填写和提交订阅表格。不过，为了节省时间或更有效地规划你的研究之旅，你可能需要提前查看检索工具。越来越多的检索工具已经上线，我将在附录 II 中给出更重要的参考资料。许多检索工具可以通过国家文献资源目录（National Inventory of Documentary Sources, NIDS）查询。NIDS 最初是一套缩微胶片检索工具，附有一份介绍可用资源的纸质指南，但现在可以通过图书馆订阅服务在线获得。英国和加拿大也有其本国版本的 NIDS。档案馆里的检索工具通常比较容易找到并使用。然而，马里兰大学帕克校区的美国国家档案馆的情况稍为复杂，我将在附录 II 中更详细地讨论那里的系统如何运作。

这些都是基本知识。在实际进行档案研究时，你会了解更多。你应该与档案馆员多交流。他们有时会告诉你一些你不知道的馆藏（因为并非所有馆藏都会列在指南中）。他们有时可以为你提供非开架的检索工具。通过查找文件，你还可以学到几样东西。例如，美国国务院过去使用十进制系统来编排其中央档案库的记录，而这个系统有时可能会有些武断。从总体分类方案中，我们很难准确判断涉及特定主题的文件会放在哪里。例如，关于第一次世界大战的资料，有的是放在奥地利和塞尔维亚之间的政治关系的十进制标题下。这并非你能想到的位置。因此，了解文件边缘的铅笔标注的交叉引用对查找特定文件非常重要，这些注释会告诉你在哪里可以找到其他涉及特定段落主题的文件。[44]

这些都是你在进行档案研究时才会学到的东西。你会在研究过程中逐渐学到这些技巧。这些都不难，不应该有人因为害怕而不敢踏足档案馆。总体而言，档案研究非常简单，至少在我看来是这样，这也是历史学家做起来最享受的事情。

第六章

启动研究项目

假设你是一名政治科学家，你的目标是通过研究某个历史背景来理解某个理论问题。在实践中，你该怎么做？如何启动这样一个项目？当你启动这样的项目时，你实际上要做什么？

在这一章中，我想简要谈谈如何完成这类项目，我将通过几个练习来具体演绎我的方法。我将详细讨论两个具体的项目，以及你在这两个项目早期阶段实际上要做的事情。这两个项目都与相对收益有关。相对收益的理论认为，国家之间难以相互合作，因为它们担心其他国家从合作安排中获得的收益会比它们自己得到的更多。这个问题并没有什么特别之处，实际上，它是典型的可以使用我在这里将要使用的技巧来研究的问题。

那么，假设你在某种情况下遇到了相对收益的理论，并认为它值得认真分析，你要怎么做？你可能需要在两个层面上处理这个问题：首先是概念层面，然后是实证层面。因此，你将从检索关于这个主题的理论文献开始。你需要查看所提出的观点，并看看它们是如何彼此叠加起来的。你会尝试从内部逻辑的角度分析它们：你的目标是看看它们在各自的语境中是否有道理。总之，你会想知道这一整个思想体系中有什么值得关注的。

要完成这个任务，首先你需要了解这个领域的文献，尤其是重要的著作。不过，你可以通过一些快捷的方法来实现这个目标。在第三章和附录 I 中，我介绍了一些相关技巧。最直观的开头方法是先在西文过刊全文数据库中对“相对收益”（relative gains）一词进行标题搜索，然后再在社会科学引文索引（SSCI）中搜索。[1] 你在西文过刊全文数据库中所收录的政治科学期刊中进行基础搜索的话，搜索结果会出现 10 个标题。[2] 进一步运用高级搜索功能的话，你可以拓宽搜索范围，搜索包含“相对”（relative）和“收益”（gains）两个词的标题，但两个词不一定连在一起。这样你可以找到第 11 篇文章，即彼得·利伯曼（Peter Liberman）在《国际安全》（*International Security*）1996 年的夏季刊上发表的《与敌人交易：安全与相对经济收益》（*Trading with the Enemy: Security and Relative Economic Gains*）。在社会科学引文索引中进行标题搜索时，你会找到 15 个结果，此处的搜索结果更多是因为西文过刊全文数据库中的许多期刊有一个“移动墙”：西文过刊全文数据库不提供过去三年或五年出版的期刊。而如果你在社会科学引文索引中对“相对收益”进行简单的主题搜索，也就是不勾选“仅限标题”（title only）的方框，你会得到 89 个结果。这些结果与我们所关注的问题的关联性可能不如标题搜索中的结果强，但仍值得注意。

你可以在谷歌搜索中尝试搜索“相对收益”这个词。[3]当你进行搜索时，请务必进入高级搜索窗口，并将搜索结果限制在来自“edu”域名的文件中，同时也可以将搜索结果限制为pdf或doc格式的文件。这样的搜索方法将为你找到许多最近的学术论文和课程大纲。有的课程大纲会有涉及相对收益的模块（和筛选过的阅读材料）。此外，你还可以在谷歌学术（Google Scholar）中搜索“相对收益”。[4]这里的搜索结果会按照相关性排序，并且许多搜索结果都直接链接到所引文章的正文。无论采用哪种搜索方式，你都能查阅到较新的文章和学术论文，记得特别关注每一篇的前几页内容。在每一篇的导言部分，作者通常会试图总结现有的关于相对收益主题的学术文献，以便展示他们自己的研究是如何与之相关联的。因此，通过阅读这些导言部分，你可以迅速了解这个领域的概况，特别是哪些文章具有根本的重要性。[5]此外，你在搜索结果中发现的课程大纲也会为你提供相同的认知，让你对这个领域有更深的了解。

那么，在这个领域中，哪些作品最为重要呢？在你查阅过的那些导言部分和课程大纲中，有几篇文章［作者分别是格里科（Grieco）、鲍威尔（Powell）和斯尼达尔（Snidal）］被频繁引用。此外，华尔兹的《国际政治理论》（*Theory of International Politics*）的英文版中第105页的一段文字也经常被提及。接下来，你可以在社会科学引文索引中对这些文章中的每一篇进行“引文检索”，看看是否有更多近期的研究论述这个主题，而这些研究恰好没有在标题中使用“相对收益”这个词。[6]仅通过浏览这些“引文检索”中出现的文章标题，你就能对“相对收益”这个概念产生的反响和关于这个问题的文献的总体风格有一定的了解。从这些文章标题的列表中，你可以了解到这个概念是如何应用于特定领域的。例如，你可能对相对收益理论在涉及中美、日美或欧美关系的文章中的应用方式特别感兴趣。[7]找到这些相关文章并不难，找到引用相对收益作品的脚注并阅读相应的文本也都不难。你可能还会注意到，在搜索结果中出现了一些评论文章，当然，这些评论文章在此刻对你的目的具有特殊价值。

你还可以在西文过刊全文数据库中进行“相对收益”的全文搜索。你会得到很多结果，政治科学类期刊上的文章就有265篇，如果将搜索范围扩大到包括经济学和金融学期刊，则有558篇。尽管需要浏览的文章数量众多，但重要的是要注意，这些被引用的文章是按照“得分”排序的。也就是说，这些文章是根据搜索词出现的频率以及多接近文章的开头而排序的。通过这个列表，你可以较为容易地了解到前沿学者们（尤其是你认识的那些学者）对相对收益理论的反应。实际上，每个列表都包含一个“首次匹配页”的链接，于是你可以非常快捷地找到相关段落。这将再次让你对整个领域如何看待这个概念有一定的了解。

当你使用这些搜索引擎时，你可以非常轻松地整理出一份最吸引你的参考资料。你通常可以毫不费力地保存最吸引你的文章的全文版本。很快，你将拥有数量相当可观的资料，你可能希望将其保存在一个专门的文件夹中。这样会便于你稍后更系统地分析这些资料。

有时，在进行这种以了解某个学术领域为目标的文献工作时，你会发现一些真正的宝贵资料，一些在项目尾声撰写研究成果时非常有用的段落。在社会科学引文索引搜索中出现的一篇文章是罗伯特·杰维斯的《现实主义、新自由主义与合作：理解辩论》（"Realism, Neoliberalism, and Cooperation: Understanding the Debate"）。该文发表在《国际安全》1999 年的夏季刊上。杰维斯在文章中写道："相对或绝对收益文献中最大的缺陷是它仍然主要停留在理论和规定的层面，对决策者实际上何时**表现出**对相对收益的关切则关注较少。"[8]如果你恰好是在撰写一篇论文或文章，试图在特定的实证背景下研究这个问题，能够用这样一个引言来引入你的实质性讨论是非常好的，尤其是这个引言来自该领域最杰出的人物之一。

这就是那种你会想将其收藏在某处，知道以后会用到的东西。不过，就目前而言，你主要关注的还是某个理论体系本身。你试图弄清楚学者们如何看待它，但你也试图弄清楚如何处理这些理论性讨论中的核心问题。这基本上意味着你需要找到某种方法，将这些问题的分析与一些实证证据的研究联系起来。

此类问题在项目启动阶段尤为重要。项目的概念性和实证性方面应如何精确地关联起来？为什么特定的经验性主题值得关注？它是否能让你更好地把握基本的概念问题？根据你所确定的关键理论主张，在特定的历史背景下，你究竟希望发现什么？在理论文献中，你能否找到可以根据实证证据进行检验的明确主张？在项目初期，你需要花一些时间思考这类问题。

除此之外，在你对这个主题进行实证研究时，你还希望获得什么？也许你一开始只是模糊地感觉到某个论证思路有些问题。进行实证研究可能有助于你更清晰地理解自己的想法。或者，它可能帮助你看到以前从未注意到的一般性的事情，也许这些事情是前人都没有发现过的。

技术转移问题：以美国为例

因此，你需要选择某个实证问题进行研究，但应该选择什么呢？如果支持相对收益理论的专家基本上是正确的，你会预期国家会囤积他们的经济资产；如果他们相对于一些国家拥有技术优势，你会预期他们将努力保持这一优势。特别是，你会预期他们将尝试在具有重要军事应用前景的技术领域保持领先地位。为了厘清这个问题，你可能希望研究美国在这方面的政策。美国政府对美国技术的出口，特别是国防技术的出口，持何种态度？美国对可能使其受益但也有可能使其他国家受益更多的技术分享机制持何种态度？

如何研究这个问题呢？一个入手的方法是使用谷歌搜索，例如搜索“军事技术出口”。你会找到许多有趣的结果。其中之一是，位于华盛顿特区的著名研究机构——战略与国际问题研究中心（Center for Strategic and International Studies, CSIS）——在2000—2001年间进行了一个名为“21世纪的技术与安全：军事出口管制改革研究”（“Technology and Security in the 21st Century: Study on Military Export Control Reform”）的项目。[9] 该项目的网站上有许多有趣的线索。尤为让你感兴趣的是，它列出了参与该项目的人员的名字，如果你真的想深入研究这个主题，你最终可能想要与他们谈谈。谷歌搜索还提供了一个链接，指向位于华盛顿的国防大学（National Defense University）的技术与国家安全政策研究中心（Center for Technology and National Security Policy）。[10] 你可以查看其研究人员所发表的各种文章。其中有位丹尼尔·伯格哈特（Daniel Burghart），他撰写了一本相关的书：《红色芯片：苏联的技术转让、出口管制与经济重组》（1992年）[*Red Microchip: Technology Transfer, Export Control and Economic Restructuring in the Soviet Union* (1992)]。

这本书可以作为该领域文献的一条入门之径。你在图书馆目录中查找它，并注意它所被划分到的主题条目。其中一个是“技术转让—苏联”（Technology transfer—Soviet Union）。所以现在你知道要查找什么主题了。你去掉“苏联”，浏览以“技术转让”开头的主题条目。搜索结果中包含“参考文献”的条目此时尤其吸引你。[11] 有些标题，比如“技术转让—美国”（Technology transfer—United States），有更多的条目，你不想逐一查看，所以你尝试找出一种方法来限制所显示的内容。也许你可以在这个类别中搜索同时包含“国防”（defense）或“安全”（security）字眼的书籍？这样产生的结果数量显得更为合理了。其中大部分的书籍你都不感兴趣，但有几本似乎与你感兴趣的主题直接相关。[12] 这些书的特点是，它们不仅列在“技术转让”的主题条目下，还列在“国家安全”（national security）的主题条目下。因此，你同时搜索这两个主题词。出现的列表包含了一整套相关作品，其中包括大量的国会听证会记录和报告。通过进入这次搜索中出现的一些更吸引你的著作的主题链接，你可以很容易地扩展这个列表。

经过一两个小时的努力，你就能够找到相当多的资源。仅仅来自国会的资料就能为你的研究提供大量素材。此外，还有一些书籍对于特定目的而言也非常有用。例如，迈克尔·马斯坦杜诺（Michael Mastanduno）的《经济遏制》（*Economic Containment*）一书就值得一读，原因是多方面的。[13] 首先，它是康奈尔大学政治经济学系列丛书（Cornell series in Political Economy）中的一本，这说明它学术质量很高。你可能还记得，当你在期刊文献中搜索“相对收益”时，马斯坦杜诺是其中一篇主要文章的作者，因此你认为他在这本书中很可能会触及你关心的问题。此外，这本书还将让你了解政治学家在这个领域如何构建论述，以及你想要进行的研究类型可以使用哪些资源。其他一些作品则也因其他原因而引人关注。马丁·托尔钦（Martin Tolchin）的《出售我们的安全：美国资产的衰弱》（*Selling Our Security: The Erosion of America's Assets*）具有一定的争议性，至少其标题似乎是这么暗示的。因此这本书（以及它出版时获得的评论）可能会让你了解到相对收益问题在整个国家范围内的更广泛的反响。[14]而有些作品，例如《武装我们的盟友：国防科技合作与竞争》（*Arming Our Allies: Cooperation and Competition in Defense Technology*），这份由技术评估办公室（Office of Technology Assessment, OTA）发布的报告之所以特别引人关注，是因为其涉及与盟友合作的整套问题。[15]这方面值得关注，因为向敌对国家进行重要军品的出口管制并不奇怪，但如果你看到一个国家担心其盟友变得过于强大，那可能会让人感到意外。这份报告因此显得尤为重要。

尽管这些资源非常重要，但这还只是一个开始。它们的出现仍然带有一定的偶然性质，你希望能够得到更全面的内容。因此，你要去图书馆书库，尤其是你所感兴趣的那些书籍的索书号所集中的区域，在这种情况下，你显然要去的是 HF 1414.5 区域，还有 HC 110 区域。你不仅要找到你清单上的书籍，还要找到与你感兴趣的主题相关的其他书籍，尤其是那些近期由知名出版商出版的书籍。找到这些书籍后，你要特别关注它们的引言、脚注和参考文献。

在进行纯粹的文献工作时，你会逐渐了解到这个领域的重要人物是谁，不仅仅是书籍的作者，还有在那些特定项目中发挥重要作用的人，比如上面提到的战略与国际问题研究中心的项目专家，或者编制《武装我们的盟友》这一报告的技术评估办公室的研究人员。你可以看看这些人是否在报纸和杂志上发表过其他文章，或他们是否在国会听证会上作证过或为国会撰写过研究报告。为了达到这个目的，你可以使用附录 II 末尾的“开放信源”部分中讨论的各种搜索引擎。你还可以对这些人进行谷歌搜索。以威廉 W. 凯勒（William W. Keller）为例，他被列为技术评估办公室编制《武装我们的盟友》这一研究报告的项目工作组主任。当你在谷歌上搜索他时，第一个出现的链接会引导你进入一个列有他的出版物的网站。其中一篇文章恰好符合你的需求。这篇文章是凯勒与扬内 · 诺兰（Janne Nolan）合著的，叫作《抵押安全换取经济收益？一个不安全的世界中的美国军火政策》（“Mortgaging Security for Economic Gain? U.S. Arms Policy in an Insecure World”），发表于 2001 年 5 月的《国际研究视角》（*International Studies Perspectives*）。此外，你还会对可以用来查找各种其他资源的关键词有一定的了解，比如“FSX”，因为 FSX 事件是搜索过程中出现的一些书籍的主题。

这里的基本原则非常简单：在进行这种研究时，一个资源会引导你找到另一个资源。再次以《武装我们的盟友》为例：你注意到这个研究是由技术评估办公室的国际安全与商业项目（International Security and Commerce Program）完成的。该项目的名称本身就表明它可能还发布了其他你可能想了解的报告。你可以搜索该项目的作者，但当你看到《武装我们的盟友》的原始目录列表时，你可能注意到它可以在线获取。如果你点击目录列表中给出的链接，不仅可以看到报告的原始文本，而且还可以从网址中看出如何获取与你的项目相关的技术评估办公室的其他报告。报告的完整网址是 http://govinfo.library.unt.edu/

ota/Ota_2/DATA/1990/9005.PDF，但你可以像比尔·阿尔金（Bill Arkin）在其关于互联网上的国家安全资源指南中提到的那样进行“链接手术”。你可以截掉互联网地址中与具体文档相关的部分，再试着登录简化后的网址 http://govinfo.library.unt.edu/ota/。链接依旧有效。你会被链接到一个搜索引擎。该引擎用于搜索所有由北得克萨斯州大学图书馆（University of North Texas Libraries）的“网络墓地”（Cybercemetery）保存的技术评估办公室的报告。“网络墓地”是北得克萨斯州大学图书馆和政府印刷办公室之间的一个合作项目，旨在为业已不存在的政府机构的网站和出版物提供永久访问权限（技术评估办公室于 1995 年撤销）。于是，你进入了“网络墓地”中的技术评估办公室网页，然后搜索“国际安全与商业项目”。你可以找到 70 个列表，数量在你能接受的范围内，也都可以 PDF 格式阅读（和下载）。事实证明，其中许多文件与你感兴趣的主题直接相关。

你可能已经注意到，整个搜索过程是以一种相当特殊的方式开始的，即先通过谷歌搜索找到了伯格哈特的书。这里需要牢记的一点是，你最终能找到的内容并不取决于你从何处着手搜索。你可以以任何方式开始搜索，但迟早你都会看到相同的主题列表。例如，你可以使用“技术”（technology）、“军事”（military）、“安全”（security）、“出口”（export）、“政策”（policy）和“管制”（control）等词进行各种标题、主题和关键词的搜索，并使用多个搜索字段以不同的方式组合搜索。或者，你可以搜索一个标准主题，如“美国—对外经济关系”（United

States—foreign economic relations），同时搜索包含“技术”或“安全”等词的主题（甚至是标题）。当你进行此类搜索时，你可能需要查看一些书籍的主题链接——事实上，你可能需要重复这个过程一次或两次——但最终，你确定的一些列表将与技术转移主题列表相关联。所以无论你从哪里开始，你最终都会找到我之前提到的相同标题。

另一个要点是，当你收集参考文献时，你会注意到许多书籍自然地被分进了一些子类别。相当多的书籍和国会资料与美国对华政策有关；一些与美国对日本的政策有关；少数与欧洲有关。这本身就表明你可能希望以特定的方式来组织你的项目，实际上，它可以帮助你了解如何组织你将撰写的论文或文章。你可以有一个概述部分，然后分别是关于中国、日本和欧洲的三部分。也许这样行得通？参考文献以地区分类，可能还会提示你一些其他东西。你突然想到，如果查阅按地理区域整理的参考文献的话，你可能会获得预料之外的资源。例如，要想了解关于美国和日本经济关系的历史文献的话，你可以查阅罗伯特·贝斯纳的《1600 年以来美国的外交关系：文献指南》中的“1961 年以来的美国、日本、朝鲜和太平洋”（“The United States, Japan, Korea, and the Pacific since 1961”）这一章，再阅读 1572—1573 页关于日本的“贸易和其他经济问题”（“Trade and Other Economic Issues”）一节。

当这些想法在你的脑海中逐渐成形时，你还在继续寻找资源。到目前为止，你主要关注的是书籍，但现在是开始整理涉及技术转让问题的文章列表的时候了。社会科学引文索引是你此时的基本工具，你可以从目前为止已经出现过的一些文章开始搜索——你看过的书的脚注和参考文献中引用过的文章——或是从写过相关主题的书的作者的名字开始，或是从以其他方式被重点提及过的人名开始。或者，你还可以进行普通的关键词搜索。通过这种方式，你一定能找到相当多的列表。然后，你再使用附录 I 中概述的方法查找博士学位论文和书评。

你还可能希望运用附录 II 中描述的技巧，看看缩微胶片上有什么可用的内容。结果发现，有一个美国大学出版物系列可能有用："国际贸易：特别系列，1971—1988"（International Trade: Special Series, 1971–1988）。这是一个智库研究的合集。从描述中可以看出，技术转让问题在这个合集中占据很大比重。[16]

目前为止，你一直关注的是二手资料。你可能想从现在开始考虑是否有一些你可以使用的一手资料。你已经找到了一些一手资料，主要是来自国会的资料。但是你可能会想有哪些政府行政部门的资料可供你参考？"美国对外关系"系列的某些卷册涉及外国经济政策。不妨查阅一下，看看其中的文件档案或参考资料。也许你还可以在解密文件参考系统中找到一些东西，甚至做一些档案研究。

当你收集了所有这些资料并开始研究时，你的目标不仅仅是为了了解技术转让领域已经做了什么，亦即哪些管控措施得到了应用。你更感兴趣的是其背后的考量，不仅局限于政府内部，而是在更大的半官方圈子中，甚至整个国家的范围内。当你试图解决这些问题时，你要确保你心中有明确的问题，并且在你的脑海中厘清为什么你想关注这些问题。

19 世纪英国贸易政策

也许你对相对收益问题感兴趣，但你不想选择一个涉及当代美国政策的主题。你可能会认为人们在某种程度上过于关注美国的案例，即便这一案例本身具有重要意义，但我们对国际政治的理解也不应该在很大程度上仅立足于对一个案例的分析。因此，你可能在寻找其他历史时期的研究对象。如果是这样的话，那么19世纪初的英国案例可能会引起你的注意。众所周知，英国是“第一个完成工业化的国家”。然而，你可能在某个时候被教导过，英国人并没有采取过旨在阻止其他国家迎头赶上的政策：那时，传统上的重商主义管制措施已被废除；英国选择了非常自由的政策，而且他们似乎不太关心自由贸易的收益是如何分配的。

这个故事与相对收益理论所预期的情况相矛盾，也许你正是因为这个原因而被吸引去选择这个案例的。你可能不喜欢相对收益理论的观点，你可能认为英国的案例具有某种破坏性力量，但这并不是处理问题的好方法。如果你认为你已经预设了答案，你就不会从一个研究项目中获得太多。你最好不要预设答案，而是基于证据所显示的内容提出相应的问题。例如，在这种情况下，你可能会想了解安全考量在英国制定对外经济政策中扮演了什么角色，或者它们是如何进入当时的政策讨论的。

然后，你该怎么做呢？你可以着手从图书馆目录中搜索一些你想得到的资料，比如“英国贸易政策史”（history of British trade policy[17]）。你发现这样的标题搜索并没能找到太多结果，但关键字搜索产生了 83 个结果。有些列表似乎特别相关，但其他一些列表，即使它们涉及不同时期，也能帮助你了解要在哪些主题下进行进一步的搜索。以下是出现的一些基本主题：

自由贸易—政府政策—英国—历史（Free trade—Government policy—Great Britain—History）

英国—商业政策—历史（Great Britain—Commercial policy—History）

英国—商业政策（Great Britain—Commercial policy）

英国—对外经济关系（Great Britain—Foreign economic relations[18]）

英国—外国经济关系—历史（Great Britain—Foreign economic relations—History）

在浏览这些主题列表时（无论是完整列表还是以某种方式缩减了的版本），有几个标题引起了你的注意。它们可能会特别有趣，因为它们直接讨论了经济和政治问题如何相关联的问题。或者，也许你想查阅一个特定的研究，因为它涵盖了相当广泛的时期。你希望它能为你提供一个很好的主题概述。或许你对某些书籍感兴趣，因为它们似乎具有一定的政治学风格（考虑到你所设立的是一个国际政治学研究项目，这很重要）。在某些情况下，你可能想查看某些书籍，仅仅因为你认为它们的参考文献值得一看。以下是这些类别的书籍的一些标题：

D. C. M. 普拉特,《英国外交政策中的财政、贸易与政治（1815—1914）》（牛津：克拉伦登出版社，1968）[*D. C. M. Platt, Finance, Trade, and Politics in British Foreign Policy, 1815–1914* (Oxford: Clarendon Press, 1968)]

朱迪思·B. 威廉姆斯,《英国商业政策与贸易扩张（1750—1850）》；附有大卫·M. 威廉姆斯撰写的参考书目（牛津：克拉伦登出版社，1972）[*Judith B. Williams, British Commercial Policy and Trade Expansion, 1750–1850; with a Bibliographical Chapter by David M. Williams* (Oxford: Clarendon Press, 1972)]

谢丽尔·玛丽·尚哈特,《贸易政策自由化模型：探讨19世纪英国霸主内部》（加州大学洛杉矶分校，1991年博士论文）[*Cheryl Marie Schonhardt, A Model of Trade Policy Liberalization: Looking Inside the British "Hegemon" of the Nineteenth Century* (Ph.d. diss., UCLA, 1991)]

史蒂文·E. 洛贝尔,《霸权挑战：大战略、贸易与国内政治》（安娜堡：密歇根大学出版社，2003）[*Steven E. Lobell, The Challenge of Hegemony: Grand Strategy,*

Trade, and Domestic Politics (Ann Arbor: University of Michigan Press, 2003)]

亚历山大·布雷迪,《威廉·霍斯基森与自由改革：论19世纪20年代经济政策的变革》(伦敦：牛津大学出版社，1928)[*Alexander Brady, William Huskisson and Liberal Reform: An Essay on the Changes in Economic Policy in the Twenties of the Nineteenth Century* (London: Oxford University Press, 1928)]

你注意到你找到的书籍聚集在某些书架——在这种情况下，HF 1533 和 HF 2044—HF 2045 区域似乎会有很多相关文献——你可以查看那些区域的馆藏，要特别关注你在那里找到的书籍中的参考文献。然而，假设你想要铺开一张更大的信息网。你可以使用我之前提到的一些其他技巧。例如，你可以尝试使用谷歌搜索。如果你直接搜索诸如“英国贸易政策史”这样的短语，会有什么结果呢？事实上，当你搜索这个短语时，确实会出现几个结果。实际上，它出现在一篇世界贸易组织（World Trade Organization）上传的论文的脚注中：“关于 19 世纪英国贸易政策的全面政治史，参阅 A. C. 豪（A. C. Howe）的《自由贸易与自由英国：1846—1946》(*Free Trade and Liberal England, 1846–1946*, Oxford: Clarendon, 1998)。”

你可以通过各种方式获得不少线索。例如，你可能想查阅该时期英国各种通史类著作末尾的参考文献。同时，你可以将

“参考文献”这个词添加到在整理过程中出现的各个主题词后，或者在一个或另一个搜索字段中进行主题搜索时添加“参考文献”作为关键词。运用这种方法，你会找到很多参考文献：

戴维·尼科尔斯,《19世纪的英国,1815—1914》(哈姆登:阿克隆图书,1978)[*David Nicholls, Nineteenth-Century Britain, 1815–1914, Critical Bibliographies in Modern History series* (Hamden: Archon Books, 1978)]

露西·M. 布朗和伊恩·R. 克里斯蒂编,《英国历史参考文献,1789—1851》(牛津:克拉伦登出版社,1977)[*Lucy M. Brown and Ian R. Christie, eds., Bibliography of British History, 1789–1851* (Oxford: Clarendon Press, 1977)]

伊恩·R. 克里斯蒂,《1760年以来的英国历史:精选参考文献》(伦敦:历史协会,1970)[*Ian R. Christie, British History since 1760: A Select Bibliography* (London: Historical Association, 1970)]

罗伯特·戈尔特,《英国政治研究资源》(蒙蒂塞洛:万斯参考文献,1979)[*Robert Goehlert, Resources for the Study of British Politics* (Monticello: Vance Bibliographies, 1979)]

还有其他参考文献在你这个阶段查阅的某些书籍中被提及了，例如 R. C. 理查森（R. C. Richardson）和 W. H. 查洛纳（W.

H. Chaloner）的《英国经济与社会史：参考文献指南》(1996)［*British Economic and Social History: A Bibliographical Guide* (1996)］。

当你走到书库中与你感兴趣的书籍相关的区域，阅读这些书的引言和参考文献时，你还会获得许多其他信息。例如，E. L. 伍德沃德（E. L. Woodward）的《改革时代，1815—1870》(*The Age of Reform, 1815–1870*）是一部关于英国的通史。它的重要性从其已多次再版便可见一斑。此书位于书库的 DA 530 区域。但是约翰·克拉克（John Clarke）关于 1782—1865 年期间英国外交政策的概述的索书号也在 DA 530 区域，当你在浏览伍德沃德的《改革时代》所在的区域时，你自然会发现克拉克的书。然后，你在克拉克的书中的索引部分查找“自由贸易”相关的内容，你发现书里有一个长达 10 页的段落讨论这个问题。克拉克在那里提及了许多著作，他在参考文献部分与该主题相关的段落中还列出了一系列与贸易问题相关的重要著作。[19] 其中一本是伯纳德·塞梅尔（Bernard Semmel）的《自由贸易帝国主义的崛起》(*The Rise of Free Trade Imperialism*)。[20] 塞梅尔在书的开头讨论了关于这个主题的一些著作，其中第一本是 R. L. 舒伊勒（R. L. Schuyler）的一本较早出版的书。塞梅尔称该书与“废除重商主义殖民主义体系”相关。[21] 书库中塞梅尔的书附近的是我之前提到的 A. C. 豪的书，豪也在他的书的前几页谈到了较早出版的文献，并引用了（连同其他作品在内的）舒伊勒的书。此外，豪还在他的参考文献中列出了一系列著作，包括更为详尽的研究，如 A. J. B. 希尔顿（A. J. B. Hilton）的《谷物、现金与商业：托利党政府的经济政策，1815—1830》（*Corn, Cash, and Commerce: The Economic Policies of the Tory Governments, 1815–1830*）。[22] 在塞梅尔和豪的书的附近的书架上还有安娜·甘布尔斯（Anna Gambles）的《保护主义与政治：保守派经济话语，1815—1852》（*Protection and Politics: Conservative Economic Discourse, 1815–1852*）。这本书中还有其他关于这个问题的文献参考，例如，C. 肖恩哈特-贝利（C. Schonhardt-Bailey）的《自由贸易的崛起》（*The Rise of Free Trade*）。[23] 在谷歌搜索中输入该作者和书名，你会找到关于这个主题的最近一篇评论文章的链接，这篇文章可能会让你很快了解相关文献的情况。[24] 当你从一本书找到另一本书，从一个参考找到另一个参考，你会逐渐找到在运用图书馆目录进行常规的文献搜索时没有找到的一系列著作。其中一些作品，例如艾伯特·伊姆拉（Albert Imlah）的《大英帝国治下的时代中的经济元素》（*Economic Elements in the Pax Britannica*）似乎具有根本的重要性。[25]

就这样继续下去，你可以用无数种方法解决文献搜索问题。例如，你可以阅读一些关于经济通史或者技术变革史的著作——大卫·兰德斯（David Landes）的著作《国家的财富和贫穷》（1998）（*The Wealth and Poverty of Nations*, 1998）就是这类作品中非常著名的一部——并了解作者关于技术知识传播以及技术传播管控方面的观点。兰德斯在书中的“知识财富”（“The Wealth of Knowledge”）这一章，专门讨论了这个问题，他大量引用了另一位学者约翰·哈里斯（John Harris）的研究。实际上，兰德斯的参考书目中有11部都是哈里斯的作品，其中大部分都涉及这个问题。

现在，你可以改变策略，开始检索文章了。这里，你再次需要使用的基本工具是社会科学引文索引。实际上，你可以将你在书中看到的一些引用文章（例如，哈里斯的文章）作为你在社会科学引文索引中搜索的起点。检索的整个过程并不非常系统化，但当你做这类工作时，你会逐渐发现自己反复看到同样的作品被提及。此时，你会意识到你可能已经找到了大部分与这个主题相关的重要文章。

此外，在进行这项工作的过程中，你还会遇到一些一手资料。你会看到对拉斯·马格努森（Lars Magnusson）编辑的四卷本合集《自由贸易：1793—1886》（*Free Trade: 1793–1886*）[26]的引用。这部作品可能值得一看。为什么呢？一部分原因仅仅是因为它的出版时间相对较晚。仅仅因为这个原因，这部书的引言便可能值得一读，而其中的参考文献可能也特别好。另外，这些文件本身也可能对你的研究目的具有重要价值。

在你进行这项文献工作时，你会遇到各种一手资料，其中有两个尤为突出。一个是叫做“金史密斯学院-克雷斯经济文献库”（*Goldsmiths'-Kress Library of Economic Literature*）的庞大收藏。这个收藏包含了截至1831年共计24246项的缩微胶卷资料（附有多卷纸质指南）。此外，当你同时搜索两个主题词“大不列颠—政治与政府”（Great Britain—Politics and government）和“来源”（Sources）时，你还会发现另一个资源：

《大不列颠首相文件集》(*Papers of the Prime Ministers of Great Britain*),包含459卷缩微胶片,附有指南[布赖顿:哈韦斯特缩微形式出版公司(Brighton: Harvester Microform),1981年至今]

系列1:小威廉·皮特文件集(Papers of William Pitt the Younger)

系列2:罗伯特·皮尔爵士文件集(Papers of Sir Robert Peel)

系列3:利物浦勋爵文件集(Papers of Lord Liverpool)

系列4:纽卡斯尔公爵文件集(Papers of the Duke of Newcastle)

系列5:诺斯勋爵文件集(Papers of Lord North)

系列6:乔治·格伦维尔文件集(Papers of George Grenville)

系列7:斯宾塞·珀西瓦尔文件集(Papers of Spencer Perceval)

系列8:威廉·伊沃特·格拉德斯通文件集(Papers of William Ewart Gladstone)

然而,这些资源只有在你了解了那个时期的基本情况,即政治制度如何运作、重要人物是何人等之后,你才会想要接触。这就是你经过大约五个小时的文献工作所能找到的资料了。

当然，还有其他资源可供利用，例如《议会辩论》（*Parliamentary Debates*）和像《伦敦时报》（*Times of London*）这样的期刊，它们的索引也可以追溯到18世纪。在你研究的过程中，你很有可能还会发现许多其他资源，比如当你在文献中注意到别人使用过的其他资源。不过，即便是现在，你也可以确信，你手头的文献合集里已经有足够的资料支持你在这个领域进行严肃的研究了。

第七章

动笔写作

在开始一项基于大量原始资料的重大历史研究项目时，你首先要尝试统览全局。你的第一个目标应该是了解学者们对你感兴趣的主题有什么看法，看看他们在哪些方面有分歧，以及那些分歧背后具体有哪些观点。你需要了解关键问题是什么，以及这些问题是如何彼此关联的。换言之，你的目的是对问题的“架构”形成一定的感知。在你用这种方法分析历史文献的过程中，你自然而然地会为项目的第二阶段——研究阶段做好准备。

显然，这个阶段至关重要。研究会让问题得到解答，难题得到解决，你也才能理解当时发生了什么。事实上，这个阶段在你的项目中是如此重要，以至于当你完成研究时，你可能会觉得你的工作已经接近尾声。不过，你知道你可能还需要写一些东西出来。实际上，你可能希望整合你的思考，并以相对正式和有序的方式呈现你的结论，从而将项目完成。你可能会认为这很简单，在纸上写下你的结论不会花费太长时间。

然而，正如任何有经验的学者都会告诉你的那样，写作绝非易事。写作之所以不容易，是因为写作的过程就是思考的过程。当你下笔写作时，你几乎不得不认真思考你所做的所有研究产生了哪些重要的成果。在准备撰写研究成果时，你会问自己：我有什么值得一说的？为什么别人应该关心我得出的结论？当你决定要说什么的时候，你还需要弄清楚如何精确地表达。一个想法可以用多种不同的方式表达，你想要表达的多个观点也可以用多种不同的方式进行组合。你采取的方式至关重要。在你琢磨如何表达一个想法和如何构建一篇文本时，“文笔问题”绝非无须在意的点，反而比你想象的重要得多。

著名历史学家彼得·盖伊（Peter Gay）曾经写道：“文笔不是思想的外衣，而是其本质的一部分。”[1] 著名法学家本杰明·卡多佐（Benjamin Cardozo）也提出过同样的观点。他认为，形式并不只是装饰：“形式所赋予的力量，以及缺乏形式所导致的脆弱实际上都反映了文本实质内容的品质。它们是文本内容的标识，使得文本成为如你所见的样子。”[2] 这种观点对历史研究尤为适用。假设一篇历史文本只是漫无目的地闲扯，文中的讨论没有任何实际的意义，那么该文本传达出来的信息就是这个故事没有起伏和理据，或者说，作者并未能够发现故事中的起伏和理据。与之相对，清晰而结构良好的文本传达出来的则是完全不同的信息。读者可以感知到事物的驱动力，了解到故事中真正起作用的东西是什么。因此，如果你的目标是突显故事中的重要因素，你需要尽可能清晰地写作。

因此，你必须在微观和宏观层面都关注文笔问题。在实际写作中，这意味着你可能需要花很多时间修改文本。这是必做的事情，无论你喜欢与否。正如雅克·巴赞（Jacques Barzun）和亨利·格拉夫（Henry Graff）在他们著名的历史研究和写作指南中指出的："花费在修饰表达上的努力并不是可有可无的，它是使你的作品得以存在的途径。"[3]

你可能会觉得这一点有些令人沮丧。你可能认为写作能力是一种天赋或才能，要么与生俱来，要么习得无门；而如果你不是那些幸运儿，你可能永远也无法写出好的作品。然而，写作能力是可以培养出来的。实际上，你可以通过三种方式培养：练习、模仿和规范。在这三者中，练习无疑是最重要的。你要了解哪种方式最适合自己。如果某种方法有效，就将其收入你的方法库。如果某种方法不管用，你就尽量回避。

你还可以从你阅读的书籍和文章中学习文笔。每当你阅读一篇历史文本时，你都要关注这位作者是怎么写作的：你要关注论证的结构、文本的写作方式以及正在运用的各种修辞手法。如果你不喜欢某部历史作品的写作方式，请试着找出你不喜欢的原因。这同样会让你了解在自己的作品中应该避免什么。另一方面，如果你喜欢某位历史学家的写作，你也要留心他的技巧，你以后可能会想在自己的作品中用到这些技巧。这甚至适用于一些细微之处，比如如何为开头找到一段合适的引文，或者如何恰到好处地用一个单句段落结束一个小节。

通过在更为抽象的层面上研究文笔问题，你还可以培养一定的写作技巧。你可以尝试从总体上理解什么是优秀的历史写作。一篇历史文本应该是什么样子？当你准备撰写一篇文章时，你应该追求什么？你可以尝试了解一下历史写作的基本知识，关于如何设计历史文本以及如何实际进行写作的方法。

追求的目标

当你撰写一部历史作品时，你要做的到底是什么呢？假设你已经理解了一些事情，并希望撰写一篇能让你把这些见解传递给读者的文章。一篇这样的文章会是什么样子的呢？

要回答这个问题，你首先需要考虑理解某件事情究竟意味着什么。你还记得这本书的前两章是如何回答这个问题的吗？在那里，理解本质上意味着看到事物如何彼此联系。过往的历史具有一定的结构，而在构建阐释时，你的目标就是展示这个结构是什么，即“提供数据在其中变得可以理解的模式”[4]。如果你只是呈现从各种信源中找到的所有内容，那么你就无法展示出**结构**和**模式**是什么。你的呈现必须具有选择性。你必须凸显出真正重要的内容，这意味着不能给予较为琐碎的事情太多关注。毕竟，你的目标不是呈现一幅与现实本身一样复杂的图景。正如汉森所言：“地图越是像现实地理的镜像，它的实用性就越低。”[5]

如果你的目标是解释某件事，你需要呈现出故事中的主要元素是如何因果相关的，一件事如何导致另一件事，一件事又如何“理所当然地”从另一件事中产生。换言之，基于你对世界运行方式的理解，你希望展示为什么至少在某种程度上，事情**必然**以它们当下所是的方式发生，即为什么你观察到的事情在某种意义上是自然而然的。你不想把这一点推得太远，但在你能做到的程度上，你希望让人感觉到故事中存在着某种必然性，这意味着你想要呈现出事件发展背后的基本**逻辑**。

我是特意将上面两个加粗的词组合在一起的。还记得我在第一章中提到的汉森的观点吗？他认为：“有时被理解为具有因果关系而成对发生的事件，其因果必然性的保证实际上是通过设置理论前提和结论才获得的，因为理论上能够从成对发生的事件中的一个推导出另一个。”[6]正是“理论对因果推论的这种逻辑保证解释了真正的因果序列与纯粹巧合之间的区别”[7]。当然，历史与物理学有很大不同，历史变革的逻辑相当松散，必然性因素相对较弱。但当我们分析历史并建构历史阐释时，我们仍然在一定程度上谈论着事情的**必然走向**，当我们这么做时，我们所依赖的正是我们对世界运作方式的理解。

假设我想写关于20世纪60年代末和70年代初的大国政治。我可以在一个小节中谈论20世纪60年代中苏关系的恶化，再谈论欧洲局势的缓和和美苏关系的改善。读者可能会从中学到很多，但他们不会发现这些事情是如何彼此联系在一起的。或者，我可以谈论苏联和中国之间的关系是如何恶化的，以及这又如何成了欧洲局势缓和的一个主要因素，而我笔下的语言给人的感觉是事情的发展方向仿佛纯属偶然，完全有可能朝另外的方向发展。再或者，我可以将这些部分全部联系在一起，争辩中苏关系的恶化势必会影响到苏联与西方的关系。第三种方法之所以具有更强的解释力，正是因为它唤起了某种必然性。

当我争辩 20 世纪 60 年代末欧洲局势的缓和与那十年里中苏关系的恶化之间**必然存在**某种联系时，我表达的到底是什么意思？正如我在本书前文所指出的，这种表述并不应该从字面意思上来理解。这只是一种简化了的说法，意味着在这种情况下，我们可以推测某种强烈的压力在起着作用，但也并不是说这些压力本质上是不可抗力。但即便我在谈论事情“必须如何”的时候用词较为宽松，这仍然反映了我进行的是一种推论：在我提出那种主张时，我本质上是在根据我对国际政治运作方式的一般性理解来进行推论。换言之，我正在采用某种“理论”。

因此，汉森的基本观点也适用于历史研究，而且这一观点对于我们当前的目的非常重要。历史解释就是历史论证：解释就是探求某种演绎结构。如果你的目标是展示事物是如何彼此**因果相关的**，那么历史学家对它们的呈现就必须是**逻辑连贯**的。举例而言，如果我想解释为什么在艾森豪威尔任期结束时，数百枚美国核武器的控制权落入了美国的欧洲盟友手中，我会首先讨论艾森豪威尔如何不希望欧洲的防务永远依赖于美国。我将继续指出，**这意味着**欧洲人最终必须自立，换言之，欧洲必须成为艾森豪威尔所说的世界事务中的“第三大集团”。我会点出，艾森豪威尔**不能允许**苏联全盘接管整个欧洲，因为这会影响全球的权力平衡，进而影响美国在世界上的地位。**因此**，欧洲大陆上必须得有能够抗衡苏联的力量，如果美国不能提供这样的力量，那么欧洲人就必须依靠自己抗衡苏联。然而，**如果**欧洲人要在没有美国直接支持的情况下对抗像苏联这样的核大国，**那么**他们就必须得拥有自己的核能力。**因此**，艾森豪威尔希望帮助他们发展这种能力。正是出于这样的目的，他希望欧洲人能够有效地控制部署在他们领土上的众多美国武器。

请注意我在上文中加粗的词。如果你希望你的文本具有一定的演绎结构的话，这些是在你构建论证时所需要使用的词汇。从上面的那段话中，你还可以看出我在运用一种理论，亦即我对国际政治运作方式的一种基本理解。这种论证方式典型地体现在许多历史作品的核心部分。这并非偶然：如果你的目标是解释某事，那么你的文本就应该具有这种结构、这种感知。即便是在叙述历史的时候，这一点也适用。历史学家当然期望能通过讲述一个故事来解释某事，但这个故事必须具有一定的**逻辑性**。在这种情况下，你的目标是揭示故事中的不同元素，并展示它们之间是如何相互联系的，关键的进展又是如何自然地、**有逻辑地**从已经展示出的其他事物中衍生出来的。理想情况下，你的目标应该是通过展示令读者可能感到困惑的事情（如欧洲人竟被允许掌控美国的核武器）是如何自然地从其他更容易理解的事情（如美国不想永远承担欧洲防务的负担）中衍生出来的，从而达到解释的目的。正如汉森所言：“当一个事件被追溯到需要较少解释的其他事件时，它就得到了解释。”[8]

如果你想解释某事，你的分析核心应当具有某种演绎结构：这个基本观点对于如何撰写文本具有多种启示。首先，文本应具有论证的感觉。将文本中的不同元素连接在一起的过渡性段落在这方面尤为重要。它们必须反映你对这些元素之间实际关系的真正理解。为了确保你阐明了这些逻辑关系，你可能希望在这类段落中特意使用如“所以”“因此”“因而”之类的词，以及“如果……那么”的句式与“这意味着”“接下来是”和“这表示”之类的短语。如果缺少了这些词，特别是如果你只是用如“另一个”“还”之类的词引入这些段落时，你的段落结构就会显得松散，这也说明你可能没有将内容组织得很好。在这种情况下，你可能需要回过头来，更深入地思考你的要点是如何彼此相互联系的。

文本需要概念核心，文本的核心应该存在着某种观点。这一基本观点对你如何处理实证证据具有重大影响。文本并非一只感恩节火鸡，可以尽管往里面塞细节。你绝不能为了呈现实证证据而呈现，或是认为证据会“为自己说话”。每一个经验性事实都需要一个概念性的支点。你需要运用实证证据来证明一个观点。通常来说，如果证据与你的论证关系不是很直接，你就不会想要呈现这个证据。实际上，即便一个证据确实与你正在陈述的某个观点直接相关，你仍然可能不想将其包含在文本中。过多的证据反而可能会拖累你的论证。借用唐纳德·拉姆斯菲尔德（Donald Rumsfeld）在另一个语境下说的一个著名短语，你不希望你的文本（对读者而言）成为一场“漫长而艰难的征途”。因此，当你在陈述一个观点时，最好只在文本中给出有力的证据（较弱的证据仍然可以脚注的形式被引用）。同样的观点也适用于引述的内容。好的引述就像你手中的黄金。然而，引述需要谨慎运用，尤其是大段的引述。如果引述太多，它们反而会失去价值。

这当然并不意味着你应该忽视论证中的实证部分。每一位严谨的历史学家都知道，确凿的证据具有绝对的基本重要性，历史分析必须具备真实的实证深度。你表述的观点必须立足于现实，你的观点也必须得到证据的有效支持。尽管你可能尝试追求一种演绎结构，但你也知道不宜过度。你不能将比实际情况更严密的逻辑强加给历史现实。历史与数学或物理学不同。历史变迁的逻辑相对松散，偶然性和选择性始终发挥着作用，为了解释事件为何沿着其本来的走向发展，你需要大量地讨论历史中所做出的具体选择，探讨当时的人的思维方式，以及偶然事件如何影响了事态的发展。因此，你当然需要呈现大量的事实材料，并且必须讨论许多不能用纯粹演绎术语解释的事情。

这完全是一个平衡问题，而进行历史研究的艺术在很大程度上就是知道如何在分析的概念性和实证性之间找到恰当的平衡，亦即在逻辑论证和实证证据之间取得平衡。你不会想要过分偏向其中的任何一方。你当然不想忽视实证证据的重要性。不过，在合理的范围内，你也希望突显真正重要的事情，从而使得读者不难看出文本的概念核心。

如果你的目标是凸显真正重要的事情，那么文本显然需要一个相对清晰且简单的结构。你不会想建构出过于复杂的图景，以至于读者被细节的海洋所淹没，而无法理解你所叙述的事情。如果你建构出来的解释与你最初接触到的证据一样复杂，你就“破坏了”解释“所要达到的目的”，即提供一种在原始现象中不存在的“结构意识”。[9]如果文本过于复杂，事件的模式就无法显现：为了提供“结构意识”，你必须努力做到清晰和简单。你的文本必须简练、聚焦，而且较为容易理解和吸收。

从这些基本原则中，我们可以归纳出四个关键点。第一，你需要突出基本原理。国际政治是关乎冲突的学问。假设你正在研究某个事件，一个特定的冲突正处于该事件的核心。于是，你会问：这场冲突与什么**有关**？每一方**想要**什么？它正在执行怎样的**政策**？这种政策根植于什么样的**思维**？这些问题将引导你关注真正重要的事情，从而突显文本中所需要强调的内容。

第二，你需要将文本中的所有内容都紧密地联系在一起。某个段落如何与整体论证相关联？如果关联性微乎其微，你就应该将其删除，无论你认为这个段落本身有多么有趣。这个段落如何与其紧接着的前后段落相关联？如果它不适合于现在的位置，你就必须找到合适的位置来放置它。如果它在任何地方都不合适，你可能只能将其放在脚注或者附录中，甚至完全删除。保持论证的流畅至关重要。你最不希望的就是文本读起来上下脱节或难以理解。

第三点与我所倡导的“集中原则”有关。换言之，你所拥有的与某个观点相关的所有证据和论证都应该集中于一个紧凑的段落之中。“集中原则”曾是古老的“战争原则”之一。这一原则认为，军队不应分散在战场各处，而应集中于最能发挥有效攻势的地方。在历史写作中，将你的火力集中于文本的关键点上也是有意义的。如果你将相关要点集中在一起，你的结构将更为简单精练，你的核心论述也会随之更为强大，因为它所依赖的支柱更为坚实。

第四，作为一名历史学家，你的一大任务是从你所研究的大量证据中提炼出一小部分你认为重要的东西。在阅读你的文本的过程中，读者绝不应该感觉你只是在毫无选择地呈现大量的原始数据。文章需要有更加完整、更加“透彻”的质感。[10] 由于事实永远不会为自己说话，你的部分工作就是挖掘它们的意义并提供适当的评论，即凸显出你希望读者注意到的少数几个要点，从而使事实“发声”。但只能是少数几个要点：你希望你的文章结构相对简单，因为这是唯一能传达出历史现实的结构感的方式，一种能让人了解故事中真正重要的东西的方式。

具体的方法

假设你已经对想要撰写的文章类型有了大致的了解。不过，在实际操作中，你到底该如何动笔呢？当你准备撰写一篇文章时，你实际上需要做什么？在本节中，我将介绍对我个人而言颇为有效的方法。这些方法可能并不适用于每个人，但如果你不确定如何撰写研究成果，参考一下我的方法总归没有坏处。

我的基本前提是，历史作品需要**设计**。换言之，在开始写作之前，你需要制定**计划**。这一观点可能让你觉得理所当然，但并非所有人都是这么认为的。有时候，有人认为，只要研究某个主题一段时间后，就可以拿起笔和纸，直接伏案投入写作了。据说，这时候灵感会源源不断地涌现出来。等到初稿完成后，你才需要转换思路，对其进行修改，直到满意为止。这种方法对某些人来说可能行得通，但在我看来，这是一种非常低效的做法。你迟早都得认真思考你想表达什么，以及如何表达，而在我看来，越早想清楚越好。

那么如何制定计划呢？你可以分两个阶段进行。首先，你要弄清楚你想表达什么，即你想要提出的观点是什么。其次，你需要弄清楚这些观点之间是如何彼此关联的。换言之，你要想明白如何基于这些观点搭建文章的结构。

因此，你的首要任务是至少大致了解你想要表达的观点，但如何做到这一点呢？重要的是要记住，你并非从零开始。你的心中已经形成了一些想法。在进行研究时，你并非像是在捡“沙滩上的鹅卵石”那样，毫无目的地吸收事实信息。你在研究这个主题时，脑子中已经有了一些问题。想必你已经能够得出一些答案了。你已经开始了一个思考过程，而这个过程可能也已经指引了一些方向。那些答案是什么？这个思考过程究竟指向了哪里？你当然已经可以写点什么了。

然后，你可以问自己一些其他的关键问题。你得出的结论中有什么有趣的、重要的或令人惊讶的地方吗？你现在持有的观点与该领域的传统观点有何不同？你的研究是否能够回应“那又怎样”“谁会在乎”“为什么这很重要”这样的问题？你如何向一个不熟悉该主题的人解释你的发现确实很重要？在你的研究过程中，你对这个主题的理解发生了什么变化？你的研究对你在更一般的层面上理解国际政治有什么影响？你希望读者从你的叙述中“带走”什么？为什么？你本人可以从你的研究中“带走”什么重要的东西？所有这些问题的答案都将有助于确定你想要表达的要点，当一个要点出现在你的脑海中时，你只需将其记于纸上。

最后，通过阅读你在研究阶段收集的笔记和材料，你也许还能更加明确地了解你所想要表达的内容。

然而，想出一些你想要阐述的观点还只是第一步。你接下来的目标是将其中的至少一部分观点整合在一起，形成一个统一的总体论证，但你并不需要整合所有的观点。你将要寻找一种结构，寻找一种适用于你的文章的框架，将你想出的观点作为原材料填充进去。你首先尝试发现你所列出的各个观点之间的联系。在寻找联系时，你同样也并非从零开始，你的脑海中已经形成了一些联系。研究的过程中，你对所关心的历史问题的“结构”已经形成了一定的感知，感知到了不同问题是如何相互关联的。这意味着你几乎可以自然而然地看出与这些问题相关的观点是如何彼此联系的。举例而言，你看到了一般性论证是如何建立在具体主张的基础之上的，并结合证据审查了其中的一些具体主张。因此，你对这些具体主张有了一些观点要表达，而且随着你的思维的不断深化，你已经厘清了这些观点如何与你正在研究的更一般性的问题相关联。

于是，一个结构逐渐成形，而且这一结构在一定程度上而言，是在你并未付出太多努力的情况下就显现出来的。真正的思考，或者至少大部分思考，其实发生在项目的早期阶段。因此，在这个阶段，你通常不难看出你的主要观点将是什么，以及你想表达的各种相对具体的观点与那些更一般性的观点之间的关系是怎样的。以我在第四章谈到的美国在 1941 年如何走向战争的研究项目为例。在解决了与主题相关的问题后，三个主要观点显现了出来。第一个观点关乎美国的政策，即美国政府故意使美国与日本走上了冲突的道路。第二个是关于日本政策的观点：日本比普遍认为的更想要避免与美国开战。第三个是关于美国对日本政策与美国对德国政策之间关系的观点：美国对日本的政策必须在罗斯福总统试图将美国引入欧洲大战的政策背景下去理解。在研究项目的过程中，一系列更为具体的观点也显现了出来，比如关于妥协性协议，以及关于石油禁运政策的官僚政治理论阐释。现在，在完成了大部分研究工作之后，你很容易看出这些具体观点如何与那些更一般性的主张相关联。举例而言，你很容易看出，关于罗斯福总统仍然掌控着政策（政策并未被像艾奇逊这样的中层官员所劫持）的观点，如何与关于 1941 年底美国对日本政策的更一般性的观点相关联。因此，一定程度上而言，当你试图设计一篇文章时，结构会以一种相对直观的方式显现出来。

一定程度上是这样，但绝不是完全如此。通常来说，你会有一系列有关如何组织文本的决定要做。你需要按照一定的顺序发展你的观点，而这个顺序通常并非不言而喻。以 1941 年的情况为例，对于美国对德国的政策的讨论，以及美国对日本的政策的讨论，哪一个更适合作为开头呢？原则上讲，二者皆可，但是不是其中一个作为开头会比另一个更好呢？你需要做出判断，而为了做出这个判断，你必须考虑这两种结构各自的效果如何。你还需要考虑各种具体观点应该放在什么位置。例如，对妥协性协议的讨论，你应该放在关于日本政策的小节，还是放在关于美国对日本政策的小节？不管放在哪个部分，它可能都能很好地融入其中，但你一般不会想要将同一个内容讨论两次。那么，最佳的位置在哪里呢？

你需要考虑很多这样的问题，而通过撰写大纲来为这些问题的思考提供框架是最简单的方法。大纲并不会将你束缚在某种固定的结构之中。它只是一个草图，而且编写大纲可以以很低的成本评估特定方式所组织的文本的效果。当你阅读一个大纲时，你会尝试想象具有这种结构的文本将如何运作。论证的流程是否如你所愿？是否会显得不连贯？如果这个结构存在问题，调整内容的位置能否解决问题？如果这个结构完全不行，你还可以尝试编写另一个大纲来尝试另一个结构。为此，你可能需要从头开始思考：你究竟想表达什么？你到底想要做什么？

你尝试了不同的方式组织论证，并最终得出了最佳的大纲。当你实际开始写作时，这个大纲可以在多个方面为你提供帮助。

例如，在你写作某个具体段落时，大纲能让你对叙述的整体图景有一定的掌控，对文本的全貌有一定的把握。因此，它有助于你厘清如何在该段落中构建论证，如何使该段落融入整个文本。

然而，大纲只是一个工具，而绝不应该成为束缚你的牢笼。文本本身是具有生命力的。在写作的过程中，你对自己想要表达的内容会有更加敏锐的感知。因此，在不断往前推进的过程中，你通常会需要拟定新的大纲。你最终完成的文本与最初的大纲之间可能会存在巨大的差距，但这并不意味着拟定大纲的整个过程没有起到什么重要作用。正如艾森豪威尔所言："计划一文不值，但计划的过程价值连城。"这句话是他在一个完全不相关的语境中说的，但其观点在此也适用。

这意味着，当你开始写作时，你只需要一个相对简单的大纲。由于你的大纲可能会发生很大的变化，而且它的主要功能之一只是帮助你把握整体图景，因此，你一般没有必要把大纲弄得过于复杂。你可能会想在特定的部分包含一些具体的观点，你只需在大纲相应的部分简单标记这些观点即可。在这个阶段，你只需要勾勒出你的基本论证的雏形，实际上并不需要详细规划你将要表述的内容。

写作开始了，只有在撰写特定段落时，你才需要为该段落制定某种具体的计划。同样，你可以通过为该段落拟定大纲来实现这一目标。当然，此处的大纲也应该建立在你在项目早期已经完成的工作的基础之上。你在研究阶段做的笔记和收集的其他资料，正是此时可用的建筑模块。因此，你此刻的写作完全取决于你之前是如何进行研究的。你做了哪些笔记？你是否复印了很多文件？你如何整理收集到的资料？

那么，我们该怎么完成如此枯燥乏味的研究呢？答案已经非常简单明了。你原本应该在研究时认真做笔记。你可以选择使用索引卡或笔记本来记录你阅读的内容。事实上，这就是传统研究必须采用的方法。然而，当复印材料的成本变得如此低廉时，研究者做这些事情的方式就大为不同了。与其做大量笔记，倒不如直接复印重要的材料。不过，这种方法有时会受到质疑。例如，巴赞（Barzun）和格拉夫（Graff）就明确建议研究者不要这么做。[11]

我的观点则截然不同。我认为，如果你想在这个领域做一些严肃的研究，大量使用复印件还是有道理的。这不仅是因为手工抄录关键段落会耗费大量时间，或是抄录文本时容易出现各种错误，更基本的问题是，在你第一次阅读一份文件时，你很难判断哪些段落值得抄写，或者应该如何解读整份文件的意义并做记录。只有等你就这个主题做了更多的研究之后，文件的意义可能才会变得清晰起来。实践中，你会经常回头重新阅读整份文件，而且最好是连同一系列相关文件一并阅读。因此，我认为使用复印件比使用索引卡或笔记本要好得多。但我要解释一下我是如何使用复印件的，你可以自己决定这种方法是否适合你。

首先介绍我处理已出版资源的方式。我会针对阅读的书籍和文章做笔记——不必太详细（因为我不想被细节淹没），只记录我认为最重要的基本内容。在查阅文件卷宗时，我也会用同样的方式做笔记。如果这些书籍为我所有，我会用铅笔在关键段落做标记，还会经常在页边写一些简短的评论。如果这些书籍不属于我，我会复印关键段落，然后以相同的方式在复印页上做标记。之后，我会将从该信息来源获得的笔记和复印件（如果有的话）装订到一起，并在这份文件夹的首页标注上我在写作中可能需要引用的任何信息。然后，我会按作者姓氏的字母顺序排列这些文件，或按标题顺序单独存放（如果是出版的文件集的话）。

我对未出版资料（如档案材料、缩微胶片或电子格式的材料）的处理方法略有不同。我会复印或打印出我感兴趣的任何文件，并在第一页底部写上完整的档案信息或其他参考信息。当我阅读复印文件时，我会对其进行标记，再在第一页附上一个便利贴。在便利贴上，我会尽可能简洁地注明文件的重要内容，点出关键段落所在的页面（这些通常也是我标记过的段落）。在第一页的右上角，我还会写下文件的日期，用作文件的标识符号，然后按时间顺序归档这些文件。如果我有多份日期相同的文件，我会在日期后加上字母——例如 9/12/50a、9/12/50b 等，以便将不同的文件区分开。

在开始写作时，我会阅读所有这些材料，即（按时间顺序排列的）文件及来自书籍和文章的笔记和复印件。这么做可以达成两个目的。首先，它会让我更清楚地了解故事的内容和我想要表达的观点，从而帮助我设计整个文本。其次，它会帮我整理所收集到的所有资料，以便我能够看出哪些文件和材料与哪些具体问题相关联，进而帮助我确定我打算撰写的文本中哪些具体段落也与之相关联。一份文件或是书籍或文章中的某个段落通常会与一两个主题有关，比如“雅尔塔协议”或“德国核问题”。因此，查看这几摞材料可以让我发现这些相关联的主题是什么。之后，我会为每个主题准备一张纸。在每张主题纸上，我会列出与之相关的文件（仅用日期标识）和其他资料（通常用作者标识，可能带有简短的标题），简要地说明这份资料是如何涉及相关问题的。例如，如果一份文件之所以引人关注，主要是因为它显示了法国总统戴高乐对于西德核能力问题的观点，那么在“德国核问题”的主题纸上，我会写上文件的日期和“deG on Ger nuc”[12]。

在我准备撰写相关段落时，我会将这些主题纸放在手边。此时，我会拿出相关的主题纸，从我整理的文件中取出纸上列出的所有材料，然后重新阅读这些材料。我会按时间顺序阅读文件，以尽可能了解事情随时间推移的进展。之后，我会思考我刚刚阅读的内容中哪些是重要的。这有助于我确定在该段落中需要阐述哪些具体观点。接下来，我会尝试为该段落拟定一份大纲。因为相关的资料都在我的手边，在我草拟该段落时，我可以轻松地引用关键文本。由于资料都被做了确切的标注，我也能很容易地编写脚注。

这种方法可以用来编写一段接一段的文字，并最终完成一份初稿。然而，这份初稿仅仅是一个开始。即便完成了初稿，你肯定还有很长的路要走。修改的过程非常重要，而且通常也相当耗时，这一点是我们无法回避的事实。你需要在宏观和微观层面都进行修改。你可能已经多次推翻了你的草稿，才最终得出令你满意的基本结构。修改的过程，尤其是在初期，可能会相当激进。你可能不得不从头开始写第二稿、第三稿甚至第四稿。即便你已经对文本的基本结构感到满意了，你可能仍会有很多工作要做。你可能需要移动或删除阻碍论证顺畅展开的段落，需要更清楚地阐述将文本中的不同元素联系在一起的逻辑。某些句子可能看起来有点“不对劲”，需要重新修改甚至删除。

实际上，在这个阶段，删除是至关重要的。当人们坐下来写作时，他们通常喜欢囊括一切想得到的东西。初稿往往看起来像是一个“百宝箱”，但在修订阶段，你所需要考虑的则是一系列迥然不同的因素。文本的整体特点如连贯性、流畅性、清晰度，应该成为你的基本关注点。此时，你常常会清晰地意识到，囊括一个完全有效的观点反而可能弊大于利，而删除某些观点则反而可能会夯实文本的基础。因此，在你一次次修改草稿的过程中，很多材料最终会被摒弃。

换言之，你是以编辑和评论家的身份来进行修改工作的。你可以将第二章中概述的方法应用于你自己的文本之中。在你自己的文本中，你的基本观点是什么？其是否足够清晰？文本的结构如何？阅读后立刻在你脑海中显现的是什么？读者会如何总结你写的内容，他们在总结时会遇到多大的困难？当你考虑这些问题时，你可能会想到一个完全不同的、更好的结构用于你的论证，于是你借用了前一稿中的一些段落，又写了一稿出来。当你已经尽你所能完善了基本结构之后，你还要在微观层面上继续修改你的文本。同样，你要用批判性的眼光来阅读。过渡得是否足够好？是否过于反复？论证是否可以更为紧凑？你还能进一步修剪文本吗？你还要琢磨句子结构、词汇选择等。你要特别关注“标识性的部分”，即大标题、副标题、篇章标题或小节标题、引言、结论（如果有的话）、篇章和小节以及整个作品中的第一段和最后一段、第一句和最后一句等。它们是否起到了你想要的作用？你要一直修改，直到你觉得一切都对味了，一切都按照预期进行了，包括引用的编写方式是否正确。这些问题都有标准的规范。如果你不确定如何处理某个问题，你可以查阅芝加哥大学出版社编著的《写作手册》（*A Manual of Style*）中的规范。

这一切意味着你必须培养一些作家才具备的技艺。幸运的是，有一些非常好的书籍可以帮助你做到这一点。威廉·斯特伦克（William Strunk）和 E. B. 怀特（E. B. White）共同撰写《风格的要素》（*The Elements of Style*）是一本小巧的宝书，内容简洁、直接且易于吸收。我还喜欢约瑟夫·威廉姆斯（Joseph Williams）的《风格：通往清晰与优雅之路》（*Style: Toward Clarity and Grace*）。这是一本阅读门槛较高的书籍，但非常值得一读。如果你需要提升你的写作，但时间紧迫，你至少应阅读该书中的第 17—79 页和第 135—150 页。[13] 最适合阅读这些部分的时间是你开始准备修改初稿之际。此外，还有那些你可能想在某个时候为了某种目的去查阅的各种专门的书籍，例如，想要寻求英语词汇用法建议，或需要撰写一份基金申请，或你想将你的博士论文修改成可供发表的手稿。[14]

当然，写作只是从事历史研究所需的众多技能之一。在前面的章节中，我讨论了所需的其他技能。我尝试介绍了这些技能是什么，以及如何着手培养它们。我在此的基本观点就是这一切并无神秘之处，这实际上也是贯穿本书的基本观点。历史是一门技艺，而该技艺是你可以习得的。

附录I　学术文献检索

在这个附录中，我将讨论一些具体的文献信息来源以及如何使用它们。由于这里涉及的许多信源仅在线上提供，我已经在脚注的网页上发布了这些信源[1]的链接，还制作了囊括此附录中所有链接且可供收藏的网页[2]。这两个网页将定期更新。

一、参考文献、学术指南及相关著作

我找不到有哪一份参考文献能涵盖整个国际关系史。然而，有一部相对通用的著作仍然值得一看，尽管它现在已经有点过时了：

Byron Dexter, ed., *The Foreign Affairs 50-Year Bibliography: New Evaluations of Significant Books on International Relations 1920–1970* (New York: R. R. Bowker for the Council on Foreign Relations, 1972). 这本书对当时该领域最重要的著作进行了相对详尽的评论。

如果你想获得一份主要涉及20世纪国际政治的英文、法文和德文著作的更全面的书目，请查看下面的参考文献，它是对这个领域最重要的德国期刊《当代历史季刊》（*Vierteljahrshefte für Zeitgeschichte*）的补充：

Institut für Zeitgeschichte, *Bibliographie zur Zeitgeschichte*. 这一连续出版的参考文献最初为每两年出版一次，但现在已经每年出版。收录1953—1980年间资料的合集也已经以相同的标题出版（Munich: K. G. Saur, 1982–1983）。

如果你对了解至少1945年以后的相对较小的冲突感兴趣，你可能想看看：

James Ciment, ed., *Encyclopedia of Conflicts since World War II* (Armonk, N. Y.: Sharpe Reference, 1999). 这本书有许多关于冲突的相对简短的文章，每篇文章都附有一份与这些冲突有关的其他著作的简短清单。

大多数参考文献或史料性的著作都涉及单个国家的外交政策或具体主题。其中绝大部分著作与美国外交政策有关：

Robert Beisner, ed., *American Foreign Relations since 1600: A Guide to the Literature*, 2 vols. (Santa Barbara, Calif.: ABC-CLIO,

2003)

Richard Dean Burns, ed., *Guide to American Foreign Relations since 1700* (Santa Barbara, calif.: ABC-CLIO, 1983)

Michael Hogan, ed., *America in the World: The Historiography of American Foreign Relations since 1941* (Cambridge: Cambridge University Press, 1995) (surveys originally published in the journal *Diplomatic History*)

Michael Hogan, ed., *Paths to Power: The Historiography of American Foreign Relations to 1941*(Cambridge: Cambridge University Press, 2000) (historiographical articles originally published in *Diplomatic History*)

Gerald Haines and J. Samuel Walker, eds., *American Foreign Relations: A Historiographical Review* (Westport, Conn.: Greenwood, 1981)

Gordon Martel, ed., *American Foreign Relations Reconsidered, 1890–1993* (New York: Routledge, 1994)

Robert Schulzinger, ed., *A Companion to American Foreign Relations* (Malden, Mass.: Blackwell, 2003)

Warren I. Cohen, ed., *Pacific Passage: The Study of American–East Asian Relations on the Eve of the Twenty-first Century* (New York: Columbia University Press, 1996)

一些非常有用的书目清单可在线上获得。例如，参见：

理查德·因默曼(Richard Immerman)的《美国外交史参考文献,1918—1975》(*Bibliography on U.S. Diplomatic History, 1918–1975*)[3]

《当代中国:书目列表》(*Contemporary China: A Book List*),由琳内·怀特(Lynn White)和瓦莱丽·克罗珀(Valerie Cropper)编著,英文原书共计77页,包括中美关系、中国对俄罗斯和日本的政策、文件汇编等方面的内容。[4]

尼克·萨兰塔克斯(Nick Sarantakes)的《美国外交史资源索引》(*U.S. Diplomatic History Resources Index*)的书目页面。[5]

萨兰塔克斯的网站对我们这个领域的人来说是非常有价值的资源。实际上，在网站的某一部分，萨兰塔克斯列出了一整套与国际事务和美国外交政策这一主题相关的在线参考文献。[6]我认为这是在这个领域启动新研究项目时，你肯定想要查看的几个清单之一。

还有一些你可能会觉得有用的百科全书：

Bruce W. Jentleson and Thomas G. Paterson, eds., *Encyclopedia of U.S. Foreign Relations*, 4 vols. (New York: Oxford University Press, 1997)

Alexander DeConde, Richard Dean Burns, and Fredrik Logevall, editors in chief, and Louise B. Ketz, executive editor, *Encyclopedia of American Foreign Policy*, 2d ed., 3 vols. (New York:

Scribner, 2002)

其中的第一部是在美国外交关系委员会（Council on Foreign Relations）的支持下编写的，包含了众多主题的简短文章。第二部作品不仅包括美国政策，还涉及与国际政治相关的多个主题，文章内容也较长。两部作品中的文章都包含了一些参考文献。

不要忘记，如果你所在机构的图书馆使用的是美国国会图书馆编目系统（如今大多数研究型图书馆都是如此），你可以通过直接访问书架上的 E183.8 区域找到有关美国与特定国家关系的书籍。在索书号中的“E183.8”之后的字段，会以与特定国家英文名称的首字母开头。例如，涉及美中关系的书籍会以“E183.8 C6”开头，而涉及美国-加拿大关系的书籍会以“E183.8 C2”开头，依此类推。

要查找有关美国以外国家的外交关系的参考文献，你可以使用刚刚列出的其中一份参考文献，然后在图书馆目录中查找它，例如找到罗伯特 · 贝斯纳（Robert Beisner）的书。你可以查看它所属的主题分类，并进行主题搜索，再将主题分类中的“美国”替换为特定国家的名称。以下是使用此方法可以找到的典型列表示例：

Sadao Asada, ed., *Japan and the World, 1853–1952: A Bibliographic Guide to Japanese Scholarship in Foreign Relations* (New York: Columbia University Press, 1989)

Thomas Hammond, *Soviet Foreign Relations and World Communism: A Selected Annotated Bibliography of 7,000 Books in 30 Languages* (Princeton: Princeton University Press, 1965)

William E. Echard, *Foreign Policy of the French Second Empire: A Bibliography* (New York: Greenwood Press, 1988)

Andrew R. Carlson, *German Foreign Policy, 1890–1914, and Colonial Policy to 1914: A Handbook and Annotated Bibliography* (Metuchen, N.J.: Scarecrow Press, 1970)

Abraham J. Edelheit and Hershel Edelheit, *The Rise and Fall of the Soviet Union: A Selected Bibliography of Sources in English* (Westport, Conn.: Greenwood Press, 1992)

Donna Evleth, *France under the German Occupation, 1940–1944: An Annotated Bibliography* (New York: Greenwood Press, 1991)

还有一个重要的系列指南，即《欧洲外交史研究及研究材料指南》(*Guides to European Diplomatic History Research and Research Materials*)，它涵盖了1918—1945年这一时间段。这些著作讨论了一手和二手资料。尽管其中的一些可能已经有点过时，但实际上它们几乎都值得一读：

Robert H. Johnston, *Soviet Foreign Policy, 1918–1945: A Guide to Research and Research Materials* (Wilmington, Del.: Scholarly

Resources, 1991)

Sidney Aster, *British Foreign Policy, 1918–1945: A Guide to Research and Research Materials* (Wilmington, Del.: Scholarly Resources, 1984)

George W. Baer, *International Organizations, 1918–1945: A Guide to Research and Research Materials* (Wilmington, Del.: Scholarly Resources, 1981)

Alan Cassels, *Italian Foreign Policy, 1918–1945: A Guide to Research and Research Materials* (Wilmington, Del.: Scholarly Resources, 1981)

Christoph M. Kimmich, *German Foreign Policy, 1918–1945: A Guide to Research and Research Materials* (Wilmington, Del.: Scholarly Resources, 1981)

Robert J. Young, *French Foreign Policy, 1918–1945: A Guide to Research and Research Materials* (Wilmington, Del.: Scholarly Resources, 1981)

还有一些针对特定主题的有用指南。具体方法是针对特定短语（如“冷战”）进行标题搜索，同时搜索如“指南”（guide）、“参考文献”（bibliography）、“手册”（handbook）或“概述”（survey）等关键词。也可以将“参考文献”这个词添加到特定的主题标签中，再进行主题搜索，或在第二个搜索字段中将该词作为单独的搜索词添加。以下是以这种方式找到的一些参考文献的例子：

Michael Kort, *The Columbia Guide to the Cold War* (New York: Columbia University Press, ca. 1998)，其中包含一份104页的附有说明的资料目录。

J. L. Black, *Origins, Evolution, and Nature of the Cold War: An Annotated Bibliographic Guide* (Santa Barbara, Calif.: ABC-CLIO, 1986)

Sino-Soviet Conflict: A Historical Bibliography (Santa Barbara, Calif.: ABC-CLIO, ca. 1985)

Ronald M. DeVore, *The Arab-Israeli Conflict: A Historical, Political, Social & Military Bibliography* (Santa Barbara, Calif.: Clio, 1976)

Sanford Silverburg, *Middle East Bibliography* (Metuchen, N.J.: Scarecrow, 1992)

The United States in East Asia: A Historical Bibliography (Santa Barbara, Calif.: ABC-CLIO, 1985)

James S. Olson, ed., *The Vietnam War: Handbook of the Literature and Research* (Westport, Conn.: Greenwood, 1993)

David L. Anderson, *The Columbia Guide to the Vietnam War* (New York: Columbia University Press, 2002)

Lester H. Brune and Richard Dean Burns, *America and the Indochina Wars, 1945–1990: A Bibliographical Guide* (Claremont,

Calif.: Regina, 1991)

如果你对越南战争感兴趣，有一份非常好的参考文献可在线获得：

Edwin E. Moïse's "Vietnam War Bibliography" [7]

如果你对冷战感兴趣，你或许想要查阅北约和华沙条约组织（Warsaw Pact）的平行历史项目（Parallel History Project）的文献清单：

Parallel History Project, "Selective Bibliography on the Cold War Alliances" [8]

还有一个你可能会觉得对某些研究目的有用的系列指南：1970 年代末和 1980 年代初由盖尔公司出版的"国际关系信息指南"（*International Relations Information Guide*）系列。这些指南涉及世界上的各个地区以及相关的一些具体问题。以下是其中的一些标题：

John J. Finan and John Child, *Latin America, International Relations: A Guide to Information Sources* (Detroit: Gale, 1981)

Richard J. Kozicki, *International Relations of South Asia, 1947–*

80: A Guide to Information Sources (Detroit: Gale, 1981)

J. Bryan Collester, *The European Communities: A Guide to Information Sources* (Detroit: Gale, 1979)

Mark R. Amstutz, *Economics and Foreign Policy: A Guide to Information Sources* (Detroit: Gale, 1977)

Alexine L. Atherton, *International Organizations: A Guide to Information Sources* (Detroit: Gale, 1976)

尽管如今这些书有些已经过时了，但你仍然可以借助它们在这些领域找到更多同类型的近期出版的作品。你只需在图书馆的目录中查找这些书，然后点击它们所列主题标签的链接。例如，在加利福尼亚大学系统的 MELVYL 联合目录中，菲南（Finan）和蔡尔德（Child）的书按主题分类为“拉丁美洲—外交关系—参考文献”（Latin America—Foreign relations—Bibliography），该主题下还列出了一些更新的书籍：

G. Pope Atkins, *Handbook of Research on the International Relations of Latin America and the Caribbean* (Boulder, Colo.: Westview Press, 2001)

军事事务和情报这两个大的相关领域还拥有各自的文献及各种指南，可以帮助你摸清门道。关于美国军事史的作品，你可以参阅以下著作：

Daniel K. Blewett, *American Military History: A Guide to Reference and Information Sources* (Englewood, Colo.: Libraries Unlimited, 1995)

Susan Kinnell, *Military History of the United States: An Annotated Bibliography* (Santa Barbara, Calif.: ABC-CLIO, 1986)

Jack C. Lane, *America*'s *Military Past: A Guide to Information Sources* (Detroit: Gale, 1980)

该领域还有一份囊括了重要著作的文献清单，可在网上获取：

Eliot Cohen's "Strategic Studies Core Readings" [9]

你可能还想查看一下比较战略研究所（Institut de Stratégie Comparée）网站上的军事历史参考文献清单。[10]

同时请注意，加兰出版公司（Garland Publishing）的“美国战争”（*Wars of the United States*）系列已经出版了二十多个参考书目。这个系列收录了涵盖美国多场战争的历史文献。例如：

Benjamin Beede, *Intervention and Counterinsurgency: An Annotated Bibliography of the Small Wars of the United States, 1898–1984* (New York: Garland, 1985)

Dwight L. Smith, *The War of 1812: An Annotated Bibliography*

(New York: Garland, 1985)

Anne Cipriano Venzon, *The Spanish-American War: An Annotated Bibliography* (New York: Garland, 1990)

David R. Woodward and Robert F. Maddox, *America and World War I: A Selected Annotated Bibliography of English-Language Sources* (New York: Garland, 1985)

John J. Sbrega, *The War against Japan, 1941–1945: An Annotated Bibliography* (New York: Garland, 1989)

Keith D. McFarland, *The Korean War: An Annotated Bibliography* (New York: Garland, 1986)

Louis A. Peake, *The United States in the Vietnam War, 1954–1975: A Selected Annotated Bibliography* (New York: Garland, 1986)

关于情报问题，你可能想要查阅以下参考资料：

The U.S. Intelligence Community: Information Resources (Columbia University Library)，列出了相关主题的重要著作及参考文献[11]。

Mark M. Lowenthal, *The U.S. Intelligence Community: An Annotated Bibliography* (New York: Garland, 1994)

Neal H. Petersen, *American Intelligence, 1775–1990: A Bibliographical Guide* (Claremont, Calif.: Regina Books, 1992)

Literature of Intelligence: A Bibliography of Materials, with

Essays, Reviews, and Comments (J. Ransom Clark)[12]

Scholars' Guide to Intelligence Literature: A Bibliography of the Russell J. Bowen Collection in the Joseph Mark Lauinger Library, Georgetown University, ed. Marjorie W. Cline et al. (Frederick, Md.: University Publications of America for the National Intelligence Study Center, 1983)

Diplomacy, International Affairs, & Intelligence (Georgetown University collections)，其中有关于情报的小节在页面底部[13]。

国际情报史学会（International Intelligence History Association）[14]

洛约拉战略情报网站主页（Loyola Homepage on Strategic Intelligence）[15]

约翰·E. 泰勒（John E. Taylor）所藏参考文献（关于谍报与情报的书籍）[16]

美国科学家联盟情报资源计划（Federation of American Scientists Intelligence Resource Program）网站[17]

如果你对这个主题感兴趣，请务必查阅中央情报局（Central Intelligence Agency, CIA）的情报研究中心（Center for the Study of Intelligence）的网站。[18] 如果你点击“出版物”（publications）的链接，你将获得一些非常好的资料，包括一些原始文件。这些资料大部分都是以 pdf 格式提供的，可以很容易地下载和打印出来。你还可以订阅情报研究中心的《电邮通信》（*Bulletin*），其中也包含了许多有趣的信息。你只需拨打情报研究中心的电话订阅即可：(703)613-1751。

最后，如果你想了解整个国际关系领域的政治科学文献，有一些指南你应该了解。一个重要的资料是：

Ira Katznelson and Helen Milner, eds., *Political Science: The State of the Discipline* (New York: Norton for the American Political Science Association, 2002)

这一卷包含五篇关于国际关系文献的文章，其中一些引用了其他的评论文章。实际上，美国政治科学协会（American Political Science Association, APSA）已经出版了一系列关于《学科现状》（*The State of the Discipline*）的出版物，里面都包含有评论文章。此外，请注意：

Walter Carlsnaes, Thomas Risse, and Beth Simmons, eds., *Handbook of International Relations* (London: Sage, 2002)

Ted Robert Gurr, ed., *Handbook of Political Conflict: Theory and Research* (New York: Free Press, 1980)

Manus Midlarsky, ed., *Handbook of War Studies* (Boston: Unwin Hyman, 1989)

Philip Tetlock, Jo Husbands, Robert Jervis, Paul Stern, and Charles Tilly, eds., *Behavior, Society, and Nuclear War and Behavior,*

Society, and International Conflict, 3 vols. (New York: Oxford University Press for the National Research Council of the National Academy of Sciences, 1989–1993)

The Annual Review of Political Science，可在众多图书馆线上获取，它包含许多涵盖国际关系文献的综述文章。例如，詹姆斯·菲隆（James Fearon）的《国内政治、外交政策与国际关系理论》（"Domestic Politics, Foreign Policy, and Theories of International Relations"）发表在1998年版的*Annual Review*。

此外，还有一些卷册，收录了顶尖实务人士就各个子领域发表的观点：关于最近取得的成就，关于当前工作中他们认为存在问题的地方，以及关于该领域的发展方向。这些卷册中的文章通常引用一些该领域中更为重要的作品。此类作品的一些近期例子，请参阅迈克尔·布雷切尔（Michael Brecher）和弗兰克·哈维（Frank Harvey）编辑的《国际研究的千年反思》（*Millenial Reflections on International Studies*，2002）；A. J. R. 格鲁姆（A. J. R. Groom）和玛戈特·莱特（Margot Light）编辑的《当代国际关系：理论指南》（*Contemporary International Relations: A Guide to Theory*, 1994）；爱德华·曼斯菲尔德（Edward Mansfield）和理查德·西森（Richard Sisson）编辑的《政治知识的演变》（*The Evolution of Political Knowledge*, 2004）；以及肯·布思（Ken Booth）和史蒂夫·史密斯（Steve Smith）编辑的《当今国际关系理论》（*International Relations Theory Today*, 1995）。苏珊·斯特兰奇（Susan Strange）发表在《当今国际关系理论》的关于“政治经济学与国际关系”的文章便是一个典型的例子。如果你是该领域的新手，想了解国际政治经济学（IPE）的研究特点，这正是你想要阅读的文章。一些作者独著的书籍也对整个国际关系领域进行了概述，这类书籍的篇章一般会涵盖特定的子领域。有一本非常好的最近出版的这类独著，就是克里斯·布朗（Chris Brown）的《理解国际关系》（*Understanding International Relations*，第二版，2001 年）。每个章节的末尾都有拓展阅读的建议。学术期刊有时会为这类总结做专刊，例如：《国际组织》（*International Organization*）1998 年秋季第 52 卷第 4 期的“国际组织五十周年：世界政治研究中的探索与竞争”（International Organization at Fifty: Exploration and Contestation in the Study of World Politics）专题。

合集式的阅读材料主要面向本科生出版，它也可以帮助你进入特定的学术领域。例如，约翰·贝利斯（John Baylis）和詹姆斯·维尔茨（James Wirtz）编著的《当代世界战略：战略研究导论》（*Strategy in the Contemporary World: An Introduction to Strategic Studies*, 2002）。这本书中关于恐怖主义等主题的文章可以帮助你在对相关主题一无所知的情况下开始研究，它们都附有关于所涉及主题的简短参考文献。关于国际政治经济学的一些阅读合集，可以参见我刚刚提到的 A. J. R. 格鲁姆和玛戈特·莱特所著书籍中希格特（Higgott）关于“国际政治经济学”的文章的开头部分，那段文字还列出了一些涉及该主题的重要著作。在我前面提到的克里斯·布朗的那本书中，作者在每章末尾的拓展阅读的建议中列出了许多这种合集。关于国际关系的许多编著（其中还列出了每卷包含的阅读材料），请参阅多萝西·拉巴尔（Dorothy LaBarr）和 J. 大卫·辛格（J. David Singer）的《国际政治研究：学生、教师和研究者的资源指南》（*The Study of International Politics: A Guide to the Sources for the Student, Teacher, and Researcher,* 1976）。

二、期刊文献

首先，让我列举一些在开始这个领域的研究项目时，你可能想要查阅的重要期刊。这个列表包括历史学和政治科学的期刊，非常简短。大多数重要期刊都可以在线获取，而在本附录的线上版本中，我为这里列出的期刊提供了链接和其涵盖的日期。在这个领域，可以在线访问的期刊则更为广泛，通常要使用图书馆的订阅服务。宾夕法尼亚大学图书馆有一个可以在线获取的国际关系期刊列表[19]，芝加哥大学图书馆在历史学[20]和政治科学[21]领域都有可以在线获取的期刊列表。苏黎世的国际关系与安全网络（International Relations and Security Network, ISN）的网站在其“链接库”中也有链接到国际关系领域期刊的列表，而且按主题和区域进行了分类。[22]

Comparative Strategy

Diplomacy and Statecraft

Diplomatic History (regularly carries survey-of-the-literature review articles)

Foreign Affairs（基本上是一本政策期刊，但其中有一个关于“国际关系近期著作”的常规版块，在网站图书页面上的“浏览书评”窗口可以按区域或主题浏览。）[23]

Historical Journal（覆盖范围广泛，其中的评论文章涉及国际政治。）

Intelligence and National Security

International Affairs（伦敦）

International Journal of Intelligence and Counterintelligence

International Organization

International Security

International Studies Quarterly

Journal of American–East Asian Relations

Journal of Cold War Studies

Journal of Contemporary History

Journal of Military History（旧称*Military Affairs*，有近期期刊文章的板块。）

Journal of Strategic Studies

Relations internationales

Security Studies

Vierteljahrshefte für Zeitgeschichte

World Politics

当然，该领域还有许多其他期刊也发表了会令研究国际事务的学者感兴趣的文章，不仅有发表国际政治文章的综合性期刊，如《美国政治科学评论》(*American Political Science Review*)，还有大量关于各种专门问题的期刊文献。例如，有一个关于情报学期刊的指南描述了大约 150 种情报学及与其相关的期刊：

Hayden B. Peake, *The Reader's Guide to Intelligence Periodicals* (Washington, D.C.: NIBC Press, 1992)

当你试图研究一个领域时，你不可能通读一切。你最好从那些最有可能为你提供所需信息的少数期刊开始。

不过，你可以用一种稍微不同的方式来解决这个基本问题。你可以运用各种搜索引擎，来了解关于特定主题已发表的期刊文章以及哪些文章尤为重要。这里我将介绍三个搜索引擎：社会科学引文索引［Social Science Citation Index，是科学引文索引数据库（Web of Science）的一部分］、全科性延伸主题资料库（信息库）(Expanded Academic ASAP. Infotrac）和西文过刊全文数据库（JSTOR）。这些都需要订阅，但你一般可以通过大学图书馆的网站获取这些搜索引擎的访问权限。你还可以使用像谷歌这样的公开搜索引擎来进行此类工作（如第六章所述）。

科学引文索引数据库（包含社会科学引文索引）[24]

这个搜索引擎一旦上手，你会觉得非常有趣。它首先可以让你找到与你感兴趣的主题相关的文章，还允许你以这些文章为基础进一步扩展检索相关著作。一旦找到某篇文章，你可以迅速看到该文章在脚注中引用了哪些作品。但你也可以反过来查看社会科学引文索引中有哪些文章引用了你一开始感兴趣的那篇文章。然后，你可以用同样的方法对新找到的文章再次进行正序或倒序的扩展检索。通过这种方式，你可以生成一个“引文网络”。在这一过程中，你会对这个特定的学术领域产生一定的了解。你会看到哪些文章和作者被引用得较多，哪些期刊很重要等。

如何使用社会科学引文索引？当你首次点击进入科学引文索引数据库时，首先应该选择要在哪个（或哪些）数据库中进行搜索。方法是在主页底部勾选一个或多个数据库。因为没有人能完全确定历史学算是社会科学还是人文学科，如果你要搜索一个具有一定历史维度的主题，你可能应该既要勾选“社会科学引文索引”，还要勾选“艺术与人文引文索引”（Arts and Humanities Citation Index）的框，但不要勾选“科学引文索引扩展”（Science Citation Index Expanded）。然后，除非你要搜索已经确定的某篇特定文章，否则最好还是点击“通用搜索”（general search）框。

接下来会出现一个搜索页面。例如，你可以搜索特定作者的作品（通常要输入姓氏，后面再跟名字首字母和一个星号）。或者你可以搜索特定主题，如“古巴导弹危机”（Cuban missile crisis）。你可以通过各种方式限制搜索结果，例如限制为发表在某个期刊上的文章。搜索后，页面上会出现一些列表。你可以点击你感兴趣的特定列表，也可以将看似值得一查的列表标记下来。想要创建一个列表的话，只需点击右侧的“提交”（submit）按钮。很快，“已标记列表”（Marked List）图标就会出现在右上角。点击该图标，你就可以随时查看已保存的参考列表。这些列表通常直接与你所在大学的馆藏图书链接在一起，而且很多时候只要点击一两个按钮，你感兴趣的文章的全文就会出现在你的电脑上，供你阅读、保存或打印出来。

但无论你是直接进入列表还是从已标记列表中进行操作，现在你已经准备好点击特定文章的列表了。当你这样做时，你会看到一个“被引用参考文献”（cited references）的链接和另一个“被引用次数”（times cited）的链接。点击这些链接后，你将分别看到该文章作者使用了哪些资料，以及这篇文章被**何处**引用。此时，如果你想要一个更全面的被引用文章列表，你现在应该点击页面顶部的图标进行“被引用参考文献搜索”（cited reference search），再搜索那篇特定的文章。页面上通常会出现更多的引用，勾选你感兴趣的内容［或点击“全选”（select all）］，再点击“完成搜索”（finish search）框。接下来会出现更长的文章列表，你可以再次直接进入任何文章的链接，或者标记并保存你感兴趣的内容。

因此，当你想知道你感兴趣的某篇文章被何处引用时，这就是向上追溯的方式。但对于这些文章，你也可以向下追溯，方法是点击任何特定列表的“被引用参考文献”链接。这样做之后，作者使用过的所有信源都会出现。你会注意到这些信源分为两种不同的类型。蓝色的部分带有链接，当你点击其中任何一个的“查看记录”（view record）时，你将被导引到该文章的常规列表。你无法对黑色部分执行此操作，但对其保持勾选状态的话，你仍然可以看到它们被何处引用，并且可以快速地执行此操作，无需为你感兴趣的每一个引用进行“被引用参考文献搜索”。你只需勾选“查找相关记录”（find related records）框，页面上会再出现一系列链接标题，你可以标记并保存你感兴趣的内容。

当你进行主题搜索时，多种方法可以帮助你增加搜索的结果数量。要查看更多的搜索结果是什么，请点击通用搜索页面主题字段上方的“更多示例”（more examples）链接。最有用的是一个叫做 SAME 的搜索操作符。这使你能够搜索到含有不一定相邻但可以在同一列表中找到的单词的主题。例如，如果你搜索“相对 SAME 收益”（relative SAME gains），你将能找到彼得·利伯曼（Peter Liberman）的文章《与敌人交易：安全与相对经济收益》（“Trading with the Enemy: Security and Relative Economic Gains”），而如果你只搜索“相对收益”（relative gains），即便你没有勾选“仅限标题”（title only），也找不到彼得·利伯曼的这篇文章。

通过使用这些搜索操作符，以及括号和星号这样的“通配符”［可以捕获词的变体，例如“中国”（China）和“中国的”（Chinese）］，你可以在进行主题搜索时铺下相当广泛的网。例如，假设你对中苏冲突感兴趣。你可以直接搜索“中苏冲突”（Sino-Soviet conflict）。当我进行此搜索时，我得到了 24 个结果。但是你知道这些词可能彼此分离，或者可能使用变体词［如“纠纷”（dispute）］，或者有些标题可能提到“中国”，而另一些标题可能提到“中国的”。因此，意识到这些后，为避免进行一系列搜索结果会重叠的重复搜索，你可以构造一个单一的搜索词条:（中苏 OR（（苏联 OR 俄罗斯 * OR 苏联））SAME 中国 *）SAME（关系 OR 纠纷 OR 冲突 OR 分裂）［(sino-soviet OR ((Soviet OR Russia* OR USSR) SAME Chin*)) SAME (relations OR dispute OR conflict OR schism)］。当我搜索这一词条时，我得到了 237 个结果,勾选“仅限标题”后，我得到了 193 个结果。许多结果可能与你的主题无关，但通常从标题中可以看出哪些文章值得一查。

你还可以使用谷歌学术（Google Scholar）查找与特定主题相关的文章。[25] 只需在搜索字段中输入一个词（例如，“相对收益”）并运行搜索，页面上就会列出各种文章及引用这些文章的其他文章和未发表论文的链接。这里的许多著作都有全文版本。虽然这绝非社会科学引文索引的替代品，但你可能希望将其用作补充。

全科性延伸主题资料库（信息库）[26]

这是一个很好的资料库，可用于搜索有关的相对较新问题的学术和一般的期刊文献。你可以使用高级搜索页面上的下拉菜单以各种方式进行搜索。此搜索引擎通常会为你提供搜索结果中的文章全文。你可以按日期搜索，并标记和保存感兴趣的文章。搜索引擎还允许你使用“临近运算符”（proximity operators），获得包含在两个单词之间相隔一定单词数量以内的搜索词的列表。例如，假设你想了解基辛格（Kissinger）在伊拉克战争中的立场。如果你对“基辛格 n10 伊拉克”（Kissinger n10 Iraq）进行“全文”搜索，你将获得“基辛格”和“伊拉克”间相距 10 个单词以内的文章。如果你进行主题搜索（例如，搜索“基辛格”），并且出现了过多的列表，你可能需要针对同一词项进行“主题指南搜索”（Subject Guide Search），你所被引导到的列表将被划分为更容易使用的子部分［如“道德方面”（Ethical Aspects）、“记录和通信”（Records and Correspondence）等］。

西文过刊全文数据库

西文过刊全文数据库可能是最重要的学术期刊电子档案库。大家主要用它来阅读他们已经确定的特定文章，这些文章发表在数据库的某个期刊中。不过，你还可以用它来查找涉及特定主题的文章。它有一个非常简单的搜索引擎。[27] 你可以在特定的期刊中搜索，或者仅在历史学或政治科学期刊中（或两者兼有）搜索。你可以按作者或按标题（包含的单词、短语）搜索，还可以进行全文搜索。如果你点击“专家搜索”（expert search）窗口，你可以做各种事情。例如，假设你想了解顶级政治学家对相对收益问题的看法。你可以先尝试看看罗伯特·杰维斯对这个问题说了什么。因此，你输入“au:jervis AND “relative gains””，页面上会出现一些列表，甚至还有一个“首次匹配页面”（page of first match）的链接，也就是杰维斯在某篇文章中第一次谈论相对收益的地方。要了解关于查询方法的更多信息，请查阅“搜索帮助”（search help）页面。

了解如何使用这三个通用搜索引擎是很重要的。通过了解如何使用它们，你将能够找到你感兴趣的任何学术领域的文章。不过，还有两个更专用的搜索引擎你应该了解。首先是哥伦比亚国际事务在线（Columbia International Affairs Online, CIAO）[28]。这个订阅服务可以通过许多研究型图书馆获得，它能帮助你搜索涉及特定主题的学术著作。因为哥伦比亚国际事务在线的编辑掌控着数据库中包含的内容，所以数据库并非包罗万象。然而，哥伦比亚国际事务在线的数据库包括了一些你在其他地方找不到的东西（如工作论文），并且其搜索出现的东西很多都是全文格式。兰卡斯特防务与国际安全文献索引（Lancaster Index to Defence and International Security Literature）是另一个你可能想要查看的搜索引擎，特别是你对军事问题感兴趣的话。该索引是一个线上参考文献数据库，包含索引和交叉引用，涉及军事和安全事务的期刊文章和专著。[29] 如果你对这类问题感兴趣，你还可以查看约翰·霍普金斯大学国际问题研究院的战略教育中心（SAIS's Center for Strategic Education, CSE）网站上的“国家安全门户网站和链接”（National Security Portals and Links）列表。[30]

如果你对某些特定问题感兴趣，还可以查询其他网站。查尔斯·利普森（Charles Lipson）在他的网站上列出了其中的一些：[31] 耶鲁全球在线（YaleGlobal Online）（全球化）[32]；明尼苏达大学人权图书馆（University of Minnesota Human Rights Library）[33]；美国科学家联合会（Federation of American Scientists）关于恐怖主义和大规模杀伤性武器（Terrorism and Weapons of Mass Destruction, WMD）等问题的网站[34]；以及与核不扩散和国际政治经济等问题相关的各种网站。利普森还有一个他自己的页面，里面包含了很多链接，专门研究与中东（包括恐怖主义问题）有关的问题[35]。比尔·阿金（Bill Arkin）在约翰·霍普金斯大学国际问题研究院的战略教育中心网站上有一个链接页面，提供有关“9·11”事件和相关问题的信源。[36]

三、博士学位论文

博士学位论文通常具有出色的参考文献和信源列表，所以在做文献工作时，获取一篇好的论文可以节省大量时间。事实证明，论文很容易找到和获得。它们由私营公司大学缩微胶卷公司（University Microfilms Incorporated, UMI，现为 ProQuest 的一部分）提供。

想要找到这些论文，你要在大学缩微胶卷公司网站上使用他们的搜索引擎。[37] 不过前提是，你所在的图书馆得订阅他们的服务。当你进入网站时，你可以在基本搜索和高级搜索之间进行选择。高级搜索实际上更容易使用。开始查询时，你要在屏幕下方的框中输入关键字，但务必从下拉菜单中选择“关键字”（keyword）。当你进行搜索时，搜索引擎将在数据库中的论文标题和摘要中查找关键字。每次输入一个或多个关键字时，点击“添加”（add）按钮，关键字将出现在屏幕顶部的搜索框中（前面是“KEY”字样）。你可以使用连接词（如“and”和“or”）组合关键字，也可以用括号组合搜索词。你可以使用“通配符”（在此搜索引擎中为问号）直接编辑搜索框。以下是一个搜索词条示例（关于中苏纠纷的论文）：

KEY((sino-soviet) OR (soviet and chin?)) AND KEY(dispute OR conflict)

再点击蓝色的搜索按钮，就会出现多个列表。对于每一个列表，你可以阅读摘要和部分正文，并查看该标题是否以 PDF 格式提供，这是一个非常有价值的功能，因为如果以这种格式提供，你可以很快地获取它。你还可以将其标记为保存，将其放入购物车，或者立即购买。

你还可以首先点击左上角的“浏览”（browse），再点击“社会科学”，在“社会科学”下点击你想要搜索的领域的右侧链接，例如“国际法与关系（0616）”（International Law and Relations, 0616）。这将引导你进入基本搜索窗口，当你到达那里时，该主题标题已经标记好了。通过在其他字段中输入词语，你可以在该主题内进行搜索。你可以通过多种方式限定搜索结果。例如，你可以选择将搜索范围限制在某个特定时间段内完成的论文。

四、教学大纲

通过查看某一学术领域课程的教学大纲，你通常可以很好地了解该领域的特点。教学大纲会列出授课教师认为该领域最重要的作品，或者至少是那些初涉该领域的学生应该阅读的精选作品。如果你阅读了一系列教学大纲，你还会注意到同样的作品反复出现在大纲中，这当然会让你对该领域中被认为重要的内容有一定的了解。

如今，教学大纲并不难找到。相当多的大纲可以在线获取。你通常可以进入历史学或政治科学系或大学注册网站，从课程列表中找到它们。特定课程的教学大纲通常会链接到课程表。或者，你可以进入某个院系的网站，查看你感兴趣的领域的教师名单；教师本人可能有一个网站，链接到他或她所教过的或正在教授的课程。为了给你提供方便，我收集了一些优秀的政治科学课程的教学大纲（其中一些附有链接）。[38] 关于外交史课程方面的教学大纲，你可以查看尼克·萨兰塔克斯网站上的链接列表[39]；SHAFR网站上还有另一套这样的教学大纲[40]。约翰·霍普金斯大学高级国际问题研究院战略教育中心的网站上也有一份很好的教学大纲列表。[41] 最后，你可能对三十多年前使用过的教学大纲感兴趣。事实上，有一套这样的教学大纲的合集已于1970年出版：

Charles F. Hermann and Kenneth N. Waltz, ed. and comp., *Basic Courses in Foreign Policy: An Anthology of Syllabi* (Beverty Hills, Calif.: Sage Publications, 1970)

五、书评

了解别人对你已经读过、正在阅读或即将阅读的书籍的看法总是很有趣的，要找到书评并获得其电子版本也并不困难。

要获取学术性和半学术性书籍的评论，你可以使用一些常见的搜索引擎，包括我之前提到的三个。以下是如何运用它们获取书评的方法：

第一个，在西文过刊全文数据库中的期刊上寻找已发表的书评。先进入数据库高级搜索窗口，[42] 将标题中的短语放入“精确短语”（exact phrase）字段，选中“标题”（title）和“评论”（review）的复选框，然后点击“搜索”（search）。你还可以将搜索范围限定在特定学科的期刊上，甚至限定在单个期刊上。

第二个，在另一个重要的电子学术期刊档案库（Project MUSE 所涵盖的期刊）上寻找已发表的书评。先进入 MUSE 的网站，点击“搜索”，然后在“搜索”框中，输入你感兴趣的作者名称或书名。[43] 在下一个方框中的下拉菜单中，点击“评论过的作者”（author reviewed）[如果你输入了标题的话，则点击“评论过的标题”（title reviewed）]，再点击搜索按钮。

第三个，在全科性延伸主题资料库（信息库）寻找已发表的书评。你可以使用基本搜索或高级搜索窗口进行关键字搜索。在输入框中输入以下内容：作者的姓、书名中的一个词或短语，之后是短语“and book reviews”。例如，输入“Waltz and spread of nuclear and book reviews”（华尔兹和核的扩散及书评），即可获取对肯尼斯 · 华尔兹（Kenneth Waltz）与斯科特 · 萨根（Scott Sagan）合著的《核武器扩散》（*The Spread of Nuclear Weapons*）一书的评论。

你还可以使用科学引文索引数据库（即社会科学引文索引）查找书评。[44] 点击“通用搜索”，再在主题字段中输入标题并勾选“仅标题”（title only）框。在页面底部的“限定语言和文档类型”（restrict by languages and document types）中选择“书评”，最后点击“搜索”。

对于学术性不那么强的评论，AcqWeb 的“网络书评目录”

（*Directory of Book Reviews on the Web*）[45]上列出了各种在线资源，包括《大西洋月刊》（*Atlantic*）、《纽约书评》（*New York Review of Books*）、《纽约时报书评》（*New York Times Book Review*）、《华盛顿邮报图书世界》（*Washington Post Book World*）、《洛杉矶时报书评》（*Los Angeles Times Book Review*）、《伦敦书评》（*London Review of Books*）《华盛顿月刊》（*Washington Monthly*）、《波士顿评论》（*Boston Review*）、法国《世界报书评》（*Le Monde–Livres*）等信源的链接。

你还可以在 h-net 历史学家电子邮件讨论组中搜索已发布的评论。[46]实际上，h-net 组中讨论某本书的方式可能并非都那么正式。要查看某一本书是否已经被讨论过，你可以在 h-net 高级搜索页面上搜索书的标题。[47]搜索的时候，输入短语而非关键字可能效果更好。你可以通过特定的讨论列表来限定搜索，例如，你可以选择 h-diplo；可以按日期搜索；也可以在全文或主题行中进行搜索。或者，你可以登录 h-diplo 主页[48]并点击链接（左侧）以获取"H-Diplo评论"[49]（H-Diplo Reviews，按作者姓氏字母顺序列出）和"H-Diplo圆桌讨论"[50]（H-Diplo Roundtables，用于讨论被认为最重要的书籍）。你找到的内容通常会非常有趣。

值得一提的是，H-Diplo 还会定期发表有关于该领域主要期刊上发表的文章的讨论。其中一些讨论，如爱德华·马克（Eduard Mark）题为《1946 年战争恐慌及其后果》（"The War Scare of 1946 and Its Consequences"）[《外交史》（*Diplomatic History*）第 21 卷第 3 期（1997 年夏季刊）] 的文章的讨论，非常引人入胜。要查看此类讨论的特定主题，请进入 h-net 的通用高级搜索页面，[51] 输入（带引号）标题中的关键短语（例如，“1946 年战争恐慌”），选择“短语”，然后选择“h-diplo”作为要搜索的列表，选择“主题行”作为搜索字段，然后点击“搜索”。

当你试图了解某个学术领域的特点时，你可能还想做的一件事就是实际观看或聆听人们就你感兴趣的主题发表的演讲。在某些情况下，这些人是知名学者——你可能已经熟悉他们的书籍和文章——看到他们的演讲会让你更深入地了解他们对相关主题的独特见解。聆听（或观看）这些演讲就好像打开了一个全新的意义维度：当人们在非正式场合谈论时，他们的表达会更自由（而在书面作品中，他们往往更谨慎），声调和肢体语言也可能相当具有启发性。如果你正在研究某个当代主题，这类资源特别有用。以下是一些更为有趣的此类资源的链接：

麻省理工学院世界频道(MIT World)：在右上角的“视频查找器”(video finder)中，选择“国际事务”(international affairs)或“国家安全事务”(national security affairs)等类别，或选择国际研究中心(Center for International Studies)作为主办方的活动。此处有关于朝鲜核问题[加卢奇(Gallucci)主讲]和美中关系的未来[克里斯滕森(Christensen)和范·埃弗拉(Van Evera)主讲]等主题的精彩视频。[52]

加州大学伯克利分校网络广播(Berkeley Webcast)课程关

于“‘9·11’后的外交政策问题”(Issues in Foreign Policy after 9/11):[53]点击“资源”(resources)链接,然后点击“网络广播讲座”(Webcast lectures)下的链接,可以观看肯尼斯·华尔兹(Kenneth Waltz)、约翰·米尔斯海默(John Mearsheimer)、罗伯特·加卢奇(Robert Gallucci)和约瑟夫·约菲(Josef Joffe)等人的精彩视频讲座。

哈佛大学肯尼迪政府学院政治研究所(Institute of Politics, JFK School of Government, Harvard University),约翰·F. 肯尼迪论坛视频档案(FK Jr. Forum Video Archive)有1998年以来的讨论小组和讲座的视频。[54]

约翰·霍普金斯大学高级国际问题研究院在其主页上提供了最近演讲的音频链接(部分还有视频版本),要查看过去的活动,请点击页面底部的链接。[55]

附录 II　一手文献资料

在这个附录中，我想谈一些最重要的资料合集，特别是那些我在第五章没有讨论到的资料。我还想向你展示如何找到与你的主题相关的其他资源。

这里的讨论分为几个部分。首先，我将谈论已出版的文件，然后我将讨论那些半公开的合集：以缩微胶片或缩微胶卷形式出版的资料，存储在光盘上或上传到互联网上的资料。之后，我将提供有关档案资料的一些信息，并讨论各种公开信源——那些从未保密过，且如今可以各种格式获得的资料。最后，我将告诉你如何使用《信息自由法案》（Freedom of Information Act）、如何提交《强制解密审查》（Mandatory Declassification Review）申请以及在你想查看仍处于保密状态的资料时需要做些什么。

我在这里讨论的许多信源和检索工具都可以在线获得。与附录 I 一样，附录 II 的在线版本（附包含的资料的链接）已经提供。[1] 在线版本将定期更新。我还发布了一个简短的网页，列出了这个附录所引用的许多链接。[2]

一、已出版的文件合集

各主要国家政府发布的外交文件集对于学术研究具有根本的重要性，因此在第五章的最后一节中，我详细讨论了这些文件。为了避免重复，让我在这里仅提供一些关键的参考资料：

《美国对外关系》(*Foreign Relations of the United States, FRUS*)

已出版卷册的列表[3]

可在线获取的卷册[4]

可购买的卷册[5][你可能会觉得直接拨打政府印刷办公室的电话(866)512–1800下订单比使用在线表格更方便。]

现状报告(出版日程)[6]

《关于战争起源的英国文件，1898—1914》(*British Documents on the Origins of the War, 1898–1914*)(11卷)

《英国外交政策文件，1919—1939》(*Documents on British Foreign Policy, 1919–1939*)(65卷)

《英国海外政策文件》(*Documents on British Policy Overseas*)(涵盖战后1945年至今的时期；目前已出版15卷)

《英国外交事务文件》(*British Documents on Foreign Affairs*)(机密印刷品，私营出版，大约涵盖了1850—1950年的时期，迄今已出版了500多卷，可在线查看目录)[7]

《法国外交文件》(*Documents diplomatiques français*)(涵盖1871年至1960年代的各个系列，按系列排布，附有订购信息)[8]

《欧洲内阁的伟大政治，1871—1914》(*Die grosse Politik der europäischen Kabinette, 1871–1914*)(40卷，共54册)。法语译本：《德国外交政策，1870—1914》(*La Politique extérieure de l'Allemagne, 1870–1914*)(32卷)

《德国外交政策档案，1918—1945》(*Akten zur deutschen auswärtigen Politik, 1918–1945*)(62卷，分为5个系列)。其中两个系列还有英文译本：《德国外交政策文件，1918—1945》(*Documents on German Foreign Policy, 1918–1945*)(18卷，涵盖1933年至1941年的时期)

《联邦德国外交政策文件》(*Akten zur auswärtigen Politik der Bundesrepublik Deutschland*)(涵盖1949年至今的时期，每年至少一卷；迄今已出版30多卷，涉及1949—1953年和1963—1974年的时期)

《帝国主义时代的国际关系：沙皇政府和临时政府档案中的文件》(*Die internationalen Beziehungen im Zeitalter des Imperialismus: Dokumente aus den Archiven der zarischen und der provisorischen Regierung*)(苏联时期出版的革命前俄国的文件)

《红色档案》(*Krasnyĭ arkhiv*)(共106卷)

当然，你应该记住，其他国家的政府——比如澳大利亚、意大利和比利时等西方国家——也会出版文件集。此外，还有许多非政府机构出版的文件集。这些文件集有些涉及特定主题，有些则是特定个人的文件集，通常为多卷本。这些文件集通常可以用第五章中介绍的技巧来找到，尤其是在图书馆目录中进行主题搜索时可以将“来源”（sources）作为你的主题词之一进行搜索，也可以在搜索特定主题时将“文件”（papers）和“通信”（correspondence）等词放在标题字段中。重要的文件集还会在你查看的书籍和论文的参考文献中被引用，有时也会在我刚刚列出的主要外交文件集中被引用。此外，还可以在《当代历史文献集》（*Bibliographie für Zeitgeschichte*）等参考文献中找到这些文件集，它们会与涉及同一总体主题的书籍和文章一起被列出。

二、缩微胶卷、缩微胶片和光盘资料

你会感到惊讶的是，你不必特意跑到外地，竟然就可以查阅到如此多的资料。大量的资料可以通过缩微胶片、缩微胶卷和光盘形式获得。近年来，越来越多的资料已经放在网络上。

首先让我谈谈这三类资料来源。即使你的本地图书馆没有这些资料，你通常也可以通过馆际互借来获得它们。你首先要寻求检索工具（它们通常作为原始缩微格式或光盘出版物的补充而出版）。从检索工具中，你将能够知道要申请调阅哪些胶卷、胶片或光盘。你可以使用 Eureka（研究型图书馆组织的联合目录，有时也称为 RLIN）来找到这些指南和收藏，并进行馆际互借申请。

如何识别你可能感兴趣的此类资料呢？基本的图书馆搜

索引擎对此并不是很有帮助。其中一些允许你限定搜索范围，例如仅限于缩微形式的资料。但是，你不能依赖这样的搜索方式来找到该数据库中所包含的此类资料。例如，哈佛大学的 HOLLIS 目录在“扩展搜索”（expanded search）页面左下方的“格式”（Format）下拉菜单中允许你选择“缩微形式”（microforms）。然而，如果你搜索“参谋长联席会议”（Joint Chiefs of Staff），并以这种方式选择“缩微形式”，你将只能获得五个列表，其中三个根本不是缩微形式，而且并不包括哈佛图书馆所拥有的参谋长联席会议档案缩微胶片的收藏。该收藏在 HOLLIS 的其他地方确实有列出。其他“缩微形式”的搜索效果可能会更好，但关键在于这种搜索并不可靠，而 HOLLIS 已经比大多数大学图书馆搜索引擎更好了。

在国会图书馆的目录[9]进行搜索，你的运气可能会更好。登录后，从“搜索类型”（search type）菜单中选择“命令关键词”（Command Keyword）选项，再将搜索词“缩微形式”与其他搜索词［如“日本 AND 外国 AND 缩微形式”（“Japan AND foreign AND microform”）］一起使用。如果你的关键词是一个短语，请确保用引号括起来，否则搜索将无法生效。一旦找到某些内容，你可以进入“完整记录”，再点击进入你感兴趣的主题下的标题链接。

于是，你可以通过这种方法找到一些资料，但要承认的是，这仍然有点碰运气的成分。你的搜索效果实际上取决于你正确猜测关键词的能力。那么，还有其他方法吗？首先，你可以查看我在第五章中提到的两个在线指南：弗兰克·科纳韦（Frank Conaway）的《芝加哥大学图书馆历史学与政治科学缩微资料与光盘资源指南》（*Guide to Microform and CD-Rom Sources for History and Political Science in the University of Chicago Library*）[10] 和《联合装备研究图书馆主要缩微资料收藏》（*Major Microform Collections in the Combined Arms Research Library*）[11]。这两份指南将为你提供此领域可用资源的概况。

此外，你可能还想看看国会图书馆的《人文与社会科学部缩微资料收藏指南》（*Guide to the Microform Collections in the Humanities and Social Sciences Division*）。[12] 该指南的在线版本建立在诸多早期版本的基础上，最近一次由帕特里克·弗雷泽（Patrick Frazier）编辑：

Guide to the Microform Collections in the Humanities and Social Sciences Division of the Library of Congress, ed. Patrick Frazier (Washington, D.C.: Library of Congress, 1996)

要使用在线指南，请首先单击索引的一半（A–J 或 K–Z），再滚动浏览以查看可用内容，查找你感兴趣的特定国家或主题的名称，或敲击键盘上的 Ctrl+F 搜索国家名称或其他关键词。特定合集在字母索引中的各个主题标题下列出。一旦你确定了某个特定的合集，请点击该合集标题的开头字母（索引页顶部的每个字母的链接）。例如，如果你在 A–J 部分的索引底部向下滚动到“日本”（Japan），你会看到两个标题，“日本—外交关系”（Japan—Foreign relations）和“日本—历史”（Japan—Foreign relations）。假设你对“日本—外交关系”下的第一个合集“日本外务省档案”（Archives in the Japanese Ministry of Foreign Affairs）感兴趣，于是你点击“A”列表。这里的合集按标题字母顺序排列。

当然，在做常规的参考文献搜集整理工作时，你也会遇到此类参考资料合集。不过，你可能需要进行更系统的搜索，所以我要谈谈该怎么做。

你可以系统地搜索，因为缩微胶片、缩微胶卷和光盘资料合集是由少数几个主要的私营公司和政府出版的——此处的“政府”主要是指美国政府。实际上，美国政府不仅提供了自己的记录，还提供了部分其他国家的大量材料。因此，你只需要逐个查看描述这些产品的目录即可。

美国大学出版物（现为 LexisNexis 的一部分）是你应该了解的第一家公司。[13] 在其主页正中间的“国际研究”下，你会看到约 12 个类别。单击其中你感兴趣的每一个类别，你会看到他们在该领域出版的具体合集。当你找到可能想查看的合集时，只需将该链接标记（或保存），也许将这些书签（或已保存的文件）放在一个文件夹中也不失为一个好主意。

有些合集具有非常基本的重要性。我个人发现参谋长联席会议和国家安全委员会的材料合集就特别有用。《参谋长联席会议实录》（*Records of the Joint Chiefs of Staff*）的前两部分涵盖了

1942 年至 1953 年的时期，包括约 120 卷缩微胶片。美国大学出版物已经开始出版第三部分，涵盖 1954 年至 1960 年的时期，刚出版的部分涉及远东。

如果使用参谋长联席会议的材料，你可能希望搭配参谋长联席会议的历史办公室制作的各种历史资料一起使用。该办公室发布的“参谋长联席会议与国家政策”（*The Joint Chiefs of Staff and National Policy*）系列尤为重要。迄今为止，已经出版了涵盖 1945 年至 1960 年期间的七卷。另外，参谋长联席会议的其他相关历史资料也值得了解。其中的一些已经出版，只需在一个不错的图书馆目录中进行标题搜索，查找“参谋长联席会议的历史”（History of the Joint Chiefs of Staff），就可以看到这些资料有什么。另一些资料已经解密，并且可以在档案馆中找到。例如，我发现参谋长联席会议未公开的《印度支那事件史》（“History of the Indochina Incident”）特别有价值：它总结了被认为过于敏感而无法解密的文件，这些文件不包含在向公众开放的常规档案盒中。这些历史资料在进行档案研究时尤为有用，因为它们的脚注告诉你哪些文件的信息最丰富。参谋长联席会议的其他一些历史资料虽然存在，但尚未解密。即便有些已公开，但还有单独的机密版本。[14]如果你发现了感兴趣的内容，你可以根据《信息自由法案》（我将在本附录最后谈到）的要求查看。

国家安全委员会的材料由两个合集组成：《国家安全委员会文件》（*Documents of the National Security Council*）和《国家安

全委员会会议纪要》(*Minutes of Meetings of the National Security Council*)。每个合集都包括原始出版物和若干补充资料。这两个合集应互相补充使用。

如何使用国家安全委员会的材料呢？缩微胶片合集会附带指南。你可以使用这些指南，或者最好是使用一个 721 页长的索引来查阅这两个合集:《国家安全委员会文件索引》(*Index to Documents of the National Security Council*)。这份材料涵盖了会议纪要的第一部分和文件的第四部分。它的容量相当大：其中一些材料是在里根时代制作的。

如果你正在使用国家安全委员会的材料，你还应该了解其他一些列表。在杰拉尔德 · 海恩斯（Gerald Haines）的《美国国务院特别档案参考指南》(*A Reference Guide to United States Department of State Special Files*) 第 38—62 页中，有一份包含到艾森豪威尔时期结束的国家安全委员会的编号文件的列表。我还发布了一份更为简短的按主题排列的国家安全委员会的编号文件，也仅限于艾森豪威尔时期的文件。[15] 要获取国家安全委员会文件的各种类别［包括国家安全行动备忘录（National Security Action Memoranda, NSAM）、国家安全决策备忘录（National Security Decision Memoranda, NSDM）、总统令（Presidential Directives, PDs）］的 pdf 列表，请转到密歇根大学文件中心（University of Michigan Document Center）的联邦政府资源（Federal Government Resources）：美国总统（President of the United States），然后单击“指令”(directives)。[16] 关于国家安全委员会的会议，我找到了艾森豪威尔时期的国家安全委员会的讨论纪要的列表，我也已经在线提供了这些资料。[17]

以下是美国大学出版物出版的其他一些有趣的合集：

《约翰·F. 肯尼迪国家安全档案，1961—1963》(*John F. Kennedy National Security Files, 1961–1963*)

《林登·B. 约翰逊国家安全档案，1963—1969》(*Lyndon B. Johnson National Security Files, 1963–1969*)

《国家安全事务特别助理麦克乔治·邦迪向约翰逊总统提交的备忘录，1963—1966》(*Memos of the Special Assistant for National Security Affairs McGeorge Bundy to President Johnson, 1963–1966*)

《越南：国家安全委员会历史资料》(*Vietnam: National Security Council Histories*)

《尼克松政府白宫文件》(*Papers of the Nixon White House*)

学术资源公司（Scholarly Resources, Inc.）是第二家提供此类资料的公司。[18] 当你登录其网站时，请点击顶部的“目录”（catalog）链接，再点击左侧“浏览”（browse）下的“缩微胶片 / 其他媒体”（microfilm/other media）链接，就会出现许多主题标题。你可以进入“外交史”（diplomatic history）、“国际关系”（international relations）和“军事史”（military history）等链接。每一项都会有很多标题出现。或者，你可以点击“搜索”

链接，搜索特定的关键词。学术资源公司的许多合集都来源于美国国务院和英国外交部的档案收藏。当然，这里也包含了很多其他有趣的合集，如《迪安·艾奇逊文件集》(*Dean Acheson Papers*)、《乔治·鲍尔文件集》(*George Ball Papers*)等。

汤姆森·盖尔（Thomson Gale）出版集团是下一个你可能想要查看其在线目录的主要公司。[19] 当你登录其网站时，只需点击左上角的“浏览我们的目录”(browse our catalog)链接，再点击“媒体类型”(media type)图标，然后点击“缩微形式”(microform)。它目前在该类别下列出了 1205 个各种类型的合集，没有按主题划分，但是你可能还是想查看一下它拥有什么内容。它有一些有趣的合集，主要是英国方面的资料，包括丘吉尔的一些文件集[《温斯顿·丘吉尔爵士文件集》(“The Sir Winston Churchill Papers”);《战争中的丘吉尔》(“Churchill at War”)]，一份《张伯伦文件集》(“Chamberlain Papers”)，一份《大不列颠首相文件集》(“Papers of the Prime Ministers of Great Britain”)以及其他一些有趣的项目。它还推出了两个重要的俄罗斯和苏联档案材料合集。名为“俄罗斯档案”(Russian Archives)的合集实际上包括了 17 个不同的俄罗斯档案材料合集，可以追溯到拿破仑战争时期。“苏联合集”则是《苏联共产党中央委员会部门记录，1953—1966》(“The Departmental Records of the Central Committee of the Communist Party of the Soviet Union, 1953–1966”)，也相当重要。

顺便说一句，还有另一个重要的苏联档案材料合集可以在缩微胶片上查阅:《苏联共产党和苏联国家档案》(*Archives of the Soviet Communist Party and Soviet State*)。这是一个庞大的收藏,可以在斯坦福大学的胡佛研究所(Hoover Institution)和哈佛大学的拉蒙图书馆(Lamont Library)查阅。[20]

接下来让我谈谈亚当·马修出版公司(Adam Matthew Publications)。[21] 这是一家英国公司,主要出版英国的资料。当你访问其网站时,请点击"从 A–Z 的出版物列表"(Publication A–Z List),再点击"美元版本"(U.S. Dollar version)。接下来,屏幕上会出现一个未按类别划分的长长的出版物列表。以下是一些我们领域的学者可能感兴趣的项目列表:

《内阁文件》(*Cabinet Papers*,实际上包括内阁和首相办公室文件)

《寇松勋爵、印度与帝国》(*Curzon, India and Empire*)

《第一次世界大战:一部纪实文献》(*The First World War: A Documentary Record*)

《外交部文件》(*Foreign Office Files*,分为关于中国、古巴、日本、战后欧洲、苏联和美国的资料合集)

《麦克米伦内阁文件》(*Macmillan Cabinet Papers*,可在线获取,但最初是以光盘形式出售,某些图书馆仍可提供光盘版本)

《核政策与冷战》(*Nuclear Policy and the Cold War*)

约翰·梅纳德·凯恩斯(John Maynard Keynes)的《财政部文件》(*Treasury Papers*)

上述这些资料来源于这类材料最重要的私营出版商，但在我讲述美国政府发布的内容之前，允许我简要介绍一下这类材料的其他重要来源。首先，一个非常重要的来源叫作解密文件参考系统（Declassified Documents Reference System）。顾名思义，管理这个系统的人会发布一些重要的解密文件。多年来，这些文件以缩微胶片的形式提供，定期出版纸质指南，许多图书馆仍然提供这些材料。不过，缩微胶片版本已经逐渐被线上版本取代，所以我将在附录中的线上材料部分讨论这个来源。

同样的基本观点也适用于这种类型的第二个来源。国家安全档案（National Security Archive）是一家位于华盛顿特区的私营组织，出版一系列与国家安全和外交政策等主题相关的文件缩微胶片集。他们收集的文件有各种不同的来源，由非常熟练的"档案追踪者"（archive hounds）和积极的"《信息自由法案》申请人"（FOIA requesters）收集而来。这些缩微胶片合集仍然非常有用，但现在你也可以在线查阅这些合集。这个线上系列可以通过图书馆的订阅服务获得，称为"国家安全数字档案"（Digital National Security Archive），我将在线上材料的部分中谈论该档案合集。

让我通过简要讨论官方发布的缩微形式材料来结束这一部分。这主要是指美国国家档案馆［U.S. National Archives，现正式称为国家档案和记录管理局（National Archives and Records Administration），NARA］发布的缩微胶片合集。此处，我还可以提一提其他缩微形式的信息来源。例如，外交文件的主要合集有时会附有缩微胶片补充资料。例如，《美国对外关系》的缩微胶片补充资料在上文引用的美国对外关系网站的卷册部分中有列出（要找到它们的话，可以在该网页上按 Ctrl F，查找“缩微胶片”）。《英国海外政策文件》也附带出版了缩微胶片补充资料。但国家档案和记录管理局算是迄今为止这类材料的最重要的官方发行方。

国家档案和记录管理局定期出版的缩微胶片出版物的目录：

National Archives Microfilm Publications for Research: A Comprehensive Catalog (Washington, D.C.: NARA, 2000)

网上还有一份国家档案和记录管理局的缩微胶片目录。[22] 如果你使用线上版本的话，可以通过关键词或者记录组（record group）进行搜索（国家档案和记录管理局的馆藏分为 500 多个记录组）。实际上，只有少数几个记录组对我们的研究目的有意义——我将在关于档案的部分告诉你这些是什么——而且只有少数几个记录组列出了缩微胶片出版物。在这些记录组中，只有两个是非常重要的：

RG 59: General Records of the Department of State（美国国务院的一般记录，1100 个出版物）

RG 242: National Archives Collection of Foreign Records Seized（国家档案馆获得的外国记录合集，93个出版物）

不过，确实有许多有趣的缩微胶卷出版物是根据从其他各种记录组中找到的资料编制的：

RG 225：Records of Joint Army and Navy Boards and Committees（陆海军联合委员会及专门委员会的记录）

RG 226：Records of the Office of Strategic Services（战略情报局的记录）

RG 243：Records of the U.S. Strategic Bombing Survey（美国战略轰炸的记录）

RG 260：Records of U.S. Occupation Headquarters, World War II（“二战”中美国占领总部的记录）

RG 331：Records of Allied Operational and Occupation Headquarters, World War II［“二战”中盟军行动和占领总部的记录，关于远东国际军事法庭（International Military Tribunal for the Far East）的记录］

在使用在线目录时，你可以快速了解哪些缩微胶片出版物来自以上五个记录组中的资料。至于 RG 59 中的国务院资料，如果你不想查看整个缩微胶片出版物列表——大约有 1100 个——你可以使用线上目录进行更有针对性的搜索。例如，你可以将你感兴趣的国家名称放在关键词字段中，将“RG059”放在记录组字段中，然后点击“显示搜索结果”（Display Search Results）。或者你可以使用国家档案和记录管理局外交领域的缩微胶片出版物特殊目录。[23]在线版本的目录有点难用，所以你可能想使用印刷版本，尽管它是几年前出版的：

United States, National Archives and Records Administration, *Diplomatic Records: A Select Catalog of National Archives Microfilm Publications* (Washington, D.C.: NARA, 1986)

让我用关于 RG 242 的一些介绍来结束本节。这是一个记录美国政府接手的外国资料的记录组。这里的一些信息来源所囊括的资料非常丰富。该记录组共有 93 部缩微胶卷出版物，其中最重要的一些与德国相关。其中最有价值的可能是缩微胶卷出版物 T120，这是由美国国务院接收的德国外交部档案（*Records of the German Foreign Office Received by the Department of State*），包含的胶卷超过 5800 卷。有两个指南可与该合集一起使用：

American Historical Association, Committee for the Study of War Documents, *A Catalogue of Files and Microfilms of the German Foreign Ministry Archives, 1867–1920* (Washington, D.C., 1959)（也作为缩微胶卷出版物T322，可供查阅）

A Catalog of Files and Microfilms of the German Foreign Ministry Archives, 1920–1945, comp. and ed. George O. Kent, 4 vols. (Stanford, Calif.: Hoover Institution, Stanford University, 1962–1972)

根据前言，第一个目录“既是德国外交部政治司1867—1920年文件的记录，也是美国、英国、法国政府的德国战争文件项目（German War Document Program），以及其他国家政府、机构和个人在所有这些和其他相关文件中的缩微胶卷拍摄项目的指南”。德国RG 242的许多其他材料集已经被制成了缩微胶片。例如，有一整套出版物是关于著名的德国军事人物的文件——罗恩（Roon）、施利芬（Schlieffen）、格奈泽瑙（Gneisenau）、泽克特（Seeckt）、格勒纳（Groener）、莫尔特克（Moltke）等人。缩微胶片出版物T291包含了某些德国外交官的文件。关于这些材料的更多信息，请参见J. S. 康韦（J. S. Conway）的《美国大学中的德国历史资料》（*German Historical Source Material in United States Universities*）[匹兹堡：美国匹兹堡大学欧洲研究委员会（Pittsburgh: University of Pittsburgh Council for European Studies, 1973）]；安妮·霍普（Anne Hope）和约尔格·纳格勒（Jörg Nagler）的《美国档案馆和图书馆中的德国资料指南》（*Guide to German Sources in American Archives and Libraries*）[华盛顿特区：德国历史研究所（Washington, D.C.: German Historical Institute），1991年，可免费从德国历史研究所获得]；以及曼弗雷德·F. 伯梅克（Manfred F. Boemeke）和罗杰·奇克林（Roger Chickering）的《华盛顿大都会区档案馆和历史文献馆指南第二部分：现代德国和奥地利历史研究资源》（“Guide to Archives and Historical Collections in the Washington Metropolitan Area. Part II: Research Resources in Modern German and Austrian History”）[华盛顿特区：德国历史研究所（Washington, D.C.: German Historical Institute, 1995）]。[24]

其中还列出了一些意大利的合集，包括墨索里尼（Mussolini）和加莱阿佐·齐亚诺（Galeazzo Ciano）的文件合集。还有一份来自斯摩棱斯克档案（Smolensk archive）的苏联文件合集——这些资料是默尔·芬索德（Merle Fainsod）著名的《苏维埃统治下的斯摩棱斯克》（*Smolensk under Soviet Rule*，剑桥，马萨诸塞州：哈佛大学出版社，1958年）的基础，甚至还有一份格林纳达（Grenada）的资料。关于这些收藏的更多信息，请查看国家档案和记录管理局在线指南中关于RG 242的部分。[25]

许多重要的英国资料也可以在缩微胶片上找到。你可以通过在诸如MELVYL目录[26]等标准图书馆搜索引擎上进行高级搜索来找到其中的很多资料。如果你使用该目录，请确保点击顶部的“高级”（advanced）搜索链接。在一个搜索窗口中，从下拉菜单中选择“主题”（subject），然后输入类似于“大不列颠外交关系信源”（Great Britain Foreign relations Sources）的内容。确保勾选“词组”（words as phrase）下方的“否”（no）框。此时，如果你点击“搜索”，搜索引擎将列出数据库中在一组主题标签下包含所有这些词汇的内容，但也会列出很多非缩微胶片资料。你需要将搜索限定在缩微胶片来源上，在第二个搜索窗口中从下拉菜单中选择“关键词”，然后输入“缩微胶片”一词。现在进行搜索的话，你会发现相当多的列表，其中许多可能也出现在我在上面列出的各种出版商网站的搜索结果中。你可以通过添加其他关键词来更精确地进行搜索，例如添加一个特定国家的名称，如“日本”。

不过，使用“缩微胶片”（甚至更宽泛的“缩微形式”）作为关键词并不总是有效。例如，一些只需通过作者搜索“大不列颠内阁办公室”（Great Britain. Cabinet Office）并点开链接就能找到的非常重要的英国内阁文件缩微胶片合集，用这种方式是找不到的。以下是我在MELVYL中找到的最重要的合集的列表。它们按类别编号（class number）顺序排列。类别是英国国家档案馆部门合集划分的基本单位。类别编号本身（有时在斜杠后面跟着所谓的“册号”，用于标识特定的卷册或盒或捆绑的文件）在括号中注明。带星号的项目附有列表和索引协会（List and Index Society）出版的查找辅助工具，我将在有关档案研究的部分详细讨论这些工具。

《帝国防务委员会及常务防务分委会会议纪要，1902—1939》(*Committee of Imperial Defence and Standing Defence Sub-committee minutes, 1902–1939*)(CAB 2)

*《内阁会议纪要和备忘录，1916—1939》(*Cabinet Minutes and Memoranda, 1916–1939*)(CAB 23和24)。还有缩微胶片版本，战时内阁会议纪要主题索引(*Subject Index of War Cabinet Minutes*)分为以下几个部分：(1)1916年12月至1918年3月；(2)1918年4月至1919年12月；(3)1939年9月至1941年；(4)1942年12月至1945年7月。(CAB 23在列表和索引协会的第40、51、61、62、92、100卷中编列索引；CAB 24在列表和索引协会的第29、41、

52、156卷中编列索引。)

《帝国战争内阁，1917年》(*Imperial War Cabinet, 1917*)；会议纪要1—14，1917年3月20日至5月2日（附主题索引）(CAB 23/40)

《英国最高战争委员会秘书处文件和会议纪要，1917—1919》(*Papers and Minutes of the British Secretariat to the Supreme War Council, 1917–1919*)(CAB 25)

《英法及同盟国会议记录和决议，1915—1920》(*Proceedings and Conclusions of Anglo-French and Allied Conferences, 1915–1920*)(CAB 28)

《内阁文件，1880—1916》(*Cabinet Papers, 1880–1916*)(CAB 37/1–162)

《帝国防务委员会实录，1888—1914》(*Records of the Committee of Imperial Defence, 1888–1914*)(CAB 38)

《皇家档案中的内阁信件，1868—1916》(*Cabinet Letters in Royal Archives, 1868–1916*)(CAB 41/1–37)

《参谋长委员会，会议纪要和文件，1934—1939》(*Chiefs of Staff Committee, Minutes of Meetings and Papers, 1934–1939*)(CAB 53/1–55)

*《内阁会议纪要，1939—1945》(*Cabinet Minutes, 1939–1945*)(CAB 65/1–55)(在列表和索引协会的第71和74卷中编列索引)

*《战时内阁会议纪要和文件，1939—1941》(*War Cabinet Minutes and Papers, 1939–1941*)(CAB 67)(在列表和索引协会的

第148卷中编列索引）

*《战时内阁会议纪要和文件，1939—1942；备忘录（WP(G)系列）》（*War Cabinet Minutes and Papers, 1939–1942. Memoranda (WP(G) Series)*）（CAB68）（在List and Index Society第148卷中编入索引）

《参谋长委员会，会议纪要，1939—1946》（*Chiefs of Staff Committee, Minutes, 1939–1946*）（CAB 79）

《参谋长委员会，备忘录和会议纪要》（*Chiefs of Staff Committee, Memoranda and Minutes*）（CAB 80/1–22, 104–*105*）

《参谋长委员会及其分委会，会议纪要和文件，1939—1947》（*Committees and Sub-committees of the Chiefs of Staff Committee, Minutes and Papers, 1939–1947*）（CAB 81）（注：CAB 81/40涉及战后规划，1939–1947）

《帝国防务委员会和战时内阁联合规划委员会，会议纪要》（*Joint Planning Committee of the Committee of Imperial Defence and the War Cabinet, Minutes of Meetings*）（CAB 84）

《参谋长委员会，英法联委会议：会议纪要，1939—1940》（*Chiefs of Staff Committee, Anglo-French Committees: Minutes of Meetings, 1939–1940*）（CAB 85/1–64）

《参谋长委员会文件，1942—1947》（*Chiefs of Staff Committee Papers, 1942–1947*）（CAB 88/1–39）

《英联邦及国际会议，会议纪要和文件，1939—1945》（*Commonwealth and International Conferences, Minutes and

Papers, 1939–1945)(CAB 99)

《内阁会议纪要(CM 和 CC 系列),1945—1974》(*Cabinet Minutes (CM and CC Series), 1945–1974*)(CAB 128)

《内阁备忘录(CP 和 C 系列),1945—1972》(*Cabinet Memoranda (CP and C Series), 1945–1972*)(CAB 129)

三、线上资源

过去，大量非常有价值的材料都以缩微胶片或缩微胶卷的形式出版，但现在的趋势是以电子格式（或更准确地说，以在线的形式）提供这类材料。在这一部分，我想谈谈一些线上资源的主要来源，首先是由各种私人组织提供的资源，其次是在各种政府机构的支持下提供的资源。已有关于这类资源的非常有见地的指南，请参见威廉·阿尔金（William Arkin）的《网络上的国家安全研究》（*National Security Research on the Internet*）[（华盛顿特区：约翰·霍普金斯大学高级国际问题研究院战略教育中心（Washington, D.C.: SAIS Center for Strategic Education），2000 年]。[27]

解密文件参考系统（Declassified Documents Reference System, DDRS）是你应该了解的第一个此类资源，尤其是如果你正在研究冷战时期的问题的话。[28] 运营这个系统的人会发布一些新公开的解密文件。如上所述，这些文件过去是以缩微胶片形式出版的。现在，它们可以在线获取，但只能通过订阅此服务的图书馆来获取。

使用解密文件参考系统的搜索引擎，你可以进行基本搜索或高级搜索。你不妨只使用高级搜索选项，因为如果你只填写最顶部的那个字段，就相当于做了基本搜索。你从屏幕顶部的字段输入想要搜索的词汇。你可以搜索在特定文件的标题或摘要中出现的单词，或者在文件的文本中出现的单词。你还可以进行"关键词 / 主题"搜索：这样可以找到在标题、描述或前 50 个单词中包含你指定的单词或短语的文档，你再使用剩余的字段以各种方式限定搜索——按发布日期、原始发布机构、密级等。例如，在"文件密级"（Document classification）中，你可以选择"最高密级"（top secret），从而只获得本来认定是最高级机密的文件；这些文件可能是最敏感的，因此也是最有趣的文件。按住 control 键，你可以选择多个密级的文件，例如，一般密级和最高机密的文件。

从理论上讲，这是一个非常强大的检索工具，可以有效（且高效）地生成与特定主题相关的原始材料。你可以查找在特定时间范围内生成的文件，或由特定机构生成的文件，或涉及特定主题的文件，或符合前述所有条件的文件。不过，你要小心，因为这个搜索引擎并不完美。并非所有与"古巴导弹危机"有关的文件都会标有此标签，因此对该词进行主题搜索将无法找到解密文件参考系统数据库中与该事件相关的所有文件。通过日期和可能的原始发布机构来进行搜索可能是更有效地生成与该主题相关的列表的方法。

国家安全数字档案（Digital National Security Archive, DNSA）是你应该了解的第二个线上资源。[29] 国家安全数字档案也是一项订阅服务，它起源于 20 世纪 90 年代国家安全档案馆发布的缩微胶片收藏（还在继续出版）。国家安全数字档案目前包括约 22 个合集，每个合集都集中于一个特定主题：

《阿富汗：美国政策的形成，1973—1990》(*Afghanistan: The Making of U.S. Policy, 1973–1990*)

《柏林危机，1958—1962》(*The Berlin Crisis, 1958–1962*)

《中国与美国：从敌对到接触，1960—1998》(*China and the United States: From Hostility to Engagement, 1960–1998*)

《古巴导弹危机，1962》(*The Cuban Missile Crisis, 1962*)

《萨尔瓦多：美国政策的制定，1977—1984》(*El Salvador: The Making of U.S. Policy, 1977–1984*)

《萨尔瓦多：战争、和平与人权，1980—1994》(*El Salvador: War, Peace, and Human Rights, 1980–1994*)

《伊朗：美国政策的制定，1977—1980》(*Iran: The Making of U.S. Policy, 1977–1980*)

《伊朗军售事件：丑闻的制造》(*The Iran-Contra Affair: The Making of a Scandal*)

《伊拉克门：萨达姆·侯赛因、美国政策与波斯湾战争的序幕，1980—1994》(*Iraqgate: Saddam Hussein, U.S. Policy and the Prelude to the Persian Gulf War, 1980–1994*)

《日本与美国：外交、安全与经济关系，1960—1976》(*Japan and the United States: Diplomatic, Security, and Economic Relations, 1960–1976*)

《尼加拉瓜：美国政策的制定，1978—1990》(*Nicaragua: The Making of U.S. Policy, 1978–1990*)

《菲律宾：马科斯时代的美国政策，1965—1986》(*The Philippines: U.S. Policy during the Marcos Years, 1965–1986*)

《哈里·杜鲁门至威廉·克林顿的国家安全总统令(第一部分)》[*Presidential Directives on National Security from Harry Truman to William Clinton (Part I)*]

《南非：美国政策的制定，1962—1989》(*South Africa: The Making of U.S. Policy, 1962–1989*)

《关于苏联的评估：美国对苏联的分析，1947—1991》(*The Soviet Estimate: U.S. Analysis of the Soviet Union, 1947–1991*)

《恐怖主义与美国政策，1968—2002》(*Terrorism and U.S. Policy, 1968–2002*)

《美国间谍与情报，1947—1996》(*U.S. Espionage and Intelligence, 1947–1996*)

《美国情报界，1947—1989》(*U.S. Intelligence Community, 1947–1989*)

《美国对于太空的军事利用，1945—1991》(*U.S. Military Uses of Space, 1945–1991*)

《美国核史：导弹时代的核武器与政治，1955—1968》(*U.S.*

Nuclear History: Nuclear Arms and Politics in the Missile Age, 1955–1968)

《美国核不扩散政策，1945—1991》(*U.S. Nuclear Non-Proliferation Policy, 1945–1991*)

《恐怖主义与美国政策，1968—2002》(*Terrorism and U.S. Policy, 1968–2002*)

《哈里·杜鲁门至乔治·W. 布什的国家安全总统令（第二部分）》[*Presidential Directives on National Security from Harry Truman to George W. Bush* (*Part II*)]

这些合集在国家安全数字档案网页上有详细的介绍。[30] 只需点击左侧的“合集”（collections）链接，然后点击你感兴趣的各个收藏集的链接。请注意，其中一些合集与美国国家安全档案馆本身的某些项目有关。例如，美国与日本关系的合集与国家安全档案馆美日项目有关。顺便说一下，该项目还有自己的网站，其中包含各种工作论文的文本和口述的历史记录。[31]

国家安全数字档案的搜索页面使用起来非常容易。[32] 你可以按合集分类搜索，也可以同时在所有合集中搜索。你可以通过日期、级别或密级以及其他各种方式限定搜索。文档列表中会列出与特定文档相关的关键词，这些关键词本身就是链接，因此你可以快速调用与你感兴趣的主题相关的其他文档。你可以选择以 pdf 格式查看（并保存）特定文档，顺便说一下，这些方法也适用于解密文件参考系统。

前面说过，国家安全数字档案是一项订阅服务，但国家安全档案馆的开放网站上也有许多文件，包括一些国家安全数字档案中没有的文件。[33] 这些资料被排列为各种“电子简报书”（electronic briefing books），涉及各种主题，包含文件和评论。这些简报书又按照学科领域列在国家安全档案的“文件”（documents）页面上：“核历史”（Nuclear History）、“中国和美国”（China and the United States）、“美国情报”（U.S. Intelligence）、“人道主义干预”（Humanitarian Interventions）等。[34]

要是你对冷战时期感兴趣的话，国际冷战史项目（Cold War International History Project, CWIHP）网站也值得一看。[35] 国际冷战史项目的“虚拟档案馆”(Virtual Archive) 由一系列文件合集组成，这些文件通常是从俄罗斯、东欧或亚洲共产党国家的原文翻译过来的。这些合集［《中苏关系新证据》（“New Evidence on Sino-Soviet Relations”）、《冷战时期的波兰》（“Poland in the Cold War”）、《斯大林与中国领导人的谈话》（“Stalin's Conversations with Chinese Leaders”）等］都列在虚拟档案馆的网页上。[36] 其中许多文件最初发表在国际冷战史项目的简报上（Bulletin）或工作论文中。简报和工作论文都可以在线获取。[37]

这些可能是由私人机构提供的最为重要的线上资料来源，但这并不是网络上可以找到的所有内容的全部列表。例如，如果你会阅读俄语的话，你肯定会对哈佛冷战研究项目（Harvard Project on Cold War Studies）网站上的“在线文件档案”（online document archive）中的俄语文件感兴趣。[38] 同时，你可能想看看弗拉基米尔·布科夫斯基（Vladimir Bukovsky）的苏联档案（Soviet Archives）网站[39]，以及平行历史项目网站上提供的资料[40]（“成千上万页未发表的档案文件副本、文章和研究报告，着重于冷战的军事政治方面”）。平行历史项目网站还有很多关于冷战时期北约方面的资料。

现在让我们转向官方来源。许多文件已发布在各种（主要是美国）政府网站上。总统图书馆已将许多有趣的文件放在线上，在下面关于档案馆的部分中，我列出了总统图书馆的网站。例如，在肯尼迪图书馆（Kennedy Library）的网站上，你可以看到几乎所有肯尼迪时期的国家安全行动备忘录（National Security Action Memoranda, NSAM）。[41]在约翰逊图书馆（Johnson Library）网站上，你可以访问包括腊斯克（Rusk）口述历史在内的一些口述历史材料。[42]福特图书馆（Ford Library）在线上也有一些重要的资料，包括一系列国家安全研究备忘录（National Security Study Memoranda）和决策备忘录（Decision Memoranda）[43]，以及一系列涉及外交政策和国家安全问题的谈话备忘录[44]。

美国国务院设有一个电子阅览室（Electronic Reading Room），其中包含该机构根据《信息自由法案》或其他方式发布的50000多份文件。[45]该系统上的搜索引擎并不好用。你只能搜索包含特定单词和短语的页面，这意味着你只能猜测你所感兴趣的文件可能包含哪些单词或短语。而且，你甚至不能通过发布日期、密级或类似的限制来限定搜索结果。该网站是由国会授权创建的，但使用者会有一种感觉，似乎国务院创建该网站时，并没有真正投入其中。

然而，如果你对某些特定主题感兴趣，如智利、阿根廷、萨尔瓦多等主题，这可能是一个非常有用的来源。要查看这些主题是什么，请点击搜索页面上的“合集描述”（Collection Descriptions）。与智利有关的三个合集资料非常丰富。你可以勾选与你感兴趣的合集相对应的框，如果你想查看其包含的所有内容，请点击“全部列出”（List All）。然后，文件会按照时间倒序排列，你可以调用你所感兴趣的文件的文本（pdf 格式）。搜索页面底部的链接是其他政府机构发布的资料合集，它属于智利解密项目（Chile Declassification Project）的一部分。

在线上还可以找到各种其他政府资料合集，甚至在北约网站上也有一些重要的北约战略文件合集，它们是由研究欧洲盟军最高总部 (Supreme Headquarters Allied Powers Europe, SHAPE) 的历史学家格利高里 · 佩德洛 (Gregory Pedlow) 整理的。[46] 在海湾连线（GulfLink）网站上有一套与海湾战争（Gulf War）相关的非常有用的文件。[47] 德国联邦档案馆（Bundesarchiv）已将 20 世纪 50 年代末的一些德国内阁议定书（German Cabinet protocols）放在其网站上。[48] 但是，可能最有用的线上资料收藏还是由美国情报机构发布的。美国国家安全局（National Security Agency）在其网站上发布了各种资料合集：古巴导弹危机、维诺那计划（Venona）、美国海军自由号事件（USS Liberty affair）等。[49]

中央情报局的线上合集更有价值。我在这里指的**不是**中央情报局的“电子阅览室”（Electronic Reading Room）[50]的一般搜索。那是一个典型的基于关键词的搜索引擎，很难使用，原因与这类搜索引擎通常难以使用的原因相同：你永远不知道使用哪些关键词能搜出你感兴趣的所有文件。当我说中央情报局的线上合集很有价值时，我实际指的是“特殊合集”（special collections）很有价值。你可以通过点击一般搜索页面左侧名为“特殊合集”的链接来查看这些合集的列表。

“特殊合集”页面目前列出了两个你可以在线查看的合集：国家情报委员会（National Intelligence Council, NIC）合集（“自1946年以来，国家情报委员会就各种地理和功能问题制定的分析报告”）和普林斯顿合集［Princeton Collection，“情报处（Directorate of Intelligence）关于前苏联的分析报告，已于2001年3月在普林斯顿大学举行的会议上解密并发布”］。这两个合集都有便于浏览的在线索引，其中包含直接链接至文档本身的文本。在“特殊合集”页面的下方是“可于国家档案获取”的文件列表链接。

《解密的关于苏联和国际共产主义的国家情报评估报告》（*Declassified National Intelligence Estimates on the Soviet Union and International Communism*）

《解密的关于选定的自由世界国家的情报评估报告》

(*Declassified Intelligence Estimates on Selected Free World Countries*)

《解密的中央情报局情报处关于前苏联的情报分析报告》(*Declassified Intelligence Analyses on the Former Soviet Union Produced by CIA's Directorate of Intelligence*)

那些清单非常重要。提到国家档案的说法有些误导，因为实际上，那些清单上引用的许多文件都可以在线获取。你只需要在中央情报局的通常来讲都很难用的电子阅览室中查找它们，只是这次在那些清单上获得的信息使你能够有效地使用该搜索引擎。你的搜索不是盲目的，你可以非常有针对性。即使那些资料不在电子阅览室中，你仍然可以使用解密文件参考系统或国家安全数字档案找到它们。顺便说一句，如果你对 20 世纪 60 年代初期的问题感兴趣，那么你可在线获取 1960 年 1 月至 1962 年 5 月期间制定的《国家情报评估》(National Intelligence Estimates, NIEs)[以及通常更重要的《特殊国家情报评估》(Special National Intelligence Estimates，SNIEs)] 的清单，它被美国国家安全委员会工作人员认为"仍具有普遍价值"。[51] 那个清单可能还会帮助你搜索特定的文件。

大量已解密的中央情报局资料（截至 2003 年 11 月共 870 万页）也可以通过所谓的"中央情报局记录搜索工具"(CIA Records Search Tool, CREST）系统"在线"获取，但是（至少目前）只有在国家档案馆位于马里兰州科利奇帕克的办公楼

（3000 室）才能使用这个来源所需的计算机终端。[52] 该系统非常有序地编列了索引，而且可以方便地打印出你所需要的内容。

最后，让我谈谈一些并非完全可在线上获取，但应该在附录的这部分加以说明的资料合集：国防部（Defense Department）依据《信息自由法案》发布的文件。我通过提交《信息自由法案》申请获得了那些文件的清单，并将该清单发布到了网上。[53] 有一个稍有不同但可能更新的国防部文件清单可在其网站上获得。[54] 现在清单上有近 1000 份文件，但如果你对某个特定主题感兴趣，可以使用 Ctrl F 进行关键词搜索（微软系统）。例如，如果你对化学武器（chemical weapons）和化学战（chemical warfare）感兴趣，请按 Ctrl F 并搜索“化学”（chemical）。那里列出了许多与越南和各种核问题相关的文件。如果你发现了感兴趣的文件，应该可以联系国防部《信息自由法案》办公室给你发送一份副本。你也可能想使用其网站上的申请表格。[55] 如果需要通过电话讨论相关事务，你可以拨打（703）696–4689 与该办公室联系。

四、档案资源

处理档案资源的基本流程非常简单。首先，你需要确定你想要查看的合集，然后获取这些合集的检索工具或目录。通过使用这些检索工具，你可以决定你想要查看哪些档案盒或卷宗。提交申请后，这些资料要么会被送到你的手中，要么你稍后可以在某个中央办公桌上取用。一切都非常简单明了。

那么，如何找到对你的研究目的重要的合集呢？首先，你可以查看最重要的官方档案馆发布的指南。这些已出版的指南会定期更新，而且到目前为止，大多数此类档案馆都已在其网站上发布了指南的线上版本。此外，这些网站还会为你提供各种实用信息，如档案馆开放时间、如何获得其馆藏的访问权限及研究资助等。

在美国，尽管一些军事部门也有自己的档案馆，但对我们的研究目的来说，最重要的档案馆包括总统图书馆和马里兰州科利奇帕克的国家档案馆。

国家档案馆的网站[56]非常实用：

《美国国家档案馆联邦记录指南》(*Guide to Federal Records in the National Archives of the United States*)[57]。由罗伯特·马切特(Robert Matchette)等人编辑的纸质版本于1995年由国家档案和记录管理局出版。该指南最重要的作用是帮助你了解你可能想要使用哪些记录组。网站上有一个按集群列出记录组的页面，特别有用。[58]你还可以查看詹姆斯·E. 戴维德(James E. David)的《根据政府行政部门实录进行二战后国家安全研究：全面指南》(*Conducting Post–World War II National Security Research in Executive Branch Records: A Comprehensive Guide*, Westport, Conn.: Greenwood, 2001)。重要的是要记住，并非我们领域的人感兴趣的并且在国家档案馆中可获取的每个合集都会在线上指南中列出。例如，罗伯特·S. 麦克纳马拉的文件目前就没有列出，因为它不再属于编号记录组。但是，你通常可以通过与档案馆管理员[在现代军事记录(Modern Military Records)合集中实际上有这种私人捐赠材料的清单]或其他学者交谈来了解此类资源。

总统图书馆中的资源包括：

纽约海德公园的罗斯福图书馆(Roosevelt Library, Hyde Park, New York)[59]

指南[60]

线上检索工具[61]

密苏里州独立市的杜鲁门图书馆(Truman Library, Independence, Missouri)[62]

指南(包括主题指南链接)[63]

杜鲁门文件(众多检索工具链接)[64]

其他文件收藏(众多检索工具链接)[65]

堪萨斯州阿比林的艾森豪威尔图书馆(Eisenhower Library, Abilene, Kansas)[66]

指南(附有许多检索工具链接)[Guide (with many links to finding aids)][67]

马萨诸塞州波士顿的肯尼迪图书馆(Kennedy Library, Boston, Massachusetts)[68]

指南[69]

检索工具[70]

白宫录音带：在“History and Politics Out Loud”网站上可以找到一些录音；[71]另请参阅WhiteHouseTapes.org网站。[72]关于文字记录，参阅菲利普·泽利科（Philip Zelikow）、欧内斯特·梅（Ernest May）和蒂莫西·纳夫塔利（Timothy Naftali）编辑的《总统录音：约翰·F. 肯尼迪，卷1—3，重大危机》（*The Presidential Recordings: John F. Kennedy, vols. 1–3, The Great Crises*）（New York: Norton, 2001）

得克萨斯州奥斯汀的约翰逊图书馆（Johnson Library, Austin, Texas）[73]

指南（附有检索工具）[74]

约翰逊电话谈话[75]（C-SPAN网站上提供了一部分）

尼克松总统文件（位于马里兰州科利奇帕克的国家档案馆）[Nixon Presidential Papers (at National Archives, College Park, Maryland)][76]

检索工具索引[77]

基辛格电话记录检索工具[78]

白宫录音带（White House tapes）[79]（部分电话谈话可在C-SPAN网站上找到）

密歇根州安阿伯的福特图书馆（Ford Library, Ann Arbor, Michigan）[80]

指南（附有检索工具链接）[81]

佐治亚州亚特兰大的卡特图书馆（Carter Library, Atlanta, Georgia）[82]

指南[83]

加州西米谷的里根图书馆（Reagan Library, Simi Valley, California）[84]

馆藏列表[85]

得克萨斯州大学城的乔治·赫伯特·沃克·布什图书馆（George H. W. Bush Library, College Station, TX）[86]

指南（附有检索工具链接）[87]

军事档案馆包括：

美国陆军军事史研究所（U.S. Army Military History Institute）[88]

空军历史研究局（Air Force Historical Research Agency）[89]

个人文件（Personal Papers）[90]

海军历史中心（Naval Historical Center）[91]

个人文件（Personal Papers）[92]

英国最重要的档案馆现在也被称为国家档案馆（National Archives）[93]。它位于希思罗机场和伦敦市中心之间的基尤村。它最重要的组成部分曾被称为公共记录办公室（Public Record Office, PRO），现在你仍然会经常看到大家这么称呼它。你可以通过两种方式使用这个档案馆的线上目录[94]：浏览列表或进行搜索。要浏览的话，你首先要查找你感兴趣的政府部门的代码（例如，“FO”表示外交部，“CAB”表示内阁办公室，“PREM”表示首相办公室，“DEFE”表示国防部，这些是对于我们的研究目的而言最重要的几个部门，更完整的部门代码列表可在其网站[95]上找到）。然后在“跳转至参考”（go to reference）框中输入该代码，然后单击“跳转”（go）。对于特定部门的档案收藏，它们按连续编号的类别划分（例如，“FO 371”是外交部的政治通信），这些类别又细分为档案盒、装订本甚至文件夹等的“件”，从 1 开始，也是连续编号的。看了特定类别的逐件清单，你会对某个特定领域的档案有一定的了解。当然，这些信息也有助于你判断哪些档案值得查看。

公共记录办公室出版了一些手册，你可能会发现它们很有帮助：

英国公共记录办公室，《外交部档案，1782—1968，第二版》（*The Records of the Foreign Office, 1782–1968, 2d ed.*）（里士满：公共记录办公室，2002）

英国公共记录办公室，《至1922年的内阁办公室档案》（*The Records of the Cabinet Office to 1922*）（伦敦：HMSO，1966）

英国公共记录办公室，《1906—1939年部门文件分类》（*Classes of Departmental Papers for 1906–1939*）（伦敦：HMSO，1966）

你还可以查看（英国）国家档案馆网站上提供的线上研究

指南清单。[96]

你可以在基尤的主楼中咨询到的一些查找工具，其复制版也已由列表和索引协会影音出版，并且可以在美国的研究型图书馆中获得。如果你要在该馆做研究，这些检索工具可以帮助你为开展研究工作做好准备。它们实际上比线上指南更易使用。即便它们当中没有与你感兴趣的内容直接相关的资料，你也可以查看其中的一两个，以了解在基尤可以使用的检索工具的类别。此外，还要记住，本节附录中前面小节讨论的一些合集也被复制成了缩微胶卷形式。

列表和索引协会的列表包括：

第29、41、52卷:《内阁文件主题索引(内阁备忘录)，1919—1922》[*Cabinet Office Subject Index of C.P. Papers (Cabinet Memoranda), 1919-1922*(归属于编号CAB 24)]

第40、51卷:《内阁文件主题索引(战时内阁会议记录)，1916年12月—1919年12月》[*Cabinet Office Subject Index of War Cabinet Minutes, 1916 Dec.–1919 Dec.*(归属于CAB 23)]

第61、62卷:《内阁决议主题索引，1919年11月—1921年12月》(*Subject Indexes of Cabinet Office Conclusions, 1919 Nov.-1921 Dec.*[归属于CAB 23/18–28)]

第73、74卷:《战时内阁会议记录主题索引，1939年9月—1941年12月和1942年1月—1945年7月》[*Subject Indexes of War Cabinet Minutes, 1939 Sept.-1941 Dec. and 1942 Jan.-1945 July*(归

属于CAB 65）]

第92、100卷:《内阁决议主题索引，1922年1月—10月》[*Subject Index of Cabinet Conclusions, 1922-Jan.-Oct.*（归属于CAB 23）]

第126卷:《首相办公室分类列表（PREM 1—6）》[*Prime Minister's Office Class List*（归属于PREM 1-6）]

第131、140、162卷:《内阁文件分类列表：第一部分（CAB 1-36；39、40）、第二部分（CAB 43-47、50-55、57、58、60-100）和第三部分（CAB 101-103、105-111、115、117-119）》[*Cabinet Office Class Lists: Parts I* (CAB 1-36; 39, 40), II (CAB 43-47, 50-55, 57, 58, 60-100), and III (CAB 101-103, 105-111, 115, 117-119)]

第136卷:《战时内阁备忘录列表，1939年9月—1945年7月》[*List of War Cabinet Memoranda, 1939 Sept.-1945 July*（归属于CAB 66）]

第148卷:《内阁文件战时备忘录列表（WPG & WPR系列），1939年9月—1942年12月》[*Cabinet Office List of War Cabinet Memoranda (WPG & WPR series), 1939 Sept.-1942 Dec.*（归属于CAB 67 and 68）]

第156卷:《内阁文件战时备忘录：GT文件1-8412的总索引，1916年12月—1919年10月》[*Cabinet Office War Cabinet Memoranda: General Index of GT Papers 1-8412 1916 Dec.-1919 Oct.*（归属于CAB 24/6–90）]

第199卷：*Ramsay MacDonald correspondence*, 1890-1937(PRO 30/69)

第230卷：*Foreign Office General correspondence: Political, 1952* (FO 371/96642-102560)

第239卷：*Foreign Office General correspondence: Political 1954* (FO 371/108095-113216)

法国有几个主要的档案库值得你了解：法国国家档案馆历史中心[97]［（Centre historique des Archives nationales, CHAN），收藏1958年前的资料和国家首脑的档案］、法国国家档案馆现代档案中心[98]［（Centre des archives contemporaines, CAC），收藏1958年后的资料］——这两个档案馆都是法国国家档案馆的组成部分，而外交部档案馆[99]（Foreign Ministry Archives）是一个独立的部门。该档案馆和陆军历史服务处（Service historique de l'Armée de Terre, SHAT）都不隶属于法国国家档案馆。法国国家档案馆历史中心已经将其一些目录放在了网上，你可以通过在其主页上点击"archives"链接来获取该列表。其中两个记录组的资料尤其值得关注：《国家首脑文件》［AG. Papiers des chefs de l' État，提供直到蓬皮杜（Pompidou）时期的资料］[100]和《个人与家族档案》[101]（AP. Archives personnelles et familiales，附有在线目录和主题指南）。

欲了解整个法国国家档案馆的馆藏，你可能需要查阅一些出版的指南：

国家档案馆：《资料总目录》，主编 J. 法维耶（J. Favier）等，共5卷(《巴黎:国家档案馆》,1978—1988年)[Les Archives nationales: Etat général des fonds, ed. J. Favier et al., 5 vols. (Paris: Archives nationales, 1978–1988)]

国家档案馆:《目录大全》,主编 J. 法维耶等,共4卷(《巴黎:国家档案馆》,1985—2000年)[Les Archives nationales: Etat des inventaires, ed. J. Favier et al., 4 vols. (Paris: Archives nationales, 1985–2000)]

《1871至1974年部长和国务秘书文件指南》,编者 C. 德·图尔蒂埃-博纳齐(C. de Tourtier-Bonazzi)和 F. 波塞莱和(F. Pourcelet)(巴黎:国家档案馆,1984年)[Guide des papiers des ministres et secrétaires d'Etat de 1871 à 1974, ed. C. de Tourtier-Bonazzi and F. Pourcelet (Paris: Archives nationales, 1984)]

《第二次世界大战:保存在法国的资料指南,1939—1945》,编者 B. 布朗克(B. Blanc)、H. 鲁索(H. Rousso 和)和 C. 德·图尔蒂埃-博纳齐(C. de Tourtier-Bonazzi)(巴黎:国家档案馆,1994年)[La seconde guerre mondiale: Guide *des sources conservées en France, 1939–1945*, ed. B. Blanc, H. Rousso, and C. de Tourtier-Bonazzi (Paris: Archives nationales, 1994)]

外交部方面也有一些出版的指南:

外交部,《自外交部创立以来的档案:历史与指南》,共2卷(巴黎:国家印刷厂,1984—1985年)[Ministère des Affaires étrangères, *Les Archives du ministère des Relations extérieures depuis l'origine: Histoire et guide*, 2 vols. (Paris: Imprimerie nationale, 1984–1985)]

外交部,《外交档案目录总览》(巴黎:国家印刷厂,1987年)[Ministère des Affaires étrangères, *Etat général des inventaires des Archives diplomatiques* (Paris: Imprimerie nationale, 1987)]

保罗·M. 皮特曼,《奥塞码头档案馆读者小指南》(巴黎:外交档案之友协会,1993年)[Paul M. Pitman, *Petit guide du lecteur des Archives du Quai d'Orsay* (Paris: Association des Amis des Archives diplomatiques, 1993)](亦有英文版)

其他出版的各种指南都列在法国外交部档案网站上。

至于法国的军事档案,法国陆军历史服务处(Service Historique de l' Armée de Terre, SHAT)[102] 的简要指南可在线获取,关于该档案馆馆藏的更详细的指南已出版:

法国,陆军,历史服务部(让-克劳德·德沃斯和玛丽-安娜·科尔维西耶-德维莱尔编著),《档案和补充资料指南》(文森:陆军历史服务部,1996年)[France, Armée de Terre, Service historique (Jean-Claude Devos and Marie-Anne Corvisier-de Villèle), *Guide des archives et sources complémentaires* (Vincennes: Service historique de l'armée de terre, 1996)]

法国陆军历史服务处的诸多馆藏已经出版。如要获取列表，请在图书馆目录（如 MELVYL）中按作者搜索“法国、陆军、历史服务”（France. Armée de Terre. Service historique），同时在标题字段中搜索“inventaire”一词。如果你正在研究冷战时期的问题，也可以看看皮尔斯·拉德洛（Piers Ludlow）的文章《不再是封闭的商店：法国档案中的 1945 年后的研究》（*No Longer a Closed Shop: Post-1945 Research in the French Archives*），该文章最初发表在 2001 年 10 月的《冷战研究》（*Cold War Studies*）期刊上。

德国外交部也有自己的档案馆。在该档案馆的网站上可以找到一份描述其馆藏的 pdf 宣传册。[103] 该网站本身还包含了其他非常有用的信息。[104] 但相当一部分的重要资料也可在德国的国家档案馆，即联邦档案馆（Bundesarchiv）中找到。[105] 德国历史研究所华盛顿分部（German Historical Institute Washington, D.C.）的线上指南中也列出了许多联邦档案馆馆藏的已出版的检索工具（按“K”查找“Koblenz”，即联邦档案馆所在地）。[106] 另请注意弗兰克·舒马赫（Frank Schumacher）的《德国档案馆：机构与信源的入门指南》（*Archives in Germany: An Introductory Guide to Institutions and Sources*）（Washington, D.C.: GHI, 2001）[107]，以及两本关于东德档案馆的指南：西里尔·布菲特（Cyril Buffet）的《东德档案指南》（*Guide des archives de l'Allemagne de l'Est*），由柏林法德社会科学研究中心（Centre Franco-Allemand de Recherches en Sciences Sociales）于 1994 年发行，以及伯恩德·沙费尔（Bernd Schäfer）、亨宁·霍夫（Henning Hoff）和乌尔里希·马勒特（Ulrich Mählert）的《东德在德国档案馆：新资源指南》(*The GDR in German Archives: A New Resource Guide*)（Washington, D.C.: GHI, 2002）。[108]德国历史研究所会按照要求免费向你发送其指南的纸质版本。顺便说一句，任何计划在德国进行历史研究的美国学者都应了解德国历史研究所的网站，该网站上有很多有用的信息，包括关于资助的信息。[109]

然而，许多有趣的资料并不在这些主要的国家档案馆中。个人文件的合集通常非常有价值。尽管其中一些文件（特别是在法国）可以在主要的国家档案馆中找到，但总的来说，它们分布在其他的各式各样的地方。那么，如何找到对你的目的而言可能重要的文件合集呢？你可以从查看一些显而易见的档案馆开始。例如，在美国，许多重要的合集可以在国会图书馆中找到。你可以浏览国会图书馆所有的手稿馆藏列表[110]，也可以查看其中一些的主题列表[111]，例如“国家安全”（National security）或“美国—对外关系—英国”（United States—Foreign relations—Great Britain）。这些列表大都附有检索工具。另外还有一些你可能想要查看的重要档案馆，例如普林斯顿的马德图书馆（Mudd Library）[112]和斯坦福的胡佛研究所（Hoover Institution）[113]。它们各自收藏着我们这个领域的学者会感兴趣的重要档案。

要在美国档案馆中获取更为全面的档案收藏列表，你最好使用来自 ProQuest 的在线出版物美国档案（ArchivesUSA）。[114]要注意的是，想要使用此搜索引擎，你的图书馆得先订阅它。

美国档案将两个独立来源的信息汇集到了一起：一个是1959年至1993年以纸质形式出版的手稿领域的标准目录——《国家联合手稿目录》(National Union Catalogue of Manuscript Collections, NUCMC）的信息，另一个是ProQuest自己的出版物《国家文件资源清单》(National Inventory of Document Sources）中的信息（稍后会有更多介绍）。你可以通过名字或关键词搜索，列表中的许多链接实际上能为你提供特定项目在“索引术语”(index terms）下的列表。这使你能够针对你所感兴趣的特定术语进行关键词搜索。

这是一个重要的研究工具，但它可能没有你想象的那么好。我做了一个抽查，发现当我对布罗迪（Brodie）和诺斯塔德（Norstad）的姓进行关键词搜索时，我用过的一些收藏，如加州大学洛杉矶分校的伯纳德·布罗迪文件（Bernard Brodie Papers）和艾森豪威尔图书馆的劳里斯·诺斯塔德文件（Lauris Norstad Papers）都没出现。我还搜索了国会图书馆的基辛格文件（Kissinger Papers)，结果也没有显示，尽管当我在国会图书馆的国家联合手稿目录中搜索“基辛格”(Kissinger）时，确实出现了一个列表。尽管如此，你仍可以通过美国档案找到许多资源。

你还可以使用研究型图书馆组织的联合目录Eureka来查找档案资料。进入Eureka后，点击“高级搜索”窗口，从搜索菜单中选择“关键词”，再在搜索窗口中输入具体的个人姓名。接下来，向下滚动并选中“档案和混合合集”(Archival and Mixed

Collections）框。然后点击“搜索”。出现的列表可能包含一些有趣的档案资料。

此外，这一技巧对于找到涉及特定主题的档案资料尤其有用。假设你在“档案和混合收藏”搜索了“基辛格”（Kissinger）这个关键词。出现的 74 个列表之一就是国会图书馆的基辛格文件。点击进入该列表，你将看到一系列相关联的主题标题。其中之一是“美国—外交关系—中国”（United States—Foreign Relations—China）。点击该主题链接，然后调出包含在该标题下的所有作品。然后点击窗口底部的“限制”（limit），选择“资料类型”（material type），选中“档案和混合收藏”框，然后点击“应用限制”（Apply Limit）。屏幕上将列出 100 多个合集。

对于英国，你可以在国家档案登记处（National Register of Archives）[115]（现为英国国家档案馆的一部分）搜索文件集。点击“个人姓名”（personal name）链接，你可以搜索特定个人，也可以浏览个人文件馆藏的完整列表。这个搜索引擎的一个优点是它不仅显示你所搜索的个人文集，还显示数据库所包含的所有合集中由这个人撰写的文件。一些线上研究指南也提供了描述和直接链接到特定领域主要档案馆的信息。例如，你可以查看有关于军队历史的信源指南。其中一个提到的档案馆是伦敦国王学院（Kings College London）的利德尔·哈特军事档案中心（Liddell Hart Centre for Military Archives）。该中心拥有特别丰富的馆藏和非常好的网站。[116] 如果你对在英国研究文件集感兴趣，你可能需要查阅一些已出版的指南：

历史手稿皇家委员会（Royal Commission on Historical Manuscripts），《英国历史手稿调查：精选书目》（*Surveys of Historical Manuscripts in the United Kingdom: A Select Bibliography*），第2版（伦敦：HMSO, 1994）。

历史手稿皇家委员会（Royal Commission on Historical Manuscripts），《大不列颠档案馆：地理目录》（*Record Repositories in Great Britain: A Geographical Directory*）（伦敦：HMSO, 1991）。

在德国，由主要政治党派设立的机构收藏了许多与党派相关人物的文件，如基督教民主联盟（Christlich Demokratische Union, CDU）的康拉德·阿登纳基金会（Konrad-Adenauer-Stiftung）[117]和社会民主党（Sozialdemokratische Partei Deutschlands, SPD）的弗里德里希·艾伯特基金会（Friedrich-Ebert-Stiftung）[118]。如果你想拓宽研究范围，可以查阅埃尔温·韦尔希（Erwin Welsch）的《新德国的档案馆与图书馆》（*Archives and Libraries in a New Germany,* New York: Council for European Studies, 1994)。另有一篇类似的关于法国的指南（尽管有些过时）：埃尔温·韦尔希的《法国的图书馆与档案馆：手册》（*Libraries and Archives in France: A Handbook*）(New York: Council for European Studies, 1979)。如果你对法国的私人文件的合集感兴趣，一个名为“BORA”（Base d’Orientation et de Recherche dans les Archives，即“档案

导航与研究基地"）[119]的法国网站也值得一看。该网站现已收录了官方机构收藏的此类材料，并最终将收录其他类型档案馆中的文件合集。

欧洲研究委员会（Council for European Studies）设有一个网页，链接到多个欧洲档案馆[120]，你只需点击"欧洲档案馆"（archives in Europe）链接即可。你可能会发现类似的其他门户网站也很有用。例如，爱达荷大学图书馆（University of Idaho Library）有一个非常好的网站，提供了"原始资料馆"（Repositories of Primary Sources）的链接[121]，你只需点击欧洲档案馆部分。你还可以注意联合国教科文组织（UNESCO）的档案门户网站，该网站有很多欧洲档案馆的链接。

如果你对俄罗斯的资料感兴趣，一定要查看"俄罗斯的档案馆"（Archives in Russia）网站。[122]该网站与《俄罗斯档案馆：莫斯科与圣彼得堡馆藏的目录与书目指南》（*Archives of Russia: A Directory and Bibliographic Guide to Holdings in Moscow and St. Petersburg*）有关，该指南由帕特里夏·肯尼迪·格里姆斯泰德（Patricia Kennedy Grimsted）编辑，共两卷（纽约：M.E. Sharpe, 2000）。另请参阅格里姆斯泰德（Grimsted）分为两部的国际冷战史项目工作论文《七年后的俄罗斯档案馆》（"The Russian Archives Seven Years After", September 1998）的第一部分和第二部分。[123]另请注意多伦多大学（University of Toronto）的斯大林时代研究与档案项目（Stalin-Era Research and Archives Project, SERAP）网站。[124]

乔纳森·哈斯拉姆（Jonathan Haslam）发表于《冷战史》（*Cold War History*）第4卷第3期（2004年4月）的文章《拼凑冷战档案的拼图：应对冷战档案》（“Collecting and Assembling Pieces of the Jigsaw: Coping with Cold War Archives”）中有一些有用的信息（关于苏联档案和已出版的苏联资源）。此文还包括许多被忽略的档案资源，如意大利、巴西等国的档案。这是该期刊上一系列档案回顾文章中的一篇，顺便说一句，该杂志可以在线阅览，许多大学图书馆都有订阅。这个系列还包括前面提到的皮尔斯·拉德洛关于法国档案资源的文章、里奥波尔多·努蒂（Leopoldo Nuti）关于意大利档案资源的文章（第2卷第3期，2002年4月），以及其他一些文章。

这些就是档案研究的基础和你确定可能想要查看的档案资源的方法了。不过，一旦你确定了特定的档案馆藏后，你可能还想了解它们具体包含哪些内容。当然，你可以等实际到达档案馆时再查看各个馆藏中的内容。馆员会告诉你检索工具在哪里，甚至可能为你提供一些不在开放书架上的检索工具。你可以这样做，但是你可能更希望在家里就把这些事情完成了，哪怕只是为了大致了解你可能需要在某个档案馆花多少时间。那么，在实际前往档案馆之前，有没有办法查阅这些检索工具呢？

是这样的，有时候可以，有时候不行。我提到的许多指南和搜索引擎都有这些检索工具的链接。当你找到感兴趣的检索工具时，你可能需要下载或至少将其加入书签。此外，你还可以尝试查看一部重要的出版物。该出版物在许多大学图书馆或馆际互借服务中都可获得，即《国家文献资源目录》(*National Inventory of Documentary Sources,* NIDS)。这份目录基本上是美国各种资源的诸多检索工具的缩微胶片复制品。你也可以通过使用纸质指南来查看它们。或者，你可以使用美国档案查看你感兴趣的馆藏的检索工具是否包含在《国家文献资源目录》中。如果包含在其中，那么在列表中会出现"《国家文献资源目录》胶片编号"(NIDS fiche number)。如果你想查看某个档案馆中包含在《国家文献资源目录》中的哪些检索工具，只需在美国档案的主搜索引擎中的档案馆字段中输入档案馆名称，在"搜索选项"(search options)下选择"仅限《国家文献资源目录》记录"(NIDS Records Only)。

不过，提前获得检索工具基本上只是会为你提供一些便利。无论你是否能提前获得它们，档案研究的整个过程总的来说都非常简单，包括确定馆藏、查阅检索工具、订阅你想看的材料。然而，在美国马里兰州科利奇帕克的美国国家档案馆则有一个例外。

对于我们这个领域的人来说，在你了解了国家档案馆的运作方式后，你可能会很困惑。因此，请允许我简要说明一下它的运作原理。当你到达档案馆时，你首先要办理档案卡。进门后右边有一个小房间，那里的工作人员会在一台计算机上为你办理，你向他们出示带有照片的身份证明，很快你就会拿到档案卡。你不能将未盖有特殊印章的物品带入阅览室，所以尽量减少你所带的东西。你可以将多余的东西放在地下室的免费储物柜中，需要付 25 美分。然后回到一楼，走过控制门。通过检查后，你乘坐电梯到二楼，进入阅览室。在那里登记后，除非你已经订阅了资料，否则你需要前往左边稍远处的另一个桌子，获得通行证，并在人员陪同下前往档案馆和检索工具所在的房间。这也是你填写和提交订单表格［也称为“拉取单”（pull slips）或“服务单”（service slips）］的地方。顺便说一下，你需要为每个档案盒填写一张单独的表格。只有订阅的是连续编号的档案盒，才可以使用同一张表格。

资料放在两个房间：2400 号房间用于现代军事记录（包括中央情报局的资料和麦克纳马拉文件等资源），2600 号房间用于民用记录，包括国务院在 RG 59 的记录。假设你首先去了民用记录的部门。你要在桌子前登记，与一位档案管理员会面。档案管理员会解释基本的情况，并为你提供一些检索工具。请注意记录的提取时间：9：30、10：30、11：30、1：30 和 3：30。务必在这些时间点之前提交表格，如果错过时间点，你可能需要多等一个小时甚至两个小时。当然，如果你还有其他检索工作要做，包括在 2400 号房间（档案盒的提取时间表相同）进行的工作，那么等一两个小时可能不成问题。不过，最好还是尽早订阅要用的档案盒，因为档案管理员在提取档案盒时有时会出错。你可以订阅大约 18 个档案盒。它们会被拖车运到主阅览室交给你领取。你可以从民用记录部门和军事记录部门各订一拖车的档案，这样你就可以确保档案源源不断了。举例而言，当你完成了你订阅的国务院记录并退还了那架拖车后，你可以立即提交新一批国务院资料的表格，在这批资料被提取时，你可以查阅你已订阅的军事记录档案。

国务院记录分为两部分：中央档案库（Central File）和分类档案库（Lot Files），分类档案通常是国务院特定办公室的记录。中央档案本身基于密级又分为两部分。截至 1963 年 1 月的档案使用的是十进制编码系统，所以这些档案通常被称为“十进制档案”（decimal files）。1963 年到 1973 年的档案，记录员使用了“主题—数字”（subject-numeric）编码系统。而在 1973 年，编码系统再次发生了变化。[125] 部分中央档案的检索工具可在档案馆获取，如“国务院十进制档案，1910—1944 年的主题列表”（“Purport Lists for the Department of State Decimal File, 1910–1944”），这是一份非常详细的、按文件逐个列出的清单，也被缩微化出版为国家档案馆缩微胶卷出版物 M973；654 卷。关于 1950—1963 年记录的“记录编码手册”（Records Codification Manual）也可在一卷卷缩微胶卷上获得（M1275）。另请参阅国家档案馆线上指南中 RG 59 部分关于文件 59.2.5 的信息。[126]

填写用于申请国务院中央档案库档案盒的表格相对容易。对于十进制系列，你需要在表格底部的“记录识别号”（record identification）区域填写十进制数字和日期，例如“740.5611, 1957-59”。对于上面一行，你还需要填写前两个框，RG 号（59）和堆栈区域（stack area, 250），这些记录都是相同的。十进制编码档案的服务单可在线查看。[127]

然而，如何获取档案的十进制编号呢？1910 年到 1949 年的档案使用了一个归档系统，1950 年到 1963 年使用了一个略有不同的分类系统。2600 号房间里有描述这些系统的指南（档案管理员会展示给你看），但这些指南并不总能给你所需的信息。例如，你无法在索引中查找“Euratom”（European Atomic Energy Community，欧洲原子能共同体）并了解到 840.1901 是关于美国对 Euratom 政策文件的代号。你可以请档案管理员帮忙，但通常他们也不知道怎么找。基本上，对于 1950 年到 1963 年时期，我们会感兴趣的主要是三个系列：600、700 和 800 系列。6xx.yy 的编码代表 xx 国与 yy 国之间的政治关系；7xx.subj 代表 xx 国（或地区）的政治和军事事务；8xx.subj 代表内部经济和社会事务。这是一些主要国家的代码：11 代表美国，41 代表英国，51 代表法国，62 代表德国，62a 代表西德，61 代表俄罗斯。同样的系统也用于地区：00 代表总体，40 代表欧洲，50 代表西欧大陆。一些主要主题代码：5 代表防务，56 代表装备，5611 代表核能，5612 代表导弹，以及（对于 800 系列）1901 代表原子能。然而，关于美国—德国关系的很多资料并不在 611.62 中，正如你可能料到的那样，而是在 762.00（“德国—总体”）中，还有一些不错的资料在 740.5 中。或者谁会猜得到 740.56 似乎是关于核分享和 FIG[128] 协议（法国、意大利和德国之间的核武器联合生产计划）的主要文件?

总之，重要的是要记住，在国家档案馆找资料会耗费一段时间。你可以通过各种方式获得线索。手写的参照引用一般会出现在特定文件的页边。对外关系系列中已出版的文件也会给出档案引用。这些引用通常会指向资料最为丰富的档案，甚至是你可能不会想到要订阅的档案盒。对外关系系列的大部分卷册都在主阅览室的开放书架上，所以你不必从家里带着你自己的那套书。

现在让我谈谈国务院中央档案中以“主题—数字”编码的部分。这部分包括大约从 1963 年 2 月开始的档案。如何在“主题—数字”档案中找到你所需要的资料呢？有一份简短的指南对这个系统进行了粗略的解释，此外还有《美国对外关系》中的引用可以给你一些线索，但你在这里的入门之径是 2600 号房间内“国务院组”的检索工具中的档案盒列表。然而，档案盒列表只提供了对每个档案盒所包含的内容极为简单的概念性描述，所以你可能需要摸索一番。你要按照档案盒的编号来订阅。“主题—数字”档案的订阅单子也可以在线查看。[129]

分类档案更难检索。杰拉尔德·海恩斯写了一本关于分类档案的书：

Gerald Haines, *A Reference Guide to United States Department of State Special Files* (Westport, Conn.: Greenwood, 1985)

你还可以在各种《美国对外关系》卷册的开头找到与分类档案相关的清单。然而，你主要了解分类档案的途径可能还是在 2600 号房间内“国务院组”中找到的检索工具（在你进门后的左后方）。这些检索工具有黑色和白色的活页夹，它们有些重叠，但白色活页夹要好得多。当你浏览这些活页夹中的检索工具时，请注意分类档案的编号和简短标题、你感兴趣的档案盒的编号，以及最重要的是，分类档案的位置编号。位置编号通常（但不总是）是手写标注在检索工具中。位置编号大概看起来像这样：250/D/15/06 或 250/62/23/5。如果没有标注位置编号，你可以使用新的分类档案数据库来查找；在检索工具室里有一台电脑终端，档案管理员会告诉你如何使用它。在你的订阅表格中，你需要填写位置编号而不是分类档案本身的编号，填写在大的"记录识别号"框的上方的第二到第五个框中（请参阅我在线上展示的示例）。[130] 但在实际引用文档时，经常会使用分类档案编号。当然，在填写订阅表格时，你还需要提供你所要订阅的档案盒编号（或多个编号）。

分类档案数据库还会告诉你特定分类档案的检索工具位于何处。检索工具不可获取，并不意味着该分类档案就无法查阅。其中一些分类档案，档案管理员可以拿给你相关的档案盒列表，但这些列表在开放式书架上不可获取。

另一个重要的活页夹标记为"会议文件"（Conference Files）。该合集包含了美国官员在外出旅行（主要是国外）时举行的会议的记录。例如，如果你订阅位于 150/68/28/1—7 的"1964—1966 年会议文件，CF 268—269，465—466 号档案盒"，你将得到 1968 年 1 月美国对欧洲国际收支平衡使团（U.S. Balance of Payments Mission to Europe）的记录。在会议文件活页夹的后面，你还可以看到一份在标题"执行秘书处，简报册，

1958—1976”（Executive Secretariat, Briefing Books, 1958–1976）下的材料清单。这里包含了一些你可能会惊讶于竟在这里找到的有趣材料。例如，这个合集中的3—9号档案盒包含了一套关于1958年6月到1963年2月美国与法国关系的文件（分类号69D 150，150/68/1/2—7）。

我应该指出，一般而言，RG 59中经常会挖掘出一些不为人知的宝藏，但发现它们往往很难。你通常只是在做其他事情的过程中偶然发现它们。例如，RG 59的一部分专门收录了国务院历史政策研究司及其前身（Division of Historical Policy Research and Its Predecessors）的相关资料，其中包括16盒1944—1950年的“特殊研究和报告”（Special Studies and Reports, 1944–1950），位于150/46/08—09/06—07。4号档案盒（编号为84的报告）包含大约400页美国国务院与伦敦大使馆之间关于1948年柏林封锁事件的秘密电传会议资料。5号档案盒包含1947年莫斯科外长会议（Moscow Foreign Ministers’ Conference）的3个装订本。7—16号档案盒包含大量关于1946—1948年中东地区的资料。只有在四处寻找时，你才能发现这些东西。

那些在RG 59的国务院材料非常重要。其他某些记录群组可能也值得一探，但你很可能会对在这些合集中找到的东西感到失望。例如，RG 273中的国家安全委员会文件并不是特别丰富。如果你对国家安全委员会的材料感兴趣，最好去总统图书馆。然而，国家档案馆确实有一些可能对某些目的有用的资料。在2600号房间有一张列出国家安全委员会正式文件的卡片目录，正如我之前所言，海恩斯书中也有一份清单。运用这些清单，你可以申请与国家安全委员会特定文件（如 NSC 68 等）相对应的文件。如果你对艾森豪威尔时期感兴趣，你还可以使用我之前说的会议指南，申请国家安全委员会特定会议的文件。[131] 但正如我所言，我的经验是这些资源并不是特别丰富，远不如你在总统图书馆中看到的那些资料。

然而，此处的军事资源非常丰富。最重要的军事来源是 RG 218，即参谋长联席会议实录。对于截至 1958 年的材料，你可以通过引用第二次世界大战期间为美英参谋长联席会议（U.S.-British Combined Chiefs of Staff）制定的 CCS 编号来提出申请。例如，你可以申请“1958 年 CCS 092 德国（5–4–49）”。从 1959 年开始，档案编码使用了不同的系统。有一些指南可以解释这些系统，但向档案管理员寻求帮助不失为一个好主意。我已经在线上发布了 1961 年参谋长联席会议文件的典型封面。[132] 请注意靠近顶部的“交叉索引号”（cross index numbers）列表。这一编号在“扩展”检索和弄清楚下一步要订阅哪些档案盒方面非常有用。另一种获取这种资源的方法，如我前面所提到的，是使用参谋长联席会议已出版和未出版的历史资料。

国家档案馆的军事事务部还有其他一些有趣的记录组，尤其是关于约 1954 年之前的时期，如 RG 330、国防部长办公室（Office of the Secretary of Defense, OSD）的记录。有一部关于国防部长办公室的官方历史资料（History of the Office of the Secretary of Defense），迄今已出版了四卷，涵盖了 1947—1960

年的时期：

History of the Office of the Secretary of Defense, gen. ed. Alfred Goldberg (Washington, D.C.: OSD Historical Office, 1984–)

那个系列的脚注可能有助于你了解这一资源。而你可以使用的任何帮助都是有益的，因为这并不是一个特别容易找到的记录组。此处也使用了与 RG 218 中相同的 CCS 系统，但显然是以一种完全不同的方式。

那么，如何使用 RG 330 的资料呢？2400 号房间外的检索工具资料室里有两个文件夹（一个黑色，一个白色），每个文件夹都分为两个部分（NM–12 和 A–1），按条目号列出了 RG 330 中所有可以获取的部分。有时候，一个条目号会是一个合集的索引，而这个合集又在另一个条目号下列出。结果，你会发现，举例而言，在 1950—1951 年的合集中最重要的资料是 199 号条目，即 1950 年 7 月至 1951 年 12 月的国防部资料，但在 199 号条目中有很多档案盒。因此，要确定你所想要的内容，你需要进入 198 号条目的第 7–14 号档案盒，即 1950 年 7 月至 1951 年 12 月的索引。这将为你提供 199 号条目中的文件（或 CD）的编号。之后，你再去找资料室里的 RG 330 档案盒里的 199 号条目的文件夹，找出 199 号条目中与你从 198 号条目中的索引中找到的文件（按 CD 编号列出）相对应的档案盒，并为这些档案盒提交申请。提交申请的时候还要从松散的活页册中获取堆栈位置编号。这也就难怪没什么人使用这个信源了，尤其是当你意识到解密者在公开这个合集中的材料时还非常保守。然而，你有时会在这个合集中发现一些宝石，而且这些未经雕琢的宝石在其他地方无迹可寻。

五、公开信源

有些话题，尤其是那些具有持续政治重要性的话题，不能仅仅依靠我迄今为止谈到的那些材料来得到富有成效的研究。如果你对最近发生的某个事件感兴趣，或者对仍在发酵中的某个事件感兴趣，你将不得不依靠公开信源：报纸和杂志的报道、政府官员发表的声明、国会听证会上的证词等。即使你所感兴趣的主题已经有大量曾加密的资料得到解禁，这些公开信源的资料有时也值得研究。了解当时公共讨论中某个特定问题是如何被对待的，这总是很有意思，有时重要的历史记录甚至会在国会的支持下出版。因此，让我简要地谈谈这类材料，首先是报纸和杂志，然后是国会方面的资料，最后是美国和其他国家的行政部门发布的材料。

现在，我们可以通过 LexisNexis 来检索从约 1980 年开始发行的报纸和杂志。这使你可以在主流的美国内外的报纸杂志中进行全文搜索，包括超过 350 份报纸［如《纽约时报》（*New York Times*）、《华盛顿邮报》（*Washington Post*）、《华尔街日报》（*Wall Street Journal*）、《金融时报》（*Financial Times*）、德国《时代周刊》(*Die Zeit*)、法国《世界报》(*Le Monde*)、法国《费加罗报》(*Le Figaro*)等]和300多种杂志[如《新闻周刊》(*Newsweek*)、《纽约客》(*New Yorker*)、《新共和》(*New Republic*)、《国家评论》(*National Review*)、法国《快报》(L'Express)、德国《明镜周刊》(Der Spiegel)、《经济学人》(*Economist*)等]。还可以通过ProQuest Newspapers搜索三份重要的报纸:《纽约时报》、《洛杉矶时报》(*Los Angeles Times*)和《华尔街日报》。这三份报纸还有两个独立的合集:历史合集和当前合集。它们一起覆盖了从19世纪到现在的报纸。LexisNexis和ProQuest都是订阅服务,因此你需要通过图书馆获得这些资源。

ProQuest和LexisNexis搜索引擎允许你进行关键词搜索,但这也有一定的问题。你很难知道哪些关键词既能满足你的需求,又不会同时产生大量无关的材料,因此在进行关键词搜索时,你几乎必须摸索着前进。这就是为什么传统的纸质报纸索引仍在出版,而且在我看来,这些索引非常好用。正如我在正文中所言,你可以通过阅读《纽约时报索引》中的列表来学到很多东西,其他一些主要报纸,如《华盛顿邮报》《洛杉矶时报》《世界报》和伦敦的《泰晤士报》(*Times*)也有索引。综合性杂志也很重要。在电视出现之前,这些杂志在政治文化中发挥过重要作用。这方面的基本指南是《期刊文献读者指南》(*Reader's Guide to Periodical Literature*),现在,该指南也可以通过WilsonWeb电子检索,它也是一项订阅服务。

你可能会定期阅读某些报纸和杂志,尤其是当你研究一些当代问题时。为此，你应该了解许多在自己网站提供线上阅览的期刊。对于欧洲媒体，欧洲研究委员会网站上有一个不错的链接列表。[133]美国国务院的外国媒体调查也可以在线获取。[134]查尔斯·利普森（Charles Lipson）在其网站上也提供了许多国际新闻信源的链接。[135]关于军事领域的期刊文献，请查看战略教育中心网站上的“国家安全媒体信源”（National Security Media Sources）页面。[136]一些重要的非英语期刊的关键文章的英文翻译可以在线获取，至少在原版发表后的一段时间内可以获取，例如，《明镜周刊》有一个英文的线上版。[137]

现在让我谈谈已出版的国会资料。如果你在研究一些当代问题，这些资料可能非常重要。如何处理这些材料呢？LexisNexis 国会页面是一个很好的起点。你可以在那里搜索各种数据库：CIS（Congressional Information Service，国会信息服务）索引、“历史索引”（historical indexes）、“听证会证词”（testimony）数据库等。CIS 索引涵盖了从 1970 年开始的时期，你可以通过主题（有一个可浏览的列表）、委员会、证人等多种方式进行搜索。搜索当然可以通过日期限定结果。出现的列表有时会有全文链接，但如果没有，你可以使用听证会的标题在常规图书馆目录中进行标题搜索。历史索引涵盖了 1980 年之前的时期。证词数据库（涵盖 1988 年以后的时期）在研究特定人物方面尤为有用。例如，亨利·基辛格（Henry Kissinger）的搜索结果有 60 条结果。你还可以选择在 CIS 索引中通过证人搜索特定个人，这涵盖了一个更为广泛的时期。

然而，这个特定的搜索引擎也存在一些问题，你可能还想使用一个可供浏览的索引作为搜索引擎的补充。至少对于相对较新的材料而言，这很容易做到。你只需转到 GPOAccess 网站上的国会页面。[138] 你会发现当前国会及自 1997 年以来的历届国会的委员会听证会的可浏览列表。这些列表链接到这些听证会的全文记录，其格式比 LexisNexis 提供的要更易于阅读。

对于较早的材料，国会资料则更加难于使用。虽然存在检索工具，特别是 LexisNexis 上的“历史索引”，但在众多琐碎信息中，你很难判断哪些是真正重要的。然而，如果你对早期冷战时期感兴趣，至少在军事事务方面，你可能会发现以下指南很有用：

Congressional Hearings on American Defense Policy, 1947–1971: An Annotated Bibliography, comp. Richard Burt (Lawrence: University Press of Kansas, 1974)

如果你想使用未公开的国会资料，可以参考安德鲁 · L. 约翰斯（Andrew L. Johns）的文章《干草堆里的针：在外交关系研究中使用国会资料合集》（“Needles in the Haystacks: Using Congressional Collections in Foreign Relations Research”），载于《SHAFR 通信》（*SHAFR Newletter*）第 34 卷，第 1 期（2003 年 3 月）：1–7。这篇文章列出了一些索引、指南和网站，你可能会感兴趣。

现在，让我最后概述一下美国政府行政部门发布的一些资料。在美国，有两个公开的资料合集非常有用：

《美国总统公共论文》(*Public Papers of the Presidents of the United States*)(线上版从1992年卷开始提供)[139]

《国务院公报》(*Department of State Bulletin*)

如果你正在研究一个较为晚近的主题，你可能需要大量依赖线上资源：

白宫网站(White House)[140]

当前新闻，包括新闻档案链接[141](包含官方声明的文本，你可以通过下拉菜单按问题搜索)

美国国务院网站(2001年1月后的资料)(State Department)[142]

国务卿的讲话稿(现任政府)[143]

其他高级官员(包括他们的讲话链接)[144]

国家和地区[145](此处链接的地区司局网站上的“发布”链接提供了与每个地区相关的讲话文本；在“发布”部分，还有一个与每个地区相关的2001年以前的资料的链接)

外国媒体调查(Foreign media surveys)[146]

美国国务院电子档案(2001年1月前)(State Department Electronic Archive)[147]

简报和声明(1993年至今)(Briefings and Statements)[148]

国防部国防连线（Department of Defense DefenseLink）[149]

讲话记录（现任政府[150]）（存档[151]）（搜索引擎[152]）

许多其他国家也有类似的网站，上面的文本通常可以用英文阅读。例如，法国外交部网站有一个英文页面，包含过去几年法国外长的讲话内容。[153] 同样，德国外交部网站也有类似的内容。[154] 即便是法国总统办公室的网站也有英文版本，其中包含希拉克总统（President Chirac）演讲的英文全文。[155] 各国驻华盛顿大使馆的网站上也提供演讲、采访等的文本。例如，法国驻华盛顿大使馆网站[156]和德国驻华盛顿大使馆网站[157]。如今，在线上可以找到如此多的此类资料，实在是非常惊人。

六、加密资料

如果你想查看仍然被归为机密的资料，你可以采取多种方法。首先，你可以尝试让这些资料解密。为此，你可以通过多种途径，例如依据《信息自由法案》提交申请，或者针对一份或多份具体文件提交强制解密审查（Mandatory Declassification Review）申请。

你所采取的申请程序取决于你想要查看的材料类型。如果你对政府常规机构（如国务院或中央情报局）生成的资料感兴趣，你应该依据《信息自由法案》提交申请。当你试图查看总统办公室及其分支机构（包括国家安全委员会）生成的文件时，你应该使用强制解密审查程序。这实际上意味着你一般会针对总统图书馆中的文件提交强制解密审查申请。但是，如果你想查看仍处于加密状态的国会资料，如原子能联席委员会（Joint Committee on Atomic Energy）的记录，你无法使用《信息自由法案》或强制解密审查程序。相反，你需要联系立法档案中心（Center for Legislative Archives，电话：202–501–5350 或 5353），他们会告诉你怎么做。

强制解密审查该怎么申请呢？过程相当简单。当一个合集被处理时，尚未解密的文件将被从文件中撤回，每个文件夹顶部会放置一个“撤回单”（withdrawal sheet）。撤回单会列出并描述已撤回的文件。你可以查看你所感兴趣的文件中的撤回单，在此基础上填写总统图书馆为此目的设计的表格。我将一些撤回单（一个是“未经处理的”[158]，另一个已是经过处理的[159]）放到了网上，供你了解他们大概什么样。同样，我还将一个空白的强制解密审查申请表格[160]放在了网上。只要你想调阅的文件都来自同一个文件夹，你就可以在一张表格上列出多个单独文件。在特定时间内，你可以提交的强制解密审查申请数量是有限的，也就是说在特定时间内可以要求审查解密的文件数量是有限的。此外，如果最近已经对某个特定文件进行了审查，你也不被允许提交针对该文件的强制解密审查申请，你会看到先前审查的信息出现在撤回单上。还有各种其他规则可能适用，但具体规则会不时更改。当你人在图书馆时，档案馆员会告诉你需要做的一切。

强制解密审查申请可能需要几年时间才能有结果，因此这是你长达多年的研究项目中应该尽早进行的一项工作。你只需提交表格（记得在提交之前为你自己复制一份），等着图书馆将你的强制解密审查申请号码寄给你，以便跟踪你的申请（如果没有，请务必打电话询问），然后忘记这整个过程。当文件寄到时，他们给你的文件会让你感到惊喜。当然，这一点也适用于依据《信息自由法案》提交的申请。

如何依据《信息自由法案》提交申请呢？同样的，实际上并不困难。这次你不需要发送列表，而要写一封信。国家安全档案馆在其网站上有一个《信息自由法案》指南[161]，自由信息清算所（Freedom of Information Clearinghouse）[162]［拉尔夫·纳德尔（Ralph Nader）］也有。此外，你还可以从华盛顿的国家安全研究中心（Center for National Security Studies）获取《如何使用<信息自由法案>：分步指南》（Using the FOIA: A Step by Step Guide）。所有这些指南都有基本信息、样本信件和地址列表，供你将信件寄出。（部分资料有些过时，所以在寄送任何东西之前，最好先通过电话核实地址。）对于相对较新的国务院资料（通常是自 1975 年以来的资料），现在应该寄送至：Margaret Grafeld, Director, Office of IRM Programs and Services, A/RPS/IPS, Dept. of State SA-2, 515 22nd St. NW, Washington, DC 20522-6001。较旧的（目前是 1975 年之前的）资料应向国家档案馆申请，申请应寄至以下地址：Civilian Records, Archives II, Room 2600, National Archives at College Park, 8601 Adelphi Road,

College Park, MD 20740-6001。国防部依据《信息自由法案》的申请现在可以通过网上发布的表格提交电子版。[163] 国务院现在有一个《信息自由法案》网站，你可能想看看。[164]

一般来说，在提交《信息自由法案》申请时，你应该尽量具体。你的表格上应该包括特定的档案参考资料，包括指向位于马里兰州苏特兰（Suitland）的华盛顿国家记录中心（Washington National Records Center）的淘汰了的文件的参考资料。该中心通常保存着不再保存于机构办公室，但又尚未移交给国家档案馆的资料。（实际上，你可能不得不实地去一趟那里获取参考资料，这就是资深《信息自由法案》申请者经常做的事情。）此外，不妨解释一下你是从哪里了解到你所希望公开的资料（例如，如果线索是来自已经解密的历史研究中的脚注），以及可能找到该资料的地方。只要这些资料都来自同一机构，你当然可以在一封信中申请多份文件。在寄出信件后，你通常会收到一份初步回复。如果回复中没有包含《信息自由法案》的申请号码，请务必与寄给你信件的办公室取得联系，并询问申请号码。如果不这样做，你将无法追踪你的申请。之后，你只能好好等着。等你收到邮件，可能已经过了数年时间。

如果你的目标仅仅是查阅加密资料而不一定要求解禁它们，你有时可以通过非常不一样的方式达成你的目的。对于某些类别的文件，你可以获得一份安全许可，它允许你查看具有历史意义的资料。例如，空军历史研究协助办公室（Air Force History Support Office）有一个名为“有限安全访问”（Limited

Security Access）的项目（至少在某段时间内有），可以允许学者查看空军保管的、密级高达秘密级别的历史资料。[165] 你可以拨打电话（202）767–5764 或（202）404–2261 以获取更多信息。我利用这一许可，不仅查看了一些空军资料（尤其是机密级别的历史资料），还帮助自己获得了浏览兰德（Rand）文件的权限。兰德文件是一个资料非常丰富的信源。（在我所感兴趣的时期里，兰德是为美国空军工作的合同承包商。）记住你必须申请解密特定文件、文件的部分或你关于这些文件的笔记，才能引用这些来信源。这需要一点时间，但比依据《信息自由法案》的申请过程要快得多，也更有效率。

你时不时会遇到类似于"有限安全访问"的项目。例如，曾经有一个时期，你必须申请安全许可才能查看普林斯顿马德图书馆中丰富的杜勒斯国务文件（Dulles State Papers）合集。现在已经不必如此了，因为整个合集已经全部解密。但关键是，此类项目确实存在，你可能想了解你所感兴趣的领域是否有一个类似的项目以便你利用。当然，你可以随时与档案管理员讨论关于是否有可能的申请特殊许可查看尚未解密的资料的方法。这不仅适用于美国的信源，也适用于其他国家的档案资料。

最后，我要指出，当你进行档案研究时，你不得不应对各种实际问题，比如在外出时找一个落脚的地方，以及为你的研究差旅筹集经费。我的老版冷战历史网站的第三部分中包含了一些关于这些问题的信息。[166] 要获取这些信息，请点击该链接并按 Ctrl F 搜索"住房"或"经费"。

注　释

序　言

1. Charles C. Gillispie, "A Professional Life in the History of Science," *Historically Speaking* 5, no. 3 (January 2004): 3.——原注（本书注释若无特殊说明均为作者原注，下文不再标示）

2. 本书无单独中译本。——编者注

3. 作者在原书脚注中为这份指南提供了加州大学洛杉矶分校（UCLA）政治学系网站的一条网址（http://www.polisci.ucla.edu/faculty/trachtenberg/guide/guidehome.html），但该网页页面已失效。译者在作者个人网站上找到了这份指南（http://www.sscnet.ucla.edu/polisci/faculty/trachtenberg/guide/guide/guidehome.html），以备参考。——译者注

4. "Making Sense of the Nuclear Age"是本书作者为1985年于哥伦比亚大学战争与和平研究所（Institute of War and Peace Studies, Columbia University）举办的一次会议所作的论文，后收录于作者已出版作品*History and Strategy*（Princeton University Press, 1991）中。

第一章

1. Carl Hempel, "The Function of General Laws in History," *Journal of Philosophy* 39 (1942): 35–48；转载于Patrick Gardiner, ed., *Theories of History* (New York: Free Press, 1959), pp. 344–356。进一步的参考宜阅读后者。

2. 参见William Dray, *Laws and Explanation in History* (Oxford: Oxford University Press, 1957)。阿兰·多纳根（Alan Donagan）将这一观点称为"波普尔–亨普尔"理论。参见Alan Donagan, "The Popper-Hempel Theory Reconsidered," *History and Theory* 1 (1964): 3–26，细微改动后再版于*Philosophical Analysis and History*, ed. William Dray (New York: Harper and Row, 1966), pp. 127–159；进一步的参考宜阅读这篇文章的后一版本。然而，我应该指出，到这篇文章发表的时候，卡尔·波普尔（Karl Popper）对他称之为"历史主义"的概念持严厉批评态度。他将"历史主义"定义为"一种社会科学的方法"，旨在"支撑历史演变的规律"。参见Karl Popper, *The Poverty of Historicism* (London: Routledge, 1961), p. 3。后来，他特意赞扬多纳根"如此有力地抵制这种危险（即历史主义）"。参见Paul A. Schilpp, ed., *The Philosophy of Karl Popper*, 2 vols. (La Salle, Ill.: Open Court,

1974), 2:1174。当然，"历史主义"这一术语已经被滥用。参见Georg Iggers, *The German Conception of History* (Middletown, Conn.: Wesleyan University Press, 1968), pp. 287–290（或pp. 295–298 in the revised edition published in 1983），以及其中引用的文献。

3. William Dray, *On History and Philosophers of History* (Leiden: Brill, 1989), p. 13。另请参见Donagan, "Popper-Hempel Theory," p. 127。

4. William Dray, *Philosophy of History* (Englewood Cliffs, N.J.: Prentice-Hall, 1964), pp. 6–7（着重强调为原文所有）。威廉·德雷（William Dray）在此只是复述另一位哲学家的观点。

5. 重点参见J. H. Hexter, "The One That Got Away," *New York Review of Books*, February 9, 1967。

6. 例如Dray, *Laws and Explanation in History*, p. 12, 以及Alan Donagan, "Can Philosophers Learn from Historians?" in *Mind, Science, and History*, ed. Howard Kiefer and Milton Munitz (Albany: State University of New York Press, 1970), p. 244。

7. Marvin Levich, "Interpretation in History," *History and Theory* 24 (1985): 61.

8. Donagan, "Popper-Hempel Theory," p. 157.

9. William Dray, "The Historical Explanation of Actions Reconsidered," in *Philosophy and History: A Symposium*, ed. Sidney Hook (New York: New York University Press, 1963), p. 133.

10. Donagan, "Popper-Hempel Theory," p. 142.

11. Carl Hempel, "Reasons and Covering Laws in Historical Explanation," in Hook, *Philosophy and History*, p. 146. 另请参阅 N. R. Hanson, *Observation and Explanation: A Guide to Philosophy of Science* (New York: Harper, 1971), pp. 39–49, esp. pp. 42, 48–49。

12. Hempel, "Function of General Laws," pp. 347–348。波普尔也有相似的论述。参见Karl Popper, *The Open Society and Its Enemies*, 4th ed. (London: Routledge, 1962), 2:262。然而，两个概念之间的关系并不像亨普尔所认为的那么简单。请参阅"Explaining and Predicting" in N. R. Hanson, *The Concept of the Positron: A Philosophical Analysis* (Cambridge: Cambridge University Press, 1963), pp. 25–41。

13. R. G. Collingwood, *The Idea of History* (New York: Oxford University Press, 1956), pp. 175–178, 214–215.

14. Ibid., p. 215.

15. Ibid., pp. 78–79, 218, 228, 304.

16. 重点参见R. F. Atkinson, *Knowledge and Explanation in History* (Ithaca: Cornell University Press, 1978), pp. 26–27。

17. Collingwood, *Idea of History*, p. 216.

18. 这个简单的观点是进化论的核心。关于这种思维方式在政治生活中的应用，参见Kenneth Waltz, *Theory of International Politics* (New York: McGraw-Hill, 1979), esp. pp. 76–77, 82–88, 118; 短语引自p. 92。另请注意该文中采用的一般路径Robert Axelrod's *The Evolution of Cooperation* (New York: Basic Books, 1984)。阿克塞尔罗德（Axelrod）用进化论的术语来解决他的问题，因此他并没有假设智力决定行动。正如他所言，生物"不需要大脑来玩游戏"，他的"合作"理论适用于细菌以及人类。Ibid., p. 18; note also chapter 5.

19. 致莫顿·怀特（Morton White）的回信，New York Review of Books, March 23, 1967, p. 29。

20. 例如，英国哲学家迈克尔·奥克肖特（Michael Oakeshott）在1933年提出："历史学家的任务不是发现、重现,甚至不是解释,而是创造和构建。" Michael Oakeshott, Experience and Its Modes (Cambridge: Cambridge University Press, 1933), p. 93。顺带提一下,科林伍德认为奥克肖特所作的包含该论点的章节是"有史以来最深刻的历史思想分析"。引自David Boucher, "The Creation of the Past: British Idealism and Michael Oakeshott's Philosophy of History," History and Theory 23 (1984): 193。

21. Hayden White, *The Content of the Form: Narrative Discourse and Historical Representation* (Baltimore: Johns Hopkins University Press, 1987), p. 76。关于过去"不存在"的令人惊讶的广泛讨论,参见Atkinson, *Knowledge and Explanation in History,* pp. 51–53。

22. White, *Content of the Form*, p. 73.

23. Hayden White, response to Arthur Marwick, *Journal of Contemporary History* 30 (April 1995): 240(着重强调为原文所有)。

24. White, *Content of the Form*, pp. ix, 43–44.

25. Ibid., p. 45.

26. Hayden White, *Metahistory*: *The Historical Imagination in Nineteenth-Century Europe* (Baltimore: Johns Hopkins University Press, 1973), p. x(着重强调为原文所有)。

27. Maurice Mandelbaum, "The Presuppositions of *Metahistory*," *History and Theory* 19, Beiheft (1980): 46.

28. White, *Metahistory*, p. xii(着重强调为原文所有)。

29. Ibid., p. 433.

30. Hayden White, *Tropics of Discourse: Essays in Cultural Criticism* (Baltimore: Johns Hopkins University Press, 1978), p. 82.

31. White, *Metahistory*, p. xi; White, *Content of the Form*, pp. 35, 37. 后者引述了罗兰·巴特的一句话("语言之外,并无事实。")作为题词。[题词原文引述为法语(le fait n' a jamais qu' une existence linguistique),中文为译者翻译添加。——译者注]

32. White, *Content of the Form*, p. 76; White, *Metahistory*, p. 433.

33. White, *Content of the Form*, pp. 74–75.

34. Ibid., pp. 80–81; see also p. 73.

35. Hans Kellner, "Narrativity in History: Post-Structuralism and Since," *History and Theory* 26, Beiheft 26 (December 1987): 6.

36. Michel Foucault, *Power/Knowledge* (New York: Pantheon, 1980), p. 93.

37. Keith Jenkins, *On "What Is History?": From Carr and Elton to Rorty and White* (London: Routledge, 1995), p. 42(着重强调为原文所有)。

38. Stephen Bann, quoted in Hans Kellner, *Language and Historical Representation: Getting the Story Crooked* (Madison: University of Wisconsin Press, 1989), p. 3,引述也见于J. L. Gorman's review of the Kellner book in *History and Theory* 30 (1991): 359(着重强调为原文所有)。

39. Nancy Partner, "Hayden White (and the Content and the Form and Everyone Else) at the AHA," *History and Theory* 36 (1997). 104, and Richard Vann, "The Reception of Hayden White," *History and Theory* 37 (1998).

40. 例如,可以参考Joyce Appleby, Lynn Hunt, and Margaret Jacob, *Telling the Truth about History* (New York: Norton, 1994), p. 4中提出的:我们寻求一个过去的视角以及一个

当下的智识立场，以促进一个社会的日益民主。另请参见Thomas L. Haskell, *Objectivity Is Not Neutrality: Explanatory Schemes in History* (Baltimore: Johns Hopkins University Press, 1998), p. 150，以及此篇所引案例Peter Novick, *That Noble Dream: The "Objectivity Question" and the American Historical Profession* (Cambridge: Cambridge University Press, 1988), p. 598。

41. Jean Baudrillard, interview with Sylvere Lotringer, "Forgetting Baudrillard," *Social Text*, no. 15 (Fall 1986): 142.

42. 这句广为引述的表述初见于"Débat sur le roman," published in *Tel Quel* 117 (Spring 1964): 45, 转载于Michel Foucault, *Dits et Ecrits, 1954–1988*, vol. 1 (Paris: Gallimard, 1994), p. 380。

43. Richard Rorty, *Philosophy and the Mirror of Nature* (Princeton: Princeton University Press, 1979), pp. 10, 11, 178, 385; Richard Rorty, *Objectivism, Relativism, and Truth* (Cambridge: Cambridge University Press, 1991), p. 24.

44. Rorty, *Objectivism, Relativism, and Truth*, p. 23.

45. Ibid.

46. Rorty, *Philosophy and the Mirror of Nature*, p. 11.

47. Richard Rorty, "The Contingency of Community," *London Review of Books*, July 24, 1986, p. 10.

48. 重点参见Jenkins, On "*What Is History?" : From Carr and Elton to Rorty and White*。另请注意约翰·瑟尔关于罗蒂对人文学科总体影响的讨论，参见"The Storm over the University," *New York Review of Books*, December 6, 1990, p. 40。

49. Richard Rorty, "Deconstruction and Circumvention," in his *Philosophical Papers*, vol. 2, *Essays on Heidegger and Others* (New York: Cambridge University Press, 1991), p. 86. 该文最初发表于*Critical Inquiry* (September 1984)。

50. 例如W. V. 蒯因（W. V. Quine）明确反驳了罗蒂归结于他的观点（"声称对话的意义与'事实'无关"）；他认为句子的意义"很大程度上"取决于"事实"。唐纳德·戴维森（Donald Davidson）认为"我们可以接受客观真实的条件是意义的关键，也是现实的真理观念的关键。我们可以坚持认为知识是独立于我们的思想或语言的客观世界。"载于W. V. Quine, "Let Me Accentuate the Positive," and Donald Davidson, "A Coherence Theory of Truth and Knowledge," in *Reading Rorty: Critical Response to Philosophy and the Mirror of Nature (and Beyond)*, ed. Alan Malachowski (Oxford: Blackwell, 1990), pp. 117, 120–121。

51. John Searle, *The Construction of Social Reality* (New York: Free Press, 1995), p. xiii. 支持这些命题的论据见于该书的第7到9章。

52. Bertrand Russell, *The Analysis of Mind* (London: George Allen and Unwin, 1921), p. 160. 这种论证在认识论中很常见。例如，笛卡尔假设存在"一个具有至高权力、绝顶聪明，故意不间断欺骗我"的幽灵。René Descartes, *The Philosophical Writings of Descartes*, trans. John Cottingham, Robert Stoothoff, and Dugald Murdoch (Cambridge: Cambridge University Press, 1984), p. 17。

53. David Hume, A *Treatise of Human Nature*, ed. L. A. Selby-Bigge, 2d ed. (Oxford: Clarendon, 1978), p. 187.

54. 例如安东尼·奥赫尔（Anthony O'Hear）在其著作所声称的，参见*Introduction to the the Philosophy of Science* (Oxford: Clarendon, 1989), p. 6。

55. Collingwood, *Idea of History*, p. 5.

56. W. H. Walsh, *An Introduction to the Philosophy of History* (London: Hutchinson's, 1951), pp. 24, 38. 另请参见Maurice Mandelbaum, *The Problem of Historical Knowledge: An Answer to Relativism* (New York: Liveright, 1938), p. 3。

57. 这个熟悉的观点至少可以追溯到笛卡尔；请参阅这里的段落Collingwood, Idea of History, p. 59。

58. Atkinson, *Knowledge and Explanation in History*, p. 79.

59. Walsh, *Introduction to the Philosophy of History*, pp. 96–97, 114.

60. Collingwood, *Idea of History*, p. 269.

61. Ibid., p. 281.

62. Thomas Kuhn, *The Trouble with the Historical Philosophy of Science* (Cambridge, Mass.: Harvard History of Science Department, 1991), pp. 4–5; Stephen Toulmin, "From Form to Function: Philosophy and History of Science in the 1950s and Now," *Daedalus* 106, no. 3 (Summer 1977): esp. 147, 150–151.

63. 这是N. R. 汉森（N. R. Hanson）著作的基本主题之一。参见Hanson, *Observation and Explanation*, pp. 1–15, esp. 4–5; N. R. Hanson, *Patterns of Discovery: An Inquiry into the Conceptual Foundations of Science* (Cambridge: Cambridge University Press, 1958), chaps. 1 and 2; and N. R. Hanson, *Perception and Discovery: An Introduction to Scientific Inquiry* (San Francisco: Freeman, Cooper, 1969), parts 2 and 3。这种看待事物的方式并不新颖；实际上，核心思想早在半个世纪前就已由皮埃尔·迪昂（Pierre Duhem）提出，重点参见Pierre Duhem, *La Théorie physique, son objet, sa structure* (Paris: Chevalier et Rivière, 1906)，英文版为*The Aim and Structure of Physical Theory* (Princeton: Princeton University Press, 1954)；尤其注意part II, chaps. 4 and 6。

64. Hanson, *Perception and Discovery*, pp. 220, 237. 引述也参阅Hanson, *Patterns of Discovery*, pp. 183–184。

65. Albert Einstein, "Physics and Reality," in Albert Einstein, *Ideas and Opinions* (New York: Crown, 1954), pp. 301, 307. 该文最初发表于1936年。

66. 重点参见Imre Lakatos, "Falsification and the Methodology of Scientific Research Programmes," in *Criticism and the Growth of Knowledge*, ed. Imre Lakatos and Alan Musgrave (Cambridge: Cambridge University Press, 1970), pp. 100–101。

67. Imre Lakatos，引于Stephen Toulmin, *Human Understanding*, vol. 1 (Princeton: Princeton University Press, 1972), p. 482n。

68. Karl Popper, "Normal Science and Its Dangers," in Lakatos and Musgrave, *Criticism and the Growth of Knowledge*, pp. 57–58. 库恩在其发表于本卷的文章里引用（并批判）了这段话，ibid., p. 235。

69. N. R. Hanson, What I Do Not Believe, and Other Essays (Dordrecht: Reidel, 1972), pp. 288–289.

70. Thomas Kuhn, *The Essential Tension: Selected Studies in Scientific Tradition and Change* (Chicago: University of Chicago Press, 1977), p. 325. 一位学者将这段话引以为证，证明对库恩而言，"科学中的所有理论选择都是主观的！" Larry Laudan, *Beyond Positivism and Relativism: Theory, Method, and Evidence* (Boulder, Colo.: Westview, 1996), p. 249.

71. R. W. Newell, *Objectivity, Empiricism and Truth* (London: Routledge, 1986), pp. 2–3, 115n. 1. 另请参见Toulmin, *Human Understanding*, 1:19。

72. 库恩并非在这种意义上运用该术语的第一人。比如Stephen Toulmin, *Foresight and Understanding: An Enquiry into the Aims of Science* (New York: Harper, 1961), p. 16。

73. Thomas Kuhn, *The Structure of Scientific Revolutions*, 2d ed. (Chicago: University of Chicago Press, 1970), p. 94. 初版出版于1962年。

74. Ibid., pp. 122–123.

75. Ibid., p. 158.

76. Ibid., p. 148.

77. Ibid., p. 156.

78. Ibid., pp. 152, 159.

79. Ibid., p. 122.

80. Hanson, *Patterns of Discovery*, pp. 8–19, 90; 同时也注意参考心理学中有关知觉的文献 pp. 180–181. Kuhn, *Structure of Scientific Revolutions*, p. 113, for the reference to Hanson。

81. 关于开普勒的讨论，参阅Hanson, *Patterns of Discovery*, pp. 72–85。另请注意他的评论"伽利略在自信地提出恒定加速假设之前，奋斗了三十四年"(p. 72)，以及他的观点，即"最初的假设并非如传记作家或科学家所暗示的那样，而是常常受到直觉、洞见、预感或其他不可估量的因素的影响"(p. 71)。

82. Lakatos, "Falsification and the Methodology of Scientific Research Programmes," p. 178(着重强调为原文所有)。

83. Thomas Kuhn, "Reflections on My Critics," in Lakatos and Musgrave, *Criticism and the Growth of Knowledge*, pp. 259–264; Kuhn, *Essential Tension*, pp. 320–321; and Kuhn, *Trouble with the Historical Philosophy of Science*, pp. 3, 8–9. 建构主义观点有时的确会推向极端。例如布鲁诺·拉图尔(Bruno Latour)在1982年罗伯特·科赫(Robert Koch)发现结核分枝杆菌之前否认其存在的说法，参见Alan Sokal and Jean Bricmont, *Fashionable Nonsense: Postmodern Intellectuals' Abuse of Science* (New York: St. Martin's, 1998), pp. 96–97. 另一个例子，请参阅Richard Dawkins, "The Moon Is not a Calabash," *Times Higher Education Supplement*, September 30, 1994, p. 17。理查德·道金斯(Richard Dawkins)曾虚构过一个相信"月亮是一个被扔在树梢上的老葫芦"的部落。他就此提问一位社会科学家"真的认为这个部落的观点与我们的科学观点一样真实吗？我们的科学观点认为月亮是一个距离地球25万英里的大型卫星"。据道金斯说，这位社会科学家回答称："这个部落关于月亮的观点与我们的观点一样真实。"

84. Toulmin, *Human Understanding*, 1:50.

85. Kuhn, *Trouble with the Historical Philosophy of Science*, p. 8.

86. Toulmin, *Human Understanding*, 1:88; Hanson, *Observation and Explanation*, pp. 1, 13.

87. 例如参见Toulmin, *Human Understanding*, 1:135 and 139(以了解他的进化视角), 168–170 and 225–226(以了解他对"真理"的态度)，以及229(以了解他对标准的论述)。有关库恩对"真理"的态度，参阅其本人的*Structure of Scientific Revolutions*, pp. 170–171 and 206及其"Reflections on My Critics," pp. 264–265。

88. Kuhn, *Structure of Scientific Revolutions*, p. 199.

89. Ibid., pp. 155–156, 158. 实际上，科学家们非常注重审美。一位诺贝尔奖获得者讲过一个故事。1957年的一次会议上，物理学家默里·盖尔曼（Murray Gell-Mann）向理查德·费曼（Richard Feynman）描述了他刚发现的一个弱相互作用（weak interactions）的新理论。虽然当时有三次实验的记录与该理论相矛盾，但“盖尔曼大胆断言这三次实验一定有问题，因为他的新理论太漂亮了，不可能会错。后来的实验果然证实了盖尔曼是对的”。这位科学家接着引述了另一位著名物理学家［狄拉克（Dirac）］的话，“保持方程式的美感比让其符合实验结果更重要”。Jerome Friedman, “Creativity in Science,” in Jerome Friedman et al., *The Humanities and the Sciences*, ACLS Occasional Paper No. 47 (New York: American Council of Learned Societies, 1999), pp. 12–13 (emphasis added). 另请参阅Toulmin, *Foresight and Understanding*, p. 81。

90. Kuhn, “Reflections on My Critics,” pp. 237–238, 262–264, and Toulmin, *Human Understanding*, 1:227, 229, 242–243, and esp. 482.

91. Kuhn, “Reflections on My Critics,” p. 233. 另请注意Toulmin’s discussion of Lakatos in *Human Understanding*, 1:482，及图尔敏本人对此的参考 “judgement of authoritative and experienced individuals,” ibid., p. 243。

92. 参见Toulmin, *Human Understanding*, 1:371。

93. Pieter Geyl, *Use and Abuse of History* (New Haven: Yale University Press, 1955; 再版于 Archon Books, 1970), pp. 62–64（着重强调为原文所有）。

94. 参见上页第88条脚注的引述。

95. Hanson, Patterns of Discovery, p. 72.

96. Ibid.

97. Ibid., p. 90. 逆向推导（Retroduction），亦称溯因推导（abduction），意为“先研究事实，再设计理论来解释事实”。该定义引自哲学家查尔斯·桑德斯·皮尔斯（Charles Sanders Peirce）的段落, quoted ibid., p. 85。

98. Hanson, *Perception and Discovery*, p. 309.

99. Ibid., pp. 292, 309 (for the quotation).

100. Hanson, *Patterns of Discovery*, p. 90.

101. Hanson, *Observation and Explanation*, pp. 41–49, esp. pp. 42–44 and 48–49.

102. Ibid., p. 44。另请参见《发现的模式》一书中汉森在第71页的评论：“倾斜的镜子在阳光下折射出光谱的现象是无法被‘所有倾斜的镜子都会这样’解释的。”不过，毕达哥拉斯定理（即勾股定理——译者注）的例子是我的原创。

103. Hanson, *Patterns of Discovery*, chap. 3 (p. 64 for the quotation); N. R. Hanson, “Causal Chains,” *Mind* 64 (1955): 289–311; and Hanson, *Perception and Discovery*, pp. 312–313.

104. Maupertuis (1732)，引自Alexandre Koyré, *Newtonian Studies* (Cambridge, Mass.: Harvard University Press, 1965), p. 162。

105. Hanson, *Perception and Discovery*, p. 292.

106. Ibid., pp. 312–313.

107. Hanson, *Patterns of Discovery*, p. 28.

108. Hanson, *Observation and Explanation*, pp. 81–82（着重强调为原文所有）。

109. Hanson, *Patterns of Discovery*, p. 109.

110. Ibid., p. 193.

111. Hanson, *What I Do Not Believe*, p. 300.

112. Hanson, *Perception and Discovery*, pp. 230–236.

113. 引自Kuhn, *Structure of Scientific Revolutions*, p. 18。库恩没有给出参考文献，但欲求原始引文请参见Francis Bacon, *The New Organon*, ed. Lisa Jardine and Michael Silverthorne (Cambridge: Cambridge University Press, 2000), p. 173 (book II: XX)。英国逻辑学家奥古斯塔斯·德·摩根（Augustus De Morgan）也提出过类似的观点："从错误的猜想中正确地推导出的结论，比没有引导的观察产生的结果更有用。"引自Hanson, *Perception and Discovery*, p. 236。另请注意卡尔·波普尔的著作*Conjectures and Refutations*, 2d ed. (New York: Basic Books, 1965)的第一句话："本书所包含的论文和演讲只有一个非常简单的主题：**我们可以从错误中学习到**的道理。"（p. vii；着重强调为原文所有）

114. Hanson, *Patterns of Discovery*, p. 72.

115. Ibid., p. 94.

116. Ibid., pp. 72, 90. 有关事实不会"为自己说话"的说法，参见Hanson, *Perception and Discovery*, p. 200，以及Hanson, *Observation and Explanation*, p. 25。

117. Hanson, *Perception and Discovery*, pp. 312–313.

第二章

1. Elie Halévy, "The World Crisis of 1914–1918: An Interpretation," 首次出版于1930年，再版于Elie Halévy, *The Era of Tyrannies: Essays on Socialism and War* (London: Allen Lane, 1967), pp. 161–190。此处提及的段落在p. 179。

2. Poincaré, notes of meeting with Russian foreign minister Sazonov, August 1912, *Documents diplomatiques français* (1871–1914), 3d ser., vol. 3(Paris: Imprimerie nationale, 1931), p. 34. 有关当时俄罗斯巴尔干政策的关键证据，参阅Barbara Jelavich, *Russia's Balkan Entanglements*, 1806–1914 (Cambridge: Cambridge University Press, 1991), pp. 246–247; Bernadotte Schmitt, *The Coming of the War*, 1914, 2 vols. (New York: Scribner's, 1930), 1:135; and Luigi Albertini, *The Origins of the War of 1914*, 3 vols. (London: Oxford University Press, 1952–57), 1:375, 486.

3. A.J.P. Taylor, *The Origins of the Second World War* (New York: Atheneum, 1961), p. 24.

4. Ibid., p. 103.

5. Ibid., p. 24.

6. Thomas Kuhn, *The Trouble with the Historical Philosophy of Science*, (Cambridge, Mass.: Harvard History of Science Department, 1991), pp. 6, 10（着重强调为作者添加）。

7. 有关一些历史学家的观点，例如，可以参考Paul Schroeder's letter to the editor, *International Security* 20, no. 1 (Summer 1995): 195。这种观点在一些理论家的评论中体现出来。因此，马丁·怀特（Martin Wight）称："圭恰迪尼（Guicciardini）是一位历史学家，他描述但不分析。" Martin Wight, "The Balance of Power and International Order," in *The Bases of International Order*, ed. Alan James (London: Oxford University Press, 1973), pp. 88–89. 汉斯·摩根索（Hans Morgenthau）也做出了同样尖锐的区分。他问

道："在容易被理论理解的相似性和历史领域固有的独特性之间，我们应该在哪里划分界限呢？" Hans Morgenthau, "The Purpose of Political Science," in *A Design for Political Science: Scope, Objectives, and Methods*, ed. James Charlesworth (Philadelphia: American Academy of Political and Social Science, 1966), p. 64.

8. 这个观点在伊姆雷·拉卡托斯的著作中起到了特别重要的作用。例如，可以参考Lakatos, "Falsification and the Methodology of Scientific Research Programmes," p. 116; Imre Lakatos, "History of Science and Its Rational Reconstructions," in *Method and Appraisal in the Physical Sciences: The Critical Background to Modern Science*, 1800–1905, ed. Colin Howson (Cambridge: Cambridge University Press, 1976), pp. 7, 11; Imre Lakatos, "Lectures on Scientific Method," in Imre Lakatos and Paul Feyerabend, *For and Against Method: Including Lakatos's Lectures on Scientific Method and the Lakatos-Feyerabend Correspondence*, ed. Matteo Motterlini (Chicago: University of Chicago Press, 1999), p. 99, 100; 以及Lakatos quoted in Brendan Larvor, *Lakatos: An Introduction* (New York: Routledge, 1998), p. 55。但是，拉卡托斯并非唯一强调这类结果重要性的科学哲学家。例如，可以参考Karl Popper, *Conjectures and Refutations* (New York: Basic Books, 1962), p. 36, and Thomas Kuhn, *The Structure of Scientific Revolutions*, 2d ed. (Chicago: University of Chicago Press, 1970), p. 155。

9. Jervis, email to the author, February 1, 2005.

10. 关于这个问题，参见罗伯特·杰维斯和保罗·施罗德（Paul Schroeder）之间非常有趣的讨论，载于Colin Elman and Miriam Fendius Elman, eds., *Bridges and Boundaries: Historians, Political Scientists, and the Study of International Relations* (Cambridge, Mass.: MIT Press, 2001), pp. 385–416。

11. Kenneth Waltz, *Theory of International Politics* (New York: McGraw-Hill, 1979), esp. pp. 76–77, 127–128.

12. Hardenberg Riga Memorandum, 引自Mack Walker, ed., Metternich's Europe (New York: Walker, 1968), p. 8。也请参阅Thomas Nipperdey, Germany from Napoleon to Bismarck, 1800–1866 (Princeton: Princeton University Press, 1996), p. 20。

13. Stephen Van Evera, "The Cult of the Offensive and the Origins of the First World War," *International Security* 9, no. 1 (Summer 1984): 63, and the sources cited there in Van Evera's n. 25. 另请参阅James Morrow's review article, "International Conflict: Assessing the Democratic Peace and Offense-Defense Theory," in *Political Science: The State* of *the Discipline*, ed. Ira Katznelson and Helen Milner (New York: Norton, for the American Political Science Association, 2002), esp. pp. 183–191。

14. 重点参阅R. W. Seton-Watson, *Disraeli, Gladstone, and the Eastern Question* (London: Macmillan, 1935), pp. 217–218。

15. 例如，可以参考Kenneth Waltz, "Realist Thought and Neorealist Theory," *Journal of International Affairs* 44, no. 1 (Summer 1990)。

16. Hanson, *Observation and Explanation*, p. 81, 更概括性的内容参阅 pp. 79–83（着重强调为原义所有）。

17. Waltz, *Theory of International Politics*, p. 7.

18. Ibid., pp. 89, 121.

19. Kenneth Waltz, "Evaluating Theories," *American Political Science Review* 91, no.

4 (December 1997): 914; 其中的引文来自一本著名的方法论著作Gary King, Robert Keohane, and Sidney Verba, *Designing Social Inquiry: Scientific Inference in Qualitative Research* (Princeton: Princeton University Press, 1994), p. 20。当然，华尔兹并不是唯一一个提出这一观点的政治科学家。可以参阅本书中的批判路线Jonathan Bendor and Thomas H. Hammond, "Rethinking Allison's Models," *American Political Science Review* 86, no. 2 (June 1992): esp. 318。

20. 这个论点最早是在19世纪末提出的，即认为任何理论"都可以通过在其内部所嵌入的背景知识中进行适当的调整以永远免于'驳斥'"，后来被称为"杜恒-蒯因论题"(Duhem-Quine thesis)。正如拉卡托斯指出的，这个论题可以有强弱两个版本。不过，即便是弱版本也"断言直接用实验发现一个狭义的理论目标的不可能性，以及以无限多种方式塑造科学的逻辑可能性"。参阅Lakatos, "Falsification and the Methodology of Scientific Research Programmes," pp. 184–185。

21. Ibid., pp. 100–101; Lakatos, "Lectures on Scientific Method," pp. 69–70.

22. Lakatos, "Falsification and the Methodology of Scientific Research Programmes," pp. 96–97. 拉卡托斯在这里引用了布雷斯韦特(Braithwaite)的一本书。

23. Ibid., p. 102.

24. Lakatos, "History of Science and Its Rational Reconstructions," p. 10.

25. Lakatos, "Lectures on Scientific Method," p. 95.

26. Ibid., pp. 99–100。第99页中，拉卡托斯给出了另一个例子，关于哈雷彗星每72年重现一次的惊人准确预测。牛顿的理论是这一计算的基础，因此预测的惊人准确性也为该理论提供了有力的支持。库恩给出过许多类似的例子，其中一个特别引人注目。他称，在法国，对光的波动说(wave theory of light)的抵制"在菲涅耳(Fresnel)证明出一个圆盘阴影的中心存在一个白点时突然且近乎完全地崩溃了。这是一个连菲涅耳自己都没有预料到的结果，但泊松(Poisson，最初是他的反对者之一)已经证明，这是菲涅耳理论的一个必要的荒谬结果"。Kuhn, *Structure of Scientific Revolutions*, p. 155.

27. Einstein to Eddington, December 15, 1919, 引自A. Vibert Douglas, *The Life of Arthur Stanley Eddington* (London: Thomas Nelson, 1956), p. 41。

28. 参见Richard Alexander, *Darwinism and Human Affairs* (Seattle: University of Washington Press, 1979), pp. 7–8。

29. Lakatos, "History of Science and Its Rational Reconstructions," p. 31。关于这个主题的一个很好的当下思考例子，参阅本节"Problems of Falsifiability," in Alex Rosenberg, "Biology and Its Philosophy," in *Philosophy of Science: Contemporary Readings*, ed. Yuri Balashov and Alex Rosenberg (London: Routledge, 2002), pp. 28–31; 初次发表于Alexander Rosenberg, *The Structure of Biological Science* (Cambridge: Cambridge University Press, 1985), pp. 6–8。

30. 参见chapter 1, p. 22 above。

31. 在科学领域中，伟大的思想家们仅凭自己的智识就能走得如此远是令人惊叹的。伽利略对亚里士多德关于较重物体比较轻物体下落得更快的理论的反驳就是一个非凡的例子。参见James Robert Brown, *The Laboratory of the Mind: Thought Experiments in the Natural Sciences* (London: Routledge, 1991), pp. 1–3。相对论的起源提供了另一个重要的例子。1887年著名的迈克尔逊-莫雷实验(Michelson-Morley experiment)，常被引用作为此背景下的"关键实验"。该实验实际上对塑造爱因斯坦的思想起到的作用较小。爱因斯坦理论的真正来源是其对事物必然性的直觉。这种直觉他甚至在十几岁时就已经拥有。参见Leo Sartori, *Understanding Relativity: A Simplified Approach to Einstein's Theories* (Berkeley: University of California Press, 1996), pp. 51–54, and esp. p. 53; Gerald Holton, "Einstein, Michelson, and the Crucial Experiment," in his *Thematic Origins of Scientific Thought: Kepler to Einstein* (Cambridge, Mass.: Harvard University Press, 1973)。在国际关系理论中，托马斯·谢林的作品可能是纯粹智识产生深刻思想体系的最佳例子。重点参阅Thomas Schelling, *The Strategy of Conflict* (Cambridge, Mass.: Harvard University Press, 1960), and Thomas Schelling, *Arms and Influence* (New Haven: Yale University Press, 1966)。

32. Waltz, *Theory of International Politics*, p. 167. See also Waltz's "The Origins of War in Neorealist Theory," *Journal of Interdisciplinary History* 18, no. 4 (Spring 1988): 621.

33. Schelling, *Arms and Influence*, pp. 221–227.

34. Brodie to Schelling, February 8, 1965, and Schelling to Brodie, February 19, 1965, Bernard Brodie Papers, box 2, UCLA Research Library, Los Angeles; and Bernard Brodie, "Unlimited Weapons and Limited War," *Reporter*, November 18, 1954, p. 21.

35. Barbara Tuchman, *The Guns of August* (New York: Macmillan, 1962), p. 81。关于这一事件的详细讨论还可以在当时用英语撰写的关于战争直接起源最详尽的描述中找到，参见Albertini's *The Origins of the War of 1914*, 3:171–181 and 3:380–386。

36. Tuchman, *Guns of August*, p. 72.

37. Bernard Brodie, *War and Politics* (New York: Macmillan, 1973), p. 475.

38. 注意谢林在《军备及其影响》一书前言中所写的内容（p. vii）："我引用了一些历史案例，但通常是作为说明，而非证据。我曾为了寻找灵感而浏览群书，恺撒的《高卢战记》（*Conquest of Gaul*）内容丰富，引人入胜；修昔底德的《伯罗奔尼撒战争史》（*Peloponnesian War*）是当之无愧的杰作。别管它们的历史价值如何，大可以当作纯虚构作品来阅读。"

第三章

1. 参见本书附录Ⅰ。

2. 哈佛大学图书馆网址为https://library.harvard.edu/，点击页面底部左侧的HOLLIS即可转入相应目录。国会图书馆目录网址为http://catalog.loc.gov/。在这些搜索引擎以及其他大多数搜索引擎中，你可以选择进行简单搜索（simple search）或复杂搜索（complex search）。复杂搜索即你可以同时在多个字段中搜索。在不同的目录中，复杂搜索的称呼也不一样。国会图书馆目录称之为"引导搜索"（guided search）。HOLLIS称之为"扩展搜索"（expanded search）。加州大学系统的联合目录MELVYL（网址为http://melvyl.cdlib.org）称之为"高级搜索"（advanced search）。不过，无论你的大学图书馆目录怎么称呼它，我建议你了解它的工作原理，并在你的所有搜索中运用它。简单搜索可以做到所有你想做到的事情，但复杂搜索能帮你收获更多。

3. Fredrik Logevall, *Choosing War: The Lost Chance for Peace and the Escalation of War in Vietnam* (Berkeley: University of California Press, 1999), pp. 417–422.

4. 参见本书附录Ⅰ。

5. Richard Dean Burns, *Guide to American Foreign Relations since 1700* (Santa Barbara, Calif.: ABC-CLIO, 1983); Robert Beisner, *American Foreign Relations since 1600: A Guide to the Literature* (Santa Barbara, Calif.: ABC-CLIO, 2003).

6. 有关更详尽的讨论，参见本书附录Ⅰ。

7. A.J.P. Taylor, *The Origins of the Second World War* (New York: Atheneum, 1962), p. 278.

8. Ibid., p. 21.

9. Ibid., p. 23.

10. Ibid., p. 24.

11. Ibid.

12. Ibid.（着重强调为作者所加）

13. Ibid., p. 68.

14. Ibid., p. 103.

15. Ibid., p. 134.

16. Ibid., p. 72.

17. Ibid., p. 71.

18. Ibid., p. 108.

19. Ibid., p. 139.

20. Ibid., p. 152.

21. Ibid., p. 248.

22. Ibid., p. 153.

23. Ibid., pp. 69, 132.

24. Ibid., p. 219.

25. Ibid., pp. 71, 131–132.

26. Ibid., pp. 166, 170–171, 192–193.

27. Ibid., pp. 153, 216.

28. Ibid., p. 68.

29. Ibid., p. 103.

30. Ibid., p. 70.

31. Ibid., p. 105.

32. Ibid., p. 106.

33. Ibid., pp. 217–218（着重强调为作者添加）

34. Fritz Fischer, *War of Illusions: German Policies from 1911 to 1914* (New York: Norton, 1975), p. 470.

35. Ibid., p. 480.

36. Ibid., p. 515.

37. Ibid., p. 494.

38. Ibid., p. 473.

39. Imanuel Geiss, ed., *July 1914: The First World War, Selected Documents* (New York: Scribner's, 1967), pp. 65–66.

40. Fischer, *War of Illusions*, p. 475. 有关皇帝的评论，参见他此封信件边缘的评论，Tschirschky to Bethmann Hollweg, June 30, 1914, in Geiss, *July 1914*, pp. 64–65。

41. Fritz Fischer, *Germany's Aims in the First World War* (New York: Norton, 1967), p. 60.

42. Ibid., p. 59.

43. Jagow to Lichnowsky, July 18, 1914, in Geiss, *July 1914*, p. 123.

44. Fischer, *Germany's Aims*, p. 63.

45. Fischer, *War of Illusions*, p. 489.

46. Quoted in Richard Neustadt, *Report to JFK: The Skybolt Crisis in Perspective* (Ithaca: Cornell University Press, 1999), p. 91.

47. Ibid., pp. 26–27。(此处作者从官僚政治理论的思维出发，将政府高层比作酋长，将中层官僚比作部落民，迎合官僚政治理论所谓的国家是由一群半自主的官僚领地组成的，每个领地都在追求自己的狭隘利益，而所谓的政策只是政府内部解决部门间冲突的过程的结果。——译者注)

48. Ibid., pp. 41–44, 47–48, 115–116.

49. Ibid., p. 93.

50. Ibid., p. 55

51. Ibid., pp. 49, 70.

52. Ibid., p. 69.

53. Ibid., pp. 39, 73.

54. Ibid., pp. 70–74. 这里诺伊施塔特引用的文件，即1962年12月11日麦克纳马拉-桑尼克罗夫特会谈的鲁贝尔笔记(Rubel notes)的全文已上线解密文件参考系统(Declassified Documents Reference System, DDRS)网站，可以通过图书馆订阅查看。关于DDRS的详细讨论，请参见本书附录II中的内容。此文件在DDRS的记录编号为CK3100078274。

第四章

1. A. J. P. Taylor, *The Origins of the Second World War* (New York: Atheneum, 1962), p. 278.

2. 例如，请注意兰德尔·施韦勒(Randall Schweller)在他的文章中所引用的泰勒书中的那段文字“Bandwagoning for Profit: Bringing the Revisionist State Back In,” *International Security* 19, no. 1 (Summer 1994): 94–95。

3. William Langer and S. Everett Gleason, *The Undeclared War*, 1940–1941 (New York: Harper, 1953), esp. chap. 14, 18, 23.

4. Patrick Hearden, *Roosevelt Confronts Hitler: America's Entry into World War* II (DeKalb: Northern Illinois University Press, 1987), p. 201.

5. Robert Dallek, *Franklin D. Roosevelt and American Foreign Policy*, 1932–1945 (Oxford: Oxford University Press, 1979; paperback edition, 1981), pp. 265, 267, 285–289. 美国人民在本身不愿意做出艰难决定的同时，但基本上理解(并赞同)罗斯福在做什么的观点，参阅沃伦·金博尔(Warren Kimball)1999年9月22日在H-Diplo上发表的帖子(http://www2.h-net.msu.edu/~diplo/)。有关公众舆论在这一时期的作用，参阅Steven Casey, *Cautious Crusade: Franklin D. Roosevelt, American Public Opinion, and the War against Nazi Germany* (Oxford: Oxford University Press, 2001)。

6. Dallek, *Roosevelt*, p. 285.

7. 参见David Reynolds, *The Creation of the Anglo-American Alliance, 1937–1941: A*

Study in Competitive Co-operation (Chapel Hill: University of North Carolina Press, 1982), pp. 202, 208, and esp. 347 n. 38。另请参见Hearden, *Roosevelt Confronts Hitler*, pp. 196, 200–202; and Dallek, *Roosevelt*, p. 286。

8. 参见Waldo Heinrichs, *Threshold of War: Franklin D. Roosevelt and American Entry into World War* II (New York: Oxford University Press, 1988), pp. 78, 151。

9. Reynolds, *Anglo-American Alliance*, pp. 214, 219.

10. 引自Langer and Gleason, *Undeclared War*, p. 743。

11. Robert E. Sherwood, *Roosevelt and Hopkins: An Intimate History* (New York: Harper, 1948), p. 410. 另请注意霍普金斯在给罗斯福的一封便笺中，批评了一位陆军将领关于美国军事准备不足的公开发言。他表示，这种事情造成了“相当大的伤害”，因为它使人们不愿意“全力以赴”——这一评论验证了一个假设，即两人都希望美国能够“全力以赴”。Ibid., p. 377.

12. Frank Freidel, *Franklin D. Roosevelt: A Rendezvous with Destiny* (Boston: Little, Brown, 1990), p. 311; *The Public Papers and Addresses of Franklin D. Roosevelt*, comp. Samuel Rosenman, vol. 9 (for 1940) (New York: Macmillan, 1941), pp. 2–4, 231, 324, 635–636 (for the quotation), 665–666, and vol. 10 (for 1941) (New York: Harper, 1942), pp. 183–184, 188; Roosevelt to Cudahy, March 4, 1939, The Roosevelt Letters, ed. Elliott Roosevelt with Joseph Lash, vol. 3 (London: Harrap, 1952), pp. 256–257.

13. Wesley Craven and James Cate, *The Army Air Forces in World War II*, vol. 1 (Chicago: University of Chicago Press, 1948), p. 118; Roosevelt, *Public Papers*, 9:198–199, 633, 636, 665, and 10:183, 185, 189, 367–435. Roosevelt to White, December 14, 1939, *Roosevelt Letters*, 3:293.

14. 引自Jonathan Utley, *Going to War with Japan, 1937–1941* (Knoxville: University of Tennessee Press, 1985), p. 138, 也请参阅Mark Stoler, *Allies and Adversaries: The Joint Chiefs of Staff, the Grand Alliance, and U.S. Strategy in World War II* (Chapel Hill: University of North Carolina Press, 2000), p. 41。

15. 有许多优秀的历史著作涉及这一时期的美国战略思想，重点参阅Stoler, *Allies and Adversaries, and James Leutze, Bargaining for Supremacy: Anglo-American Naval Collaboration, 1937–1941* (Chapel Hill: University of North Carolina Press, 1977)。关于罗斯福对斯塔克观点的背书，重点参见Leutze, *Bargaining for Supremacy*, pp. 202–205, 219, 296 n. 12；另请注意B. Mitchell Simpson, *Admiral Harold R. Stark: Architect of Victory*, 1939–1945 (Columbia: University of South Carolina Press, 1989), p. 75, and Maurice Matloff and Edwin Snell, *Strategic Planning for Coalition Warfare*, 1941–1942 (Washington, D.C.: Center of Military History, 1999; 初版于1953), p. 28 n. 43。另请注意罗斯福对1941年10月8日斯塔克海军上将所提交的备忘录的积极回应。该备忘录呼吁美国“尽快参加对德国的战争”；参见Sherwood, *Roosevelt and Hopkins*, pp. 379–380。

16. Gerhard Weinberg, *A World at Arms: A Global History of World War II* (Cambridge: Cambridge University Press, 1994), pp. 240–241.

17. Ibid.（着重强调为原文所有）

18. Gerhard Weinberg, H-Diplo post, October 5, 1999。另请注意他对罗韦尔所提出的截获的德国情报如何被用来“尽可能地避免事故……使许多关于罗斯福政策的标准解读都失效了”的评论。Gerhard Weinberg, “World War II: Comments on the Roundtable,”

Diplomatic History 25, no. 3 (Summer 2001): 492. H-Diplo的这篇帖子是在H-Diplo上用“珍珠港”作为关键词检索时找到的，这个关键词对寻找与太平洋战争起源相关的著作非常有用；《外交史》(*Diplomatic History*)上的文章是在社会科学引文索引中检索引用了罗韦尔一文的文章时找到的。以及，后一次搜索还找到了一篇评论文章，如果你想进一步研究这个问题，此文将非常有价值：J. Rohwer, “Signal Intelligence and World War II: The Unfolding Story,” *Journal of Military History* 63, no. 4 (October 1999): 939–951。

19. Jürgen Rohwer, “Die USA und die Schlacht im Atlantik 1941,” in *Kriegswende Dezember* 1941, ed. Jürgen Rohwer and Eberhard Jäckel (Koblenz: Bernard and Graefe, 1984), pp. 81–89.

20. Ibid., pp. 94, 97. 其他论述也支持罗韦尔的基本观点，即从1941年年中开始，美国人在大西洋采取的是非常积极的政策。请参阅如Douglas Norton, “The Open Secret: The U.S. Navy in the Battle of the Atlantic, April–December 1941,” *Naval War College Review* 26 (January–February 1974): esp. pp. 71–73, reprinted in Walter Hixson, ed., *The United States and the Road to War in Europe* (New York: Routledge, 2002)。在珍珠港事件的前夕，德国海军实际上注意到了“大西洋的战斗已变得如此激烈，以至于德国和美国开战只差一个宣战的形式而已了”。Holger Herwig, *Politics of Frustration: The United States in German Naval Planning, 1889–1941* (Boston: Little, Brown, 1976), p. 234。几年后回顾这一情况时，海军作战部长斯塔克将军也以几乎相同的方式描述了这一情况。U.S. Congress, Joint Committee on the Investigation of the Pearl Harbor Attack, *Hearings*, 79th Cong., 1st sess. 1945–1946, pt. 5, p. 2292.

21. Rohwer, “Die USA,” pp. 97, 99, 101–102.

22. Ibid., pp. 99–101. 也可参阅Leutze, *Bargaining for Supremacy*, p. 258。

23. Rohwer, “Die USA,” pp. 97, 102.

24. 引自Hearden, *Roosevelt Confronts Hitler*, p. 203。

25. 美方确实就日本继续扩张，特别是侵占东印度群岛的行动发出过警告。最重要的警告是罗斯福在1941年7月24日与日本大使的会晤中发出的。副国务卿萨姆纳·韦尔斯在8月4日与另一位日本外交官的会晤中也发出了警告。这些被广泛引用的文件发表于U.S. Department of State, *Foreign Relations of the United States* (FRUS), *Japan: 1931–1941*, 2 vols. (Washington, D.C.: GPO, 1943), 2: 527, 543。注意罗斯福于1941年8月17日递交给日本大使的口头声明中的最后一段，载于ibid., p. 556。战争部长亨利·史汀生(Henry Stimson)认为这是一份“准最后通牒”。亨利·史汀生日记(Henry Stimson Diaries)，缩微胶卷版，1941年8月19日条目顶部的手写注释。但即使没有发出这些警告，基本情况仍然相当清楚。根据众所周知的情况，合理的假设是日本对东印度群岛的袭击可能会导致与美国开战。这个结论是基于什么考虑呢？首先，美国政府显然是在西方阵营发号施令。英国和荷兰自己所实行的禁运，只是跟随美国的领导。那么，如果英国和荷兰正是因为与配合美国的政策而激怒日本发动袭击，美国怎么会在他们遭受日本袭击时置之不理呢？你可能会认为，这可能正是他们当时的算计。你可能进一步认为，日本方面可以合理地算计出，荷兰和英国只有在得到美国支持时才会在石油问题上采取强硬立场；考虑到欧洲的时局，如果他们只是独立应对的话，必然会采取更为温和的立场。他们采取强硬立场的事实，因此可以被视为证实了日本侵占东印度群岛将为美国对日宣战提供借口。同时，我们还必须考虑，东京和华盛顿的决策者必然会将菲律宾纳入其军事谋划。鉴于日本有与美国开战的风险，如果日本要侵占东印度群岛，日本在攻击东印度群岛之前势必得除掉美国在该地区的基地。你可能会想到，所有这些都与人们对日本占领东印度群岛可能导致美日交战的估计有一定的关系。通过考虑这些问题，你开始推导出当时的人“肯定”分析过这个情况，即便是在没有确凿的实证证据的情况下。这种分析也有助于你掌握证据。它发挥了“探照灯”的作用。它引导你关注某些具体问题，例如，日本根据他们观察到的英国和荷兰的政策动向得出了什么推论，或者菲律宾问题在他们的考虑中起到了什么作用。这反过来有助于你发现以前可能发现不了的东西，实际上有助于你了解如何将你所看到的东西与手头的基本问题相联系。关于这些问题，请注意此处的证据Scott Sagan, “From Deterrence to Coercion to War: The Road to Pearl Harbor,” in *The Limits of Coercive Diplomacy*, ed. Alexander George and William Simons (Boulder, Colo.: Westview, 1994), pp. 77–78。

26. 引自Heinrichs, *Threshold of War,* p. 182, and Robert Butow, *Tojo and the Coming of the War* (Stanford: Stanford University Press, 1961), p. 245。这个比喻的出处是战后佐藤贤了（Sato Kenryo）所撰写的一篇文章。1941年，佐藤贤了时任陆军省军务课长，是后来的东条英机内阁的骨干。1945年，佐藤贤了被判定为甲级战犯，判处无期徒刑。1958年，获赦免。

27. Australian Minister to the United States R. G. Casey to Australian Department of External Affairs, November 14, 1941, Australian Department of Foreign Affairs, Documents on Australian Foreign Policy, 1937–1949 (Canberra: Australian Government Publishing Service, 1982), 5:197. 另请参见British Ambassador Halifax to the British Foreign Office, November 12 and 15, 1941, FO 371/27911，可在学术资源（Scholarly Resources）缩微胶卷出版物获得 (Wilmington, Del., 1978), British Foreign Office: Japan Correspondence, 1941–1945, series for 1941, reel 7。中国问题的关键重要性在很早以前就被普遍认识到了。正如保罗·施罗德（Paul Schroeder）在一本1958年的重要著作中所写的：“关于战争是否因为中国问题而爆发的，现在已经没有什么好怀疑的了。甚至像亨利·L. 史汀生这样的政府人士和赫尔伯特·费斯（Herbert Feis）这样的批评人士都在这一点上达成了一致。” Paul Schroeder, *The Axis Alliance and Japanese-American Relations, 1941* (Ithaca: Cornell University Press, 1958), p. 200.

28. Utley, *Going to War*, p. 157.

29. Dallek, *Roosevelt*, pp. 269, 273.

30. Ibid., p. 273.

31. Ibid., pp. 275–276.

32. Heinrichs, *Threshold of War*, p. 126.

33. 例如，可以参考Dallek, *Roosevelt,* p. 299; Weinberg, World at Arms, p. 245; Butow, Tojo, p. 223; Akira Iriye, *The Origins of the Second World War in Asia and the Pacific* (London: Longman, 1987), p. 147; 尤其是Heinrichs, *Threshold of War*, p. 145 and title of chap. 5。

34. 在国际关系理论中，“回推”（rollback）是指一国试图通过积极干涉，逆转敌对势力或意识形态在某一地区的扩张和影响。——译者注

35. 在日本采取行动的两周前，韦尔斯告诉英国大使，他已经建议总统，“一旦日本采取任何公开行动，就对日本实施全面经济禁运”。然而，韦尔斯“并不赞成提前告知日本美国将会是这种态度”。Halifax to Eden, July 9, 1941, *British Documents on Foreign Affairs: Reports and Papers from the Foreign Office Confidential Print* [BDFA], Part III (1940–1945), Series E (Asia), vol. 4 (Bethesda, Md.: University Publications of America,

1997), p.330. 另请参阅Tsunoda Jun, *The Final Confrontation: Japan's Negotiations with the United States*, 1941, the fifth and final volume in *Japan's Road to the Pacific War*, ed. James Morley (New York: Columbia University Press, 1994), p. 162。(Tsunoda's name, however, is not given on the title page.) 关于日本愿意放弃继续扩张的问题，请特别注意1941年8月28日，日本政府向美国总统提交的声明。FRUS Japan 2: 575.

36. 关于日本的核心领导人并未预料印度支那南部的行动会导致全面禁运的观点，参见Butow, *Tojo*, p. 210; Tsunoda, *Final Confrontation*, pp. 162–163; Nobutaka Ike, ed., *Japan's Decision for War: Records of the 1941 Policy Conferences* (Stanford: Stanford University Press, 1967), pp. 48, 50, 107; 以及Takushiro Hattori, *The Complete History of the Greater East Asia War*（翻译方为U.S. Army, 500th Military Intelligence Service Group, 1953），pp. 123, 130–131, 166。服部卓四郎（Takushiro Hattori）在战争期间担任日本参谋本部作战课长，战后成为日本战史学家。他的叙述基于文件资料和与前日本军官的谈话。关于"已经做出"的行径的点，参阅韦尔斯关于1941年8月4日与若杉要（Kaname Wakasugi，若杉要为日本职业外交官，1941年被任命为特命全权公使派遣至美国就偷袭珍珠港一事进行交涉——译者注）会晤的备忘录，1941, FRUS Japan 2:545。

37. Heinrichs, *Threshold of War*, p. 145.

38. Ibid., pp. 142, 159–160, 179, 189, 199.

39. 1941年8月28日，日本政府向罗斯福提交的声明，见1941, FRUS Japan 2:575.。关于1941年8月日本决定不与苏联开战的情况，参见Tsunoda, *Final Confrontation*, pp. 152–157。关于日本就如果袭击苏联，美国会如何反应的担忧——美国对日本准备在北线发动战争的反应——显然被日本纳入了这一决策。特别值得注意的是，7月31日，日本天皇就这类军事行动在"其他国家"（当然是指美国）造成的"恶劣印象"发表了评论——引自ibid., p. 156。

40. Bernard Brodie, "Changing Capabilities and War Objectives," lecture given to Air War College, April 17, 1952, pp. 28–29, Bernard Brodie Papers, box 12, UCLA Research Library, Los Angeles.

41. 有关另一个用这样的分析方法研究重大历史问题的例子，参阅我所著的"The Coming of the First World War: A Reassessment," in my book *History and Strategy* (Princeton: Princeton University Press, 1991), pp. 72–95。

42. Norman Graebner, "Hoover, Roosevelt, and the Japanese," in *Pearl Harbor as History: Japanese- American Relations, 1931–1941*, ed. Dorothy Borg and Shumpei Okamoto (New York: Columbia University Press, 1973), p. 49. 另请参阅Christopher Thorne, *Allies of a Kind: The United States, Britain and the War against Japan, 1941–1945* (New York: Oxford University Press, 1978), p. 83。

43. Llewellyn Woodward, *British Foreign Policy in the Second World War*, 5 vols. (London: HMSO, 1970–), 2:140.

44. 引自Hearden, *Roosevelt Confronts Hitler*, p. 211。另请参阅Dallek, *Roosevelt*, p. 274, and John Morton Blum, *From the Morgenthau Diaries: Years of Urgency, 1938–1941* (Boston: Houghton Mifflin, 1965), p. 377。

45. 例如，可以参考Dallek, *Roosevelt*, pp. 271, 273。也请注意罗斯福在1941年6月与内政部长哈罗德·伊克斯在这个问题上的对峙。这些文件已出版在*The Secret Diary of Harold L. Ickes*, 3 vols. (New York: Simon and Schuster, 1954–1955), 3:553–560。那一段历

史请参阅Utley, *Going to War*, p. 131; Hearden, *Roosevelt Confronts Hitler*, p. 210; and Dallek, *Roosevelt*, p. 273。总统在1941年7月25日公开指出了这一点；参阅FRUS Japan 2:265。

46. Casey to Menzies and Stewart, July 9, 1941, *Documents on Australian Foreign Policy, 1937–1949*, 5:6.

47. 这个观点分别由厄特利和欧文·安德森（Irvine Anderson）阐述。参见Utley, *Going to War*, pp. 153–156, 180; Jonathan Utley, "Upstairs, Downstairs at Foggy Bottom: Oil Exports and Japan, 1940–1941," *Prologue* 8 (Spring 1976): 17–28; Irvine Anderson, "The 1941 *De Facto* Embargo on Oil to Japan: A Bureaucratic Reflex," *Pacific Historical Review* 44 (1975): 201–231; 以及Irvine Anderson, *The Standard Vacuum Oil Company and United States East Asian Policy, 1933–1941* (Princeton: Princeton University Press, 1975)。厄特利–安德森论题为一些重要学者所接受。例如，可以参考Reynolds, *Anglo-American Alliance*, pp. 235–236; Iriye, *Origins of the Second World War in Asia and the Pacific*, p. 150; and Dallek, *Roosevelt*, p. 275。官僚政治理论家自然也接受这一总体阐释。例如，可以参考Graham Allison and Morton Halperin, "Bureaucratic Politics: A Paradigm and Some Policy Implications," in "Theory and Policy in International Relations, ed. Raymond Tanter and Richard Ullman," *World Politics 24*, Supplement (Spring 1972): 67。

48. Utley, *Going to War*, p. xiii.

49. Ibid., p. 157.

50. Ibid., pp. 179–180.

51. Ibid., pp. xii–xiii.

52. Ibid., p. 153.

53. Ibid., p. 154.

54. Ibid., p. 156.

55. Ibid.

56. 重点参见1941年年6月罗斯福–伊克斯（Ickes）通信，载于Ickes, *Secret Diary*, 3:553–560。

57. 1941年7月24日的政府内阁会议，引自Langer and Gleason, *Undeclared War*, p. 649。

58. Ickes, *Secret Diary*, 3:588, 该段落被广为引用。

59. Halifax to Eden, July 18, 1941, BDFA, Part III, Series E, vol. 4, no. 3361, p. 337（原版p. 41）。

60. Halifax to Eden, July 9, 1941, ibid., p. 330（原版p. 34）。

61. Heinrichs, *Threshold of War*, pp. 141–142.

62. Ibid., pp. 246–247.

63. 例如，可以参考1941年7月31日《战时内阁决议》（War Cabinet Conclusions）的摘录，见于FO 371/27974, *British Foreign Office: Japan Correspondence*, 1941–1945, series for 1941, reel 15，以及核心官员对1941年8月18日第3849号哈里法克斯电报的纪要，见于FO 371/27909, series for 1941, reel 7。

64. David Dilks, ed., *The Diaries of Sir Alexander Cadogan, O.M., 1938–1945* (London: Cassell, 1971), entry for August 11, 1941, p. 399.

65. 摘自1941年8月11日英国首相与罗斯福总统的会晤记录，见于FO 371/27909, *British Foreign Office Japan Correspondence, 1941–1945*, series for 1941, reel 7。

66. Cadogan minute, August 20, 1941, FO 371/27977, ibid.

67. Dallek, *Roosevelt*, p. 299, and Weinberg, *World at Arms*, p. 245.

68. Langer and Gleason, *Undeclared War*, pp. 661–662. 也请参阅Weinberg, *World at Arms*, pp. 186, 247。布托也经常顺着这些思路进行论证。参见Butow, *Tojo*, pp. 203, 221, 242–243, 255–256, 283, 334。

69. 例如，可以参考Langer and Gleason, *Undeclared War*, p. 631。

70. Richard Overy, *The Origins of the Second World War*, 2d ed. (London: Longman, 1999), p. 93.［日本首相一职在日文中称为内阁总理大臣。此处按照日文译出。——译者注］

71. Ibid., p. 92.

72. Weinberg, *World at Arms*, p. 257.

73. Butow, *Tojo*, p. 240, and also pp. 86, 251, 255–256, 276.

74. Butow, *Tojo*, pp. 171, 308. 另请参阅Yale Maxon, *Control of Japanese Foreign Policy: A Study of Civil-Military Rivalry, 1930–1945* (Berkeley: University of California Press, 1957), pp. 28, 46–47, 104–115, 216, and Masao Maruyama, *Thought and Behaviour in Modern Japanese Politics*, exp. ed. (Oxford: Oxford University Press, 1969), esp. pp. 107–114 (the term "robots" is used on pp. 92 and 107)。有关引用了布托和丸山真男的观点，且表明这是一种类似共识的看法，参见Ike, *Japan's Decision for War*, p. 17。

75. James Crowley, *Japan's Quest for Autonomy: National Security and Foreign Policy, 1930–1938* (Princeton: Princeton University Press, 1966).

76. Grew to Roosevelt, August 14, 1942 (unsent), pp. 2, 4, and 8, Joseph Grew Papers, Houghton Library, Harvard University, Cambridge, Mass.; 可通过邮件从Houghton Library获得。另请参阅此处的叙述Joseph Grew, Turbulent Era: A Diplomatic Record of Forty Years, 1904–1945, 2 vols. (Boston: Houghton Mifflin, 1952), 2:1301–1375, 引自关键档案（已载于FRUS）且用词基本一致。关于这一点，重点参见此处斜体段落p. 1359。

77. Grew to Roosevelt, August 14, 1942 (unsent), p. 5, Grew Papers, Houghton Library; Grew, Turbulent Era, 2:1356–1357, 1373–1374; Robert Fearey, "Tokyo 1941: Diplomacy's Final Round," Foreign Service Journal, December 1991, pp. 22–30.

78. Grew to Roosevelt, August 14, 1942 (unsent), Grew Papers, Houghton Library; Grew, Turbulent Era, 2:1316n, 1327–1328, 1332–1333.

79. Grew, *Turbulent Era*, 2:1302, 1311.

80. Ibid., 2:1333–1334.

81. 克雷吉爵士提交的驻日大使卸任报告, February 4, 1943, FO 371/35957, Public Record Office, Kew, 并发表在BDFA, Part III, Series E, vol. 6, 所在小节为 "Further Correspondence respecting Far Eastern Affairs, Part 22," 载于原始机密印刷版本的pp. 127–153, 等同于公开出版的pp. 407–433。克雷吉在该报告中采取的总体立场已在许多历史记录中得到了提及，例如Thorne, Allies of a Kind, pp. 74–75, and Woodward, British Foreign Policy in the Second World War, 2:177–178。克雷吉也在其公开出版的回忆录中以略微温和的方式提出了这些观点, Behind the Japanese Mask (New York: Hutchinson, 1945).

82. Craigie Report, para. 65（载于原始机密印刷版本的p. 153）。

83. Craigie to Eden, February 4, 1953（其报告的附信）, para. 15（载于原始机密印刷版本的p. 131），以及报告的para. 42（载于原始机密印刷版本的p. 146, Co）。

84. Craigie, Behind the Japanese Mask, p. 130.

85. Craigie Report, para. 45（载于原始机密印刷版本的p. 147）。

86. Craigie Report, para. 66（载于原始机密印刷版本的p. 153）。

87. Schroeder, Axis Alliance, pp. 76–85, 203–208, 215–216. 然而，施罗德确实认为，格鲁“对近卫文麿执行和平政策的能力过于乐观了”(pp. 205–206)。

88. Ibid., pp. 200–201.

89. Ibid., p. 177.

90. Ibid., p. 203.

91. Luigi Albertini, *The Origins of the War of 1914*, 3 vols. (London: Oxford University Press, 1952–1957). 第二、三卷基本上是关于1914年的七月危机。

92. 这部作品的标准引用：James W. Morley, ed., *The Final Confrontation: Japan's Negotiations with the United States, 1941* (New York: Columbia University Press, 1994)。虽然角田是这本书的作者，但如上所述，他的名字并未出现在书名页上；此外，这本书还有一项不寻常之处，即译者大卫·泰特斯（David Titus）撰写了一篇长篇导言，对角田的观点进行了批评。

93. Ibid., pp. 286–287，另请参见pp, 107, 225, 273, 288。

94. Ibid., pp. 114 , 287.

95. Ibid., pp. 212–213. 福留在年初的时候曾经表达过更为强硬的立场。不过，石油禁运之前的好战言论可能只是出于纯粹的功利目的：正如当时陆军所怀疑的，以及一些历史学家后来所认为的，这些强硬立场的表达可能只是为了帮助海军和陆军争预算。参阅Butow, *Tojo*, p.221, and Michael Barnhart, *Japan Prepares for Total War: The Search for Economic Security*, 1919–1941 (Ithaca: Cornell University Press, 1987), pp. 140, 168–169, 174–175, 210, 244。

96. 参见Maxon, *Control of Japanese Foreign Policy*, pp. 46–47。

97. Tsunoda, *Final Confrontation*, pp. 213, 216, 221–222, 225. 也请参阅Barnhart, Japan Prepares, p. 244。

98. Tsunoda, Final Confrontation, pp. 216, 221–222, 228. 也请参阅Arthur Marder, *Old Friends, New Enemies: The Royal Navy and the Imperial Japanese Navy*, vol. 1, *Strategic Illusions, 1936–1941* (New York: Oxford University Press, 1981), pp. 175–178, 252–261.

99. Ibid., p. 221; 也请参阅p. 214。

100. Ibid., p. 230.

101. Ibid., p. 222.

102. Ibid.

103. Ibid., pp. 227–228.

104. Ibid., p. 228.

105. 例如，可以参考Ike, *Japan's Decision*, pp. 187–188; Peter Wetzler, *Hirohito and War: Imperial Tradition and Military Decision Making in Prewar Japan* (Honolulu: University of Hawaii Press, 1998), p. 53; Tsunoda, *Final Confrontation*, p. 164。

106. Tsunoda, *Final Confrontation*, pp. 174, 176, 240–241.

107. Ibid., p. 177.

108. Wetzler, *Hirohito and War*, pp. 51–52. 另请参见Tsunoda, *Final Confrontation*, p. 241。

109. Tsunoda, *Final Confrontation*, p. 217. 另请参见p. 250。

110. Ibid., pp. 151–152, 156, 158.

111. Grew to Roosevelt, August 14, 1942 (unsent), p. 4, Grew Papers, Houghton Library.

112. Ibid., p. 8.（着重强调为原文所有）

113. 此处的搜索是在Eureka中进行的。Eureka是研究型图书馆组织的联合目录，可在大多数美国研究型大学中找到。关于如何使用此目录查找未公开材料的更多信息，请参阅附录II。

114. "Reminiscences of Eugene Hoffman Dooman," (1962), p. 95，口述史访谈，通过图书馆际互借服务获得自the Columbia University Oral History Research Office, New York。

115. Oka Yoshitake, *Konoe Fumimaro: A Political Biography* (New York: Madison Books, 1992), p. 166–167; and Tsunoda, *Final Confrontation*, pp. 193, 219; and Sagan, "From Deterrence to Coercion to War," p. 74, citing evidence presented in Marder, *Old Friends, New Enemies*, 1:175.

116. Herbert Feis, *The Road to Pearl Harbor: The Coming of the War between the United States and Japan* (Princeton: Princeton University Press, 1950), pp. 274–276. 也请参阅Barnhart, Japan Prepares, pp. 241–242。

117. Grew, *Turbulent Era*, 2:1374.

118. Dooman oral history, pp. 120–121.

119. 这是格鲁当时的观点。参见*Turbulent Era*, 2:1311。

120. 例如，可以参考Schroeder, Axis Alliance, pp. 205–206, and Butow, Tojo, p. 261。

121. 因此，例如，在格鲁1942年8月致罗斯福但未发送的信中写道，前内阁总理大臣广田弘毅（Hirota Kōki）"与军事和政治圈子有着密切联系，并在其中具有重要影响力。他（并非对我，而是对其他人）表示，近卫公爵不可能让计划的会议以失败告终。广田补充说，这意味着近卫无疑必须接受你们的条件。在现有情况下，他有能力也有意愿带领整个日本民族，包括军方。在日本，没有哪位政治家比广田弘毅更了解时局，但当时其他有影响力的日本人也对我表达了相同的观点"。另请参见Grew, *Turbulent Era*, 2:1359；在那段文字中，格鲁表示，广田确实直接向他表达了这些观点。

122. 日方草案，November 20, 1941, FRUS Japan 2:755–756。

123. Tsunoda, *Final Confrontation*, pp. 261–265, 370. 也请参阅Togo Shigenori, *The Cause of Japan* (New York: Simon and Schuster, 1956), p. 144。

124. 参见Langer and Gleason, *Undeclared War*, pp. 879–883, and Schroeder, *Axis Alliance*, pp.76–89。

125. Grew to Hull, November 24, 1941, FRUS Japan 2:763; Schroeder, *Axis Alliance*, pp. 82–83.

126. Langer and Gleason, *Undeclared War*, p. 871（关于美国将在中国和日本达成停战协议并启动和谈时暂停对华援助的观点）以及p. 880（关于与日本计划的相似之处）："很难理解赫尔先生对日方建议的愤慨之深。毕竟，从很多方面来看，这些建议都与美国国务院内部流行的观点相似。"另请参见Schroeder, *Axis Alliance*, p. 81 n. 27。

127. Heinrichs, *Threshold of War*, pp. 208–209.

128. Schroeder, *Axis Alliance*, p. 203.

129. Ibid., pp. 182.

130. Ibid., p. 207.

131. Ibid., pp. 202–203.

132. George Kennan, *American Diplomacy, 1900–1950* (Chicago: University of Chicago Press, 1951), esp. p. 73. 然而，凯南并不打算以这种方式让罗斯福轻松摆脱责任。有关其对1941年末罗斯福政策相当消极的评价，请参阅他对三篇关于“第二次世界大战盟军领导人物”的文章的评论，包括一篇达莱克记述罗斯福的文章，载于*Survey* 21 (Winter–Spring 1975): esp. pp. 29–31。关于达莱克的回应，参见Dallek, *Roosevelt*, p. 531。

133. 例如，可以参考Michael Howard, *The Causes of Wars and Other Essays* (London: Temple Smith, 1983), pp. 41–42, and Brian Van DeMark, *Into the Quagmire: Lyndon Johnson and the Escalation of the Vietnam War* (New York: Oxford University Press, 1991), pp. xiii–xiv。

134. 在冷战方面，使我确信美国领导人完全有能力以现实主义观念进行思考并以此为基础开展政策的关键证据是United States Department of State, *Foreign Relations of the United States: The Conference of Berlin (The Potsdam Conference) 1945* (Washington, D.C.: GPO, 1960), vol. 2。关于越南，揭示美国核心领导人（特别是肯尼迪总统）绝没有受制于美国的冷战意识形态的两部最重要著作是David Kaiser, *American Tragedy: Kennedy, Johnson, and the Origins of the Vietnam War* (Cambridge Mass.: Harvard University Press, 2000), and Fredrik Logevall, *Choosing War: The Lost Chance for Peace and the Escalation of War in Vietnam* (Berkeley: University of California Press, 1999)。

135. 参见Halifax to Foreign Office (no. 4550), October 3, 1941, with minutes, FO 371/27910, *British Foreign Office: Japan Correspondence, 1941–1945*, series for 1941, reel 7。这一观点在一些历史著作中得到了提及，但并没有得到应有的关注。例如，可以参考Heinrichs, *Threshold of War*, p. 193。

136. Halifax to Foreign Office (no. 5380), November 25, 1941, para. 7, FO 371/27912, *British Foreign Office: Japan Correspondence, 1941–1945*, series for 1941, reel 8.

137. Sherwood, *Roosevelt and Hopkins*, pp. 428–429; Blum, *Years of Urgency*, p. 387; 另请特别关注此书中的证据John Costello, *Days of Infamy: MacArthur, Roosevelt, Churchill—The Shocking Truth Revealed: How Their Secret Deals and Strategic Blunders Caused Disasters at Pearl Harbor and the Philippines* (New York: Pocket Books, 1994), pp. 127–129, 388。后一引用恰好提供了一个很好的例子，说明即使是一本不太学术的书也可以挖掘出关键问题的重要信息。

138. Stoler, *Allies and Adversaries*, chap. 2 and 3.

139. “Plan Dog” memorandum, November 12, 1940, p. 19. 该文件可以通过该网址线上查阅：http://www.fdrlibrary.marist.edu/psf/box4/folo48.html。

140. 1941年9月11日的《胜利计划》，正式名称为《联合委员会关于美国总体生产需求的评估》（Joint Board Estimate of United States Over-All Production Requirements），由陆军参谋长乔治·马歇尔（George Marshall）和海军作战部长哈罗德·斯塔克（Harold Stark）签署。该报告的主体部分请参见*American War Plans, 1919–1941*, ed. Steven Ross, vol. 5 (New York: Garland, 1992), pp. 160–189；附录的《关于陆军地面部队评估》（“Estimate of Army Ground Forces”）请参见pp. 190–201。此处所引段落位于报告主体部分的p. 4，加兰（Garland）版的p. 163。摘自《胜利计划》的大量引文也出现于Sherwood, *Roosevelt and Hopkins*, pp. 410–418。

141. Victory Program, p. 3 (p. 162 in the Garland volume); “Plan Dog” memorandum, p. 3.

142. Colonel Paul Robinett, of the army general staff, diary entry for September 12,

1941, quoted in Stoler, *Allies and Adversaries*, p. 50 (emphasis in original).

143. 参见Stoler, *Allies and Adversaries*, pp. 49–50。

144. Victory Program, p. 9 (p. 168 in the Garland volume).

145. Victory Program appendix, "Estimate of Army Ground Forces," p. 4 (p. 193 in the Garland volume).

146. Ibid., pp. 4–5 (pp. 193–194 in the Garland volume).

147. Ibid. 斯塔克还认为美国必须迅速行动。德国入侵俄罗斯之后，他事实上告诉过总统他认为"我们每推迟一天参战都更危险一点"。Stark to Cooke, July 31, 1941, quoted in Feis, *Road to Pearl Harbor*, p.240.

148. Victory Program, p. 9 (p. 168 in the Garland volume); Craigie Report, para. 66, p. 153 in the *Confidential Print* volume cited in note. 80 above；格鲁的引述载于Langer and Gleason, *Undeclared War*, p. 849。"我们为什么要冒险冲入战争？"格鲁问道，"当希特勒被打倒时，他最终必然会被达打倒，日本问题将自动解决。"

149. Victory Program, p. 10 (p. 169 in the Garland volume).

150. "Plan Dog" memorandum, p. 25.

151. Ibid., p. 3. 另请参阅Stoler, *Allies and Adversaries*, p. 30。陆军方面甚至更进一步。他们对"D计划"（Plan Dog）备忘录的抱怨是，斯塔克在要求遏制日本方面做得过头了。Stoler, *Allies and Adversaries*, p. 33.

152. Grew to Roosevelt, September 22, 1941, FRUS 1941, 4:469.

153. 引自Hearden, *Roosevelt Confronts Hitler*, p. 213。

154. Stoler, *Allies and Adversaries*, p. 58。然而，斯塔克上将的观点比这段引言所暗示的更为微妙。在1941年9月的一份备忘录中——罗伯特·舍伍德（Robert E. Sherwood）说这份文件"让总统非常振奋"——斯塔克表示，在他看来，"美国应尽快对德国宣战，即便不得不与日本展开敌对行动"。这一观点并不是说美国政府应该对日本采取挑衅政策，以便快速介入欧洲战争。斯塔克的观点仅仅是，既然德国和日本是盟友，那么如果美国对德国宣战，日本可能会觉得有义务对美国宣战——但美国政府不应该就此退缩。然而，这段引言确实暗示，如果美国能因此与德国开战，那么在斯塔克看来，与日本的战争也不算是彻头彻尾的灾难。关于这份文件的一段长篇摘录，参见Sherwood, Roosevelt and Hopkins, pp. 379–380。

155. Heinrichs, *Threshold of War*, p. 213.

156. Stoler, *Allies and Adversaries*, p. 61.

157. Schroeder, *Axis Alliance*, pp. 182, 202–203.

158. 然而，不排除最终会出现与这个问题有关的直接证据。例如，某些仍属机密的英国资料，包括丘吉尔在1941年11月26日发送给罗斯福的两封电报中一封的副本，可能会为这个问题提供一些启示。参阅Warren Kimball, *Forged in War: Roosevelt, Churchill, and the Second World War* (New York: William Morrow, 1997), p. 357 n. 3。金博尔（Kimball）在此处提到，扣留这批资料已经引发了关于丘吉尔在这件事中的角色的猜测，他特别提到了此处的说法James Rusbridger and Eric Nave, *Betrayal at Pearl Harbor: How Churchill Lured Roosevelt into World War II* (New York: Summit Books, 1991)；关于丘吉尔电报的段落在该书的第141页。

159. Ernest May, ed., *Knowing One's Enemies: Intelligence Assessment before the Two World Wars* (Princeton: Princeton University Press, 1984).

160. Ibid., p. 496.

161. F. H. Hinsley, *British Intelligence in the Second World War: Its Influence on Strategy and Operations*, vol. 2 (London: HMSO, 1981), p. 75. Carl Boyd，在其著作*Hitler's Japanese Confidant: General Oshima Hiroshi and MAGIC Intelligence, 1941–1945* (Lawrence: University Press of Kansas, 1993), p. 31, 也引述了他在美国国家档案馆（U.S. National Archives）找到的解码文件。

162. 例如，可以参考Boyd, *Oshima*, p. 32。

163. Anthony Cave Brown, *The Last Hero: Willd Bill Donovan* (New York: Vintage, 1982), p. 191.

164. 例如，可以参考Boyd, *Oshima*, p. 35; Weinberg, *World at Arms*, p. 1001 n. 298; and Sherwood, *Roosevelt and Hopkins*, p. 441。

165. Leutze, *Bargaining for Supremacy*, pp. 225, 242. 还要注意到1941年1月，作为当月与英国进行军事会谈基础的工作文件摘录："如果被迫与日本开战，美国应同时介入大西洋战争。"引于George Dyer, *The Amphibians Came to Conquer: The Story of Admiral Richard Kelly Turner* (Washington, D.C.: U.S. Marine Corps, 1991), pp. 159–160。罗斯福批准了这份文件，甚至还对其进行了编辑。参见Simpson, *Stark*, pp. 75–76, and Eric Larrabee, *Commander in Chief: Franklin Delano Roosevelt, His Lieutenants, and Their War* (New York: Harper and Row, 1987), p. 50。

166. Schroeder, *Axis Alliance*, pp. 22–23. Richard F. Hill, *Hitler Attacks Pearl Harbor: Why the United States Declared War on Germany* (Boulder, colo.: Lynne Rienner, 2003), p. 209 n. 37 (the Gallup poll) and chap. 6［关于1941年12月美国人普遍认为日本是"希特勒的傀儡"的证据。"希特勒的傀儡"这个短语本身来自《华盛顿邮报》(*Washington Post*) 12月8日的一篇文章，引自第114页。］

167. 在这方面还应注意到，珍珠港遭袭击后，美国领导人显然认为与德国的战争即将来临。实际上，他们对此感到宽慰，并且并不特别担心希特勒是否会真正对美国宣战。参见Sherwood, *Roosevelt and Hopkins*, p. 172。

168. 关于"哄骗"日本人，参见FRUS 1941, 4:372–374。关于"争取时间"，注意休·多尔顿（Hugh Dalton）的日记, entry for August 26, 1941, in *The Churchill War Papers*, ed. Martin Gilbert, vol. 3 (London: Heinemann, 2000), p. 1111。

169. Henry Lewis Stimson Diaries［microfilm edition］(New Haven: Yale University Library, 1973), entry for October 16, 1941.

170. Ibid., entry for November 25, 1941.

171. 参见Richard N. Current, "How Stimson Meant to 'Maneuver' the Japanese," *Mississippi Valley Historical Review* 40, no. 1 (June 1953): 67–74。另请注意Langer and Gleason, *Undeclared War*, p. 886; and Dallek, Roosevelt, pp. 303–304, 307。

172. 引自Reynolds, *Anglo-American Alliance*, p. 214。

173. Sherwood, *Roosevelt and Hopkins*, pp. 428–431。关于罗斯福反映的其他证据，参见Dallek, *Roosevelt*, p. 311。

174. Sherwood, *Roosevelt and Hopkins*, p. 431. 注意，这还表明，在希特勒宣战之前很久，罗斯福的高级顾问们就想当然地认为美国很快将与德国开战。这可能是美国发起的一场战争，罗斯福利用民众对珍珠港的愤怒，让国会向德国宣战。不过，由于获悉了有关希特勒意图的情报，美国政府决定等待德国的宣战声明，而实际上，这个声明在几天后就发布了。参见Hearden, *Roosevelt Confronts Hitler*, p. 221。

175. 在这一情境下，史汀生在战争前夕的态度也值得关注。12月2日，他知道事情似乎已经到了紧要关头。他告诉蒋介石在华盛顿的代表，转告其“再有一点耐心，然后我认为一切都会好起来”。在这种背景下，这暗示着（通过日本攻击美国）战争的来临是受到欢迎的。引自Thorne, *Allies of a Kind*, pp. 83–84; 欲求原文，参见the Stimson Diaries, reel 7, entry for December 2, 1941。

176. 引自Dallek, *Roosevelt*, p. 312。See also Foreign Secretary Eden's account in Churchill War Papers, 3:1579。

177. Oliver Harvey diary, entry for December 8, 1941, *Churchill War Papers*, 3:1586.

178. 引自Thorne, *Allies of a Kind*, p. 75。

179. 参见Leutze, *Bargaining for Supremacy*, p. 241。

180. Charles Eade, notes of a luncheon with Churchill, November 19, 1941, *Churchill War Papers*, 3:1474。另请参阅War Cabinet minutes, confidential annex, November 12, 1941, ibid., p. 1445。

181. Peter Lowe, *Great Britain and the Origins of the Pacific War* (Oxford: Clarendon, 1977), p. 173.

182. 例如，可以参考ibid., pp. 260–261。蒋介石的抗议信是这一事件中的关键文件之一。这封信后来据英国驻华大使称“是由他起草的”。Thorne, *Allies of a Kind*, p. 70n.

183. Meir Michaelis, "World Power Status or World Dominion? A Survey of the Literature on Hitler's 'Plan of World Dominion' (1937–1970)," *Historical Journal* 15, no. 2 (June 1972): 352; 另请参见pp. 353, 359。

184. Richard Overy, *War and Economy in the Third Reich* (Oxford: Clarendon, 1994), pp. 194–195. 在这种情况下，值得注意的是，在美国与德国开战之前，美国也开始研制一种洲际轰炸机（最终成为B-36轰炸机）。关于B-36项目的起源，参见Robert Lovett's testimony in 81st Cong., 1st sess., House Armed Services Committee hearings, *Investigation of the B-36 Bomber Program* (Washington, D.C.: GPO, 1949), pp. 24–26。

185. Overy, *War and Economy*, pp. 194–195; Richard Overy (with Andrew Wheatcroft), *The Road to War* (London: Macmillan, 1989), p. 282; Andreas Hillgruber, "Der Faktor Amerika in Hitlers Strategie 1938–1941," *Aus Politik und Zeitgeschichte* (supplement to *Das Parlament*), May 11, 1966, p. 507; and Weinberg, *World at Arms*, pp. 86, 238–239, 250.

186. 注意这里的联系Sherwood, *Roosevelt and Hopkins*, pp. 125–126。参见Joseph C. Harsh, "The 'Unbelievable' Nazi Blueprint," *New York Times Magazine*, May 25, 1941, 手工标注了关键段落，几乎可以肯定是由罗斯福总统本人标注的（http://www.fdrlibrary.marist.edu/psf/box31/a296L01.html）。在评估哈什（Harsh）文章对罗斯福的影响时，我们注意到总统从哈什的一个观点——日本将受到德国在欧亚大陆的胜利的威胁，因此与美国联手抵制德国具有一定的地缘政治利益——中得到启示，并在1941年7月24日与日本大使的会晤中表述了这一观点（FRUS Japan 2:530）。这是你在处理这类问题时用来达到至少是暂时性结论的典型“风向标”。

187. 引自Hillgruber, "Faktor Amerika," p. 515, and in R.A.C. Parker, *Struggle for Survival: The History of the Second World War* (Oxford: Oxford University Press, 1989), p. 63. 希特勒早在1940年11月4日就发表过类似的论述。Barry Leach, *German Strategy against Russia, 1939–1941* (Oxford: Clarendon, 1973), p. 77n.

188. Antony Read and David Fisher, *The Deadly Embrace: Hitler, Stalin and the Nazi-Soviet Pact, 1939–1941* (New York: Norton, 1988), p. 549. 也请参阅Weinberg, *World at Arms*, pp. 204–205。

189. 参见Stephen Van Evera, *Causes of War: Power and the Roots of Conflict* (Ithaca: Cornell University Press, 1999), esp. chap. 4, and Dale Copeland, *The Origins of Major War* (Ithaca: Cornell University Press, 2000)。

190. Norman Goda, *Tomorrow the World: Hitler, Northwest Africa, and the Path toward America* (College Station: Texas A&M University Press, 1998), esp. pp. 67, 69, 177, 195–196. 顺便说一下，你如何识别这类作品呢？只需使用你的图书馆搜索引擎，搜索包含"希特勒"（或"纳粹"甚或"德国"）和"非洲"的标题。同时注意，一旦你确定了某一部作品，你还可以通过查阅戈达杰出的参考文献中引用的各种著作来进行更广泛的研究。

191. 重点参见Robert Jervis, "Cooperation under the Security Dilemma," *World Politics* 30, no. 2 (January 1978): esp. pp. 199–206. 空战策略中的不可区分（indistinguishability）问题尤为严重，因为如1939年3月美国陆军航空兵（U.S. Army Air Corps）备忘录所述，防御空袭最有效的方法是"在基地摧毁敌方空中力量"。这样一来，冲突双方都会被迫寻求航程越来越远的飞机，这意味着从双方部署的力量类型或位置来推断战略意图将越来越困难。关于1939年3月的备忘录以及战前美国计划中轰炸机航程不断增加的讨论，参见Craven and Cate, *Army Air Forces*, 1:119–120。

192. 注意他对占领法属北非的正当性的表述，载于Goda, *Tomorrow the World*, pp. xiii–xiv。

193. Overy, *Origins of the Second World War*, pp. 62, 69–73, and Richard Overy, "Germany, 'Domestic Crisis' and War in 1939," *Past and Present*, no. 116 (August 1987): 167–168，重版于Overy, *War and Economy*, pp. 231–232。

194. Overy, *War and Economy*, p. 195.

195. Hillgruber, "Faktor Amerika," pp. 522–523。另请参阅Gerhard Weinberg, "Germany's Declaration of War on the United States: A New Look," in his *World in the Balance: Behind the Scenes of World War II* (Hanover, N. H.: University Press of New England, 1981)。

196. 参见Jervis, "Cooperation under the Security Dilemma," esp. pp. 186–199, and Van Evera, *Causes of War*. For a recent survey of this body of work, see James D. Morrow, "International Conflict: Assessing the Democratic Peace and Offense-Defense Theory," in *Political Science: The State of the Discipline*, ed. Ira Katznelson and Helen Milner (New York: Norton, 2002)。

197. 特纳（Turner）在1941年7月20日与日本大使野村吉三郎（Nomura Kichisaburo）的会面中，1941年7月21日由特纳向斯塔克汇报，FRUS Japan 2:519，引述并讨论于Deborah Miner, "United States Policy toward Japan 1941: The Assumption That Southeast Asia Was Vital to the British War Effort" (Ph.D. diss., Columbia University, 1976), pp. 243–244.（着重强调为作者添加）

198. Radio address announcing the proclamation of an Unlimited National Emergency, May 27, 1941, Roosevelt, *Public Papers*, 10:188–189.

199. Craven and Cate, *Army Air Forces*, 1:117–118; Roosevelt, *Public Papers*, 9:198，以及上述注释13中提到的此系列文件中的其他文件。

200. 除了上述注释183和190中引用的来源外，另请参阅Robert Frank Futrell, *Ideas,*

Concepts, Doctrine: Basic Thinking in the United States Air Force, 1907–1960 (Maxwell Air Force Base, Montgomery, Ala.: Air University Press, 1989), 1: 109–111; and Thomas Greer, *The Development of Air Doctrine in the Army Air Arm, 1917–1941* (Washington D. C.: Office of Air Force History, 1985), pp. 93（欲查阅引文的话）, 94, 100–101, 118–119。

第五章

1. 我将在本章末尾最后一节和附录II中详细讨论这些文书集。

2. 参见Theodore Sorensen, *Kennedy* (New York: Harper and Row, 1965), p. 712, and Alexander George, "The Cuban Missile Crisis, 1962," in *The Limits of Coercive Diplomacy*, ed. Alexander George et al. (Boston: Little Brown, 1971), pp. 104–105。

3. Special Journal of the Russian Council of Ministers, July 24, 1914, in Geiss, *July 1914*, p. 187. 也请参阅Sazonov to Strandtmann, July 24, 1914, and Memorandum of the Day of the Russian Ministry of Foreign Affairs, July 24, 1914, ibid., pp. 187–188, 189–191。

4. Luigi Albertini, *The Origins of the War of 1914*, 3 vols. (London: Oxford University Press, 1952–1957), 2: 504, 522–525.

5. 有关最近的一个典型案例，参阅 "Did Truman Meet with NATO Foreign Ministers on 3 April 1949? A Cold War Mystery," ed. William Burr，包括斯蒂芬·舒克（Stephen Schuker）发给梅尔文·莱夫勒（Melvyn Leffler）的讨论问题的电子邮件文本，附有相关文件的链接（http://www.gwu.edu/~nsarchiv/nsa/DOCUMENT/200008/）。另请参阅我本人2000年8月25日在H-Diplo上就此问题发表的评论（http://www.polisci.ucla.edu/faculty/trachtenberg/cv/hdiplo.html）。该文件最初被收录在美国国务院"美国对外关系"丛书的一份缩微胶片补充资料中，"Memoranda of Conversations of the Secretary of State, 1947–1952" (Washington, D.C.: GPO, 1988)。转载于Cees Wiebes and Bert Zeeman, "Eine Lehrstunde in Machtpolitik: Die Vereinigten Staaten und ihre Partner am Vorabend der NATO-Gründung," *Vierteljahrshefte für Zeitgeschichte* 40, no. 3 (July 1992): 413–423。

关于如何处理存疑证据的另一个例子，参见对德国外交官埃卡德施泰因（Eckardstein）电报的讨论，William Langer, *The Diplomacy of Imperialism, 1890–1902*, 2 vols. (New York: Knopf, 1935), 2:501–502, 727–731。另请注意阿尔贝蒂尼（Albertini）提到在法国黄皮书（*Yellow Book*，1914年法国政府出版的关于第一次世界大战爆发的文件集）中发现的"遗漏、改动和伪造"。关于这一界定的分析，相关引述参见Albertini, *The Origins of the war of 1914*, 2:322、575, 593, and 616; 3:163–164；以及在两卷索引中关于"法国黄皮书"中"法国"部分的许多参考资料（2:701 and 3:744）。最后，请注意阿尔贝蒂尼在第三卷163页注释中提到英国1914年出版的《蓝皮书》（*Blue Book*）3:163n中省略的一个重要句子，他在那里称之为"有征兆的"。

6. "Remarks of President Kennedy to the National Security Council Meeting of January 22, 1963," U.S. Department of State, *Foreign Relations of the United States* (FRUS), 1961–63, vol. 8 (Washington, D.C.: GPO,1996), doc. 125 and p. 457n; microfiche supplement to FRUS 1961–1963, vols. 7–9 (Washington, D.C.: Department of State, 1997), docs. 284–286.

7. Dulles-Pineau meeting, November 19, 1957, 740.5/11-1957, State Department Central Files, Record Group 59, U.S. National Archives, and *Documents diplomatiques*

français, 1957 (DDF) (Paris: Imprimerie Nationale, 1991), 2:712.

8. The U.S. records are in FRUS 1961–1963, vol. 13 (Washington, D.C.: G-PO, 1994), pp. 1091–1112; the British records are in Prem 11/4229 at the British National Archives (formerly called the Public Record Office), Kew.

9. Thompson Minutes of August 1, 1945, plenary meeting, United States Department of State, *Foreign Relations of the United States: The Conference of Berlin (The Potsdam Conference) 1945*, 2 vols. (Washington, D.C.: GPO, 1960), 2:566–567.

10. Cohen notes of August 1, 1945, plenary meeting, ibid., 2:579. 艾德礼时任英国首相。

11. *Documents on British Policy Overseas*, ed. Rohan Butler and M. E. Pelly, Series I, vol. 1, *The Conference at Postdam, July–Augut 1945* (London: HMSO, 1984): 1128.

12. *Tehran Yalta Potsdam: The Soviet Protocols*, ed. Robert Beitzell (Hattiesburg, Miss.: Academic International, 1970), p. 288.

13. 有关四位领导人回忆录中关于朗布依埃会议的小节，参见Charles de Gaulle, *Memoirs of Hope: Renewal, 1958–1962* (London: Weidenfeld and Nicolson, 1971), pp. 222–224; Harold Macmillan, *Pointing the Way, 1959–1961* (London: Macmillan, 1972), pp. 100–114; Dwight Eisenhower, *Waging Peace, 1956–1961* (Garden City, N.Y.: Doubleday, 1965), pp. 508–509; Konrad Adenauer, *Erinnerungen 1959–1963: Fragmente* (Stuttgart: Deutsche Verlags-Anstalt, 1968), pp. 23–28。法国的官方记录参见*Documents diplomatiques français 1959* (DDF) (Paris: Imprimerie Nationale, 1995), 2:749–775 (doc. 295)。英国的官方记录见于伦敦市外基尤（Kew）英国国家档案馆的Prem 11/2996，也见于数所美国大学图书馆的CDROM: *Macmillan Cabinet Papers, 1957–1963* (London: Adam Matthew Publications, 1999)。

14. Eisenhower, *Waging Peace*, p. 508.

15. Eisenhower–Macmillan–de Gaulle meeting, December 20, 1959, p. 1, Prem 11/2996, BNA. 这些英方记录被提交给了美国国务院——原因是美国政府并未保留其官方记录——而其中包含此评论的文件部分已出版于FRUS 1958–60, 7, part 2 (Washington, D.C.: GPO, 1993), p. 319。法方记录中的此一段落见于DDF 1959, doc. 295, beginning of part IV。

16. 有关布罗姆利·史密斯在危机期间所撰写的会议纪要，参见FRUS 1961–1963, vol. 11 (Washington, D.C.: G-PO, 1996), docs. 73, 79, 90, 94, 97。这些录音带的音频磁带副本可从波士顿的肯尼迪图书馆获得，并且一些录音带已经被放在网上。例如，可以参考“History and Politics Out Loud”网站（http://www.hpol.org/），以及WhiteHouseTapes.org网站（http://whitehousetapes.org/）。肯尼迪图书馆从20世纪80年代初开始发布了部分录音的文字记录。到了90年代中期，新的文字记录被制作并出版于*The Kennedy Tapes: Inside the White House during the Cuban Missile Crisis*, ed. Ernest May and Philip Zelikow (Cambridge, Mass.: Belknap Press of Harvard University Press, 1997)。但有人指责这些文字记录错误百出，其中一些的错误相当严重。重点参见两篇文章Sheldon Stern: “What JFK Really Said,” *Atlantic Monthly 285*, no. 5 (May 2000)，以及“Source Material: The 1997 Published Transcripts of the JFK Cuban Missile Crisis Tapes: Too Good to Be True?” *Presidential Studies Quarterly 30*, no. 3 (September 2000): 586–593。修订版的文字记录发表于2001年：Philip Zelikow, Ernest May, and Timothy Naftali, eds., *The Presidential Recordings: John F. Kennedy, vols. 1–3, The Great Crises* (New York: W. W. Norton, 2001)。但斯特恩指责，这些文字记录仍然包含许多错误。参阅其著作的附录部分*Averting “The*

Final Failure," John F. Kennedy and the Secret Cuban Missile Crisis Meetings (Stanford: Stanford University Press, 2003)，及他的评论文章“The JFK Tapes: Round Two,” *Reviews in American History 30*, no. 4 (December 2002): 680–688。编辑们自然为自己做了辩护，其他学者也对此发表了评论。参见此处的文章列表http://whitehousetapes.org/pages/news_articles.htm。

17. Arnold Wolfers, *Britain and France between Two Wars: Conflicting Strategies of Peace since Versailles* (New York: Harcourt, Brace, 1940); E. E. Schattschneider, *Politics, Pressures and the Tariff: A Study of Free Private Enterprise in Pressure Politics, as Shown in the 1929–1930 Revision of the Tariff* (New York: Prentice-Hall, 1935).

18. Richard H. Kohn, “The Erosion of Civilian Control of the Military in the United States Today,” *Naval War College Review* 55, no. 3 (Summer 2002).

19. 引自Graham Allison, *Essence of Decision: Explaining the Cuban Missile Crisis* (Boston: Little, Brown, 1971), p. 181. See also Richard Neustadt, *Alliance Politics* (New York: Columbia University Press, 1970), p. 7.

20. J. Garry Clifford, “Bureaucratic Politics,” *Journal of American History* 77, no. 1 (June 1990): 164.

21. Meeting of high U.S. officials, December 16, 1962, *FRUS 1961–1963*, 13:1088.

22. Rubel, notes of McNamara-Thorneycroft meeting, December 11, 1962, p. 4, Neustadt Papers, box 19, John F. Kennedy Library, Boston；亦可于线上获取Declassified Documents Reference System, document number CK3100078274。然而，麦克纳马拉接着说道：“当然，我们必须考虑到德国、法国，以及实际上你和你对共同市场（Common Market）的承诺。”

23. 一个非常著名的案例涉及德国政府在魏玛时期发布的关于第一次世界大战起源的文件。关于这一事件，参阅Holger Herwig, “Clio Deceived: Patriotic Self-Censorship in Germany after the Great War,” *International Security* 12, no. 2 (Autumn 1987): esp. 13–17；注意，还需参考该文章中第21条注释引用的来源。

24. 即删减的意思。——译者注

25. 销毁这些记录的官方理由是，参谋长联席会议的秘书认定“生成的记录并非会议的官方纪要，而只是反映了记录者对事件理解的工作文件”。McBride to Hastings, January 25, 1993, linked to http://www.gwu.edu/~nsarchiv/nsa/DOCUMENT/940228.htm. 其他类似的案例也不时被揭露出来。例如，参阅“C.I.A. Destroyed Files on 1953 Iran Coup,” New York Times, May 29, 1997。另请注意这里的文件“Destruction of Documents” and “18 1/2 minute Gap”，载于“Records of the Executive Assistant Pertaining to Presidential Tape Recordings,” box 3, U.S. National Archives, College Park, Maryland；参见http://www.archives.gov/research_room/independent_counsel_records/watergate/presidential_tape_recordings.html。最近出现的另一个案例涉及联合国。有人针对联合国面向伊拉克发起的“石油换食物计划”（Oil-for-Food program）提出指控。据揭露，2005年3月，在为专门调查这些指控而任命的“独立的、高级别的”委员会组建后不久，联合国秘书长科菲·安南（Kofi Annan）的办公厅主任批准销毁了重要文件。Independent Inquiry Committee into the United Nations Oil-for-Food Programme, *Second Interim Report*, March 29, 2005 (http://www.iic-offp.org/documents/Interim- ReportMar2005.pdf), pp. 81–82.

26. 关于该方法的这一点，参见Jon Tetsuro Sumida, “A Matter of Timing: The Royal

Navy and the Tactics of Decisive Battle," *Journal of Military History* 67, no. 1 (January 2003): esp. 129–130。

27. 有关该重要案例，参见James Leutze, *Bargaining for Supremacy: Anglo-American Naval Collaboration, 1937–1941* (Chapel Hill: University of North Carolina Press, 1977), pp. 202–205。

28. 参见Marc Trachtenberg, *A Constructed Peace: The Making of the European Settlement, 1945–1963* (Princeton: Princeton University Press, 1999), pp. 30–31。

29. Bowie Report, "The North Atlantic Nations: Tasks for the 1960's," August 1960, FRUS 1958–1960, 7, part 1: 622–627。1989年解密的版本可以通过解密文件参考系统获得（尤其是文件编号CK3100280059、CK3100280079、CK3100280087），并可以通过订阅服务的图书馆在线查询。完整的未经审查的版本于1991年通过核历史计划发布，根据NHP版本标题页上的解密印章，这份文件在1980年7月已被国务院完全解密。要查看FRUS版本中删除的一些段落，请登录以下网址：http://www.polisci.ucla.edu/faculty/trachtenberg/documents/bowie.html。

30. 有关该方法更为全面的讨论［我称之为解密分析（declassification analysis）］，参见http://www.polisci.ucla.edu/faculty/trachtenberg/documents/doclist.html。

31. Dulles-Brentano meeting, November 21, 1957, *Foreign Relations of the United States, 1955–1957*, vol. 4 (Washington, D.C.: GPO, 1986), p. 202.

32. 例如，可以参考Maurice Vaïsse, "Aux origines du mémorandum de septembre 1958," *Relations internationales*, no. 58 (Summer 1989): 261–262, and Peter Fischer, "Die Reaktion der Bundesregierung auf die Nuklearisierung der westlichen Verteidigung (1952–1958)," *Militärgeschichtliche Mitteilungen 52*, no. 1 (1993): 127–128。

33. 有关文件完整版本的相关摘录（其中被已发布版本删除的部分以红色高亮显示），参见http://www.polisci.ucla.edu/faculty/trachtenberg/ documents/brentano.html；文件完整版本参见State Department Central Files, Record Group 59, 740.5/11-2157。

34. 对英国笔记中与美国文件中删减部分相对应内容的副本，参见 http://www.polisci.ucla.edu/faculty/trachtenberg/documents/nassau.html。删减部分的美国会议纪要见于FRUS 1961–1963, 13:1091-1101。

35. http://www.state.gov/r/pa/ho/frus/c4035.htm.

36. http://www.state.gov/www/about_state/history/frusonline.html; http://www.state.gov/r/pa/ho/frus/gpo/.

37. http://www.state.gov/r/pa/ho/frus/c10996.htm.

38. http://www.lexisnexis.com/academic/2upa/Isiaas/BritishDocumentsForeignAffairs.asp.

39. http://www.france.diplomatie.fr/archives/service/publications/doc-diplos/doc-diplos.html.

40. Alistair Horne, *Macmillan*, 2 vols. (London: Macmillan, 1988–1989).

41. Frank Conaway, comp., "Guide to Microform and CD-Rom Sources for History and Political Science in the University of Chicago Library" (http://www.lib.uchicago.edu/e/su/hist/mfguide.html)。另请参阅 "Major Microform Collections in the Combined Arms Research Library" (http://www-cgsc.army.mil/carl/resources/microform.asp)。

42. 美国大学出版物（University Publications of America, UPA）是一家专门出版和

发行各类学术研究资料的机构。它成立于1970年代，旨在帮助研究者、学者和图书馆员获取各种主题的学术出版物，以满足各种研究需求。UPA以提供高质量、内容丰富的出版物而著称，涵盖了历史、政治、社会科学、文学等多个领域。它们的出版物包括图书、期刊、文件集、会议录以及其他类型的学术资料。

学术资源公司（Scholarly Resources Inc.）是一家专门从事出版和销售高质量学术资源的公司。这家公司致力于为图书馆、学术机构、研究人员和学生提供优质的学术图书、期刊、数据库和其他相关资源。学术资源公司的出版物涵盖了各个学科领域，如人文科学、社会科学、自然科学、工程技术等，以满足不同学术需求。

汤姆森·盖尔（Thomson Gale）是全球性的教育出版公司，专注于为图书馆、教育机构和企业提供信息资源和解决方案。这家公司成立于20世纪初，其前身是盖尔研究公司（Gale Research Company），后来被汤姆森公司（Thomson Corporation）收购，并更名为汤姆森·盖尔。2008年，汤姆森公司与路透集团合并，成立了新的汤姆森路透集团（Thomson Reuters），而汤姆森·盖尔成了集团旗下的一个部门。汤姆森·盖尔为全球各地的教育和研究机构提供广泛的学术资源，包括图书、期刊、数据库、电子书籍、教育软件等，涵盖了各个学科领域，如人文科学、社会科学、自然科学、工程技术等。此外，汤姆森·盖尔还提供一系列数字化资源和在线平台，如学术检索引擎、图书馆管理系统等，旨在帮助用户更轻松地获取、管理和分享知识。

亚当·马修（Adam Matthew）是一家专业从事数字化历史文化资源出版的公司，成立于1990年，总部位于英国。该公司与全球各地的档案馆、图书馆、博物馆等机构合作，将珍贵的历史文献、手稿、图像等资料数字化，为教育和研究机构提供高质量的在线资源。亚当·马修的数字化资源涵盖了广泛的主题领域，如历史、文学、艺术、地理、社会科学等。公司的产品旨在满足学术界和教育界对原始史料和次级资源的需求，帮助用户深入研究特定时期、地区或事件的历史背景。此外，亚当·马修还为其数字化资源提供了先进的在线平台，支持全文检索、数据可视化、导出引用等功能，让用户能够更便捷地获取、分析和引用相关资料。

43. 例如，可以参考Patricia Grimsted, “Archives of Russia Seven Years After,” Cold War International History Project Working Paper No. 20 (2 parts) (Washington, D.C.: CWIHP, 1998) (http://wwics.si.edu/topics/pubs/ACF518.pdf and http://wwics.si.edu/topics/pubs/ACF51B.pdf)。

44. 例如，参见1957年11月21日杜勒斯-布伦塔诺会晤的记录的边缘的铅笔标注的交叉引用，转载于http://www.polisci. ucla.edu/faculty/trachtenberg/documents/brentano.html。

第六章

1. 关于这些搜索引擎的使用方法，请参见本书附录I。

2. 本章中给出的数据基于2004年末进行的搜索。这些搜索是运用MELVYL搜索引擎（http://melvyl.cdlib.org/）进行的，该搜索引擎是加州大学图书馆系统的联合目录。

3. http://www.Google.com.

4. http://www.scholar.google.com/.

5. 关于这类导言段落的一个特别好的例子，可以参考谷歌搜索结果中排名较高的一篇论文：Robert Franzese and Michael Hiscox, “Bargains, Games, and Relative Gains:

Positional Concerns and International Cooperation" (1998; http://www-personal.umich.edu/~franzese/rg15.pdf), pp. 1–3。

6. 查找引用华尔兹一书的文献是毫无意义的，因为会出现大量的结果，而且其中大部分与手头的问题无关。

7. 例如，H. Fukui, "The U.S.-Japan Alliance: Past, Present, and Future," *Journal of Japanese Studies* 26, no. 2 (Summer 2000): 520–526; P. A. Papayoanou and S. L. Kastner, "Sleeping with the (Potential) Enemy: Assessing the U.S. Policy of Engagement with China," *Security Studies* 9, no. 1–2 (Fall 1999): 157–187; Mark Sheetz, "Exit Strategies: American Grand Designs for Postwar European Security," *Security Studies* 8, no. 4 (Summer 1999): 1–43。

8. Robert Jervis, "Realism, Neoliberalism, and Cooperation: Understanding the Debate," *International Security* 24, no. 1 (Summer 1999): 47 n. 14 (emphasis in original).

9. http://www.csis.org/export/projdescript.htm.

10. http://www.ndu.edu/ctnsp/about.html.

11. 这是这一主题下列出的一些标题：Stephen Stillwell, *Technology Transfer and National Security: A Bibliography of Journal Articles*, CSIA working paper no. 89-5 (Cambridge, Mass.: Center for Science and International Affairs, John F. Kennedy School of Government, Harvard University, 1989); Betty Taylor, *Transfer of Technology: A Bibliography of Materials in the English Language: International Law Bibliography* (New York: Oceana Publications, 1985); and John Chumack, ed., *Global Technology Transfer: Issues and Bibliography* (New York: Nova Science Publishers, 2002)。

12. 例如Gary K. Bertsch and John R. McIntyre, eds., *National Security and Technology Transfer: The Strategic Dimensions of East-West Trade*, Westview Special Studies in National Security and Defense Policy (Boulder, Colo.: Westview Press, 1983), and Herman Kahn, *National Security Policy Issues in U.S.-Soviet Technology Transfer* (Croton-on-Hudson, N.Y.: Hudson Institute, 1974)。

13. Michael Mastanduno, *Economic Containment: CoCom and the Politics of East-West Trade*, Cornell Studies in Political Economy (Ithaca: Cornell University Press, 1992).

14. Martin Tolchin, *Selling our Security: The Erosion of America's Assets* (New York: Knopf, 1992).

15. U.S. Congress, Office of Technology Assessment, *Arming our Allies: Cooperation and Competition in Defense Technology* (Washington, D.C.: GPO, 1990).

16. http://www.lexisnexis.com/academic/2upa/Abe/SpecialStudiesInternationalTrade.asp.

17. 此处原文为history British trade policy，结合下文，作者原文应该漏了of，已修正。——译者注

18. 此处原文为Coreign economic relations，应为笔误，实为Foreign economic relations，已修正。——译者注

19. John Clarke, *British Diplomacy and Foreign Policy, 1782–1865* (London: Unwin Hyman, 1989), pp. 300–309, 344–345.

20. Bernard Semmel, *The Rise of Free Trade Imperialism* (Cambridge: Cambridge University Press, 1970).

21. R. L. Schuyler, *The Fall of the Old Colonial System: A Study in British Free Trade,* 1770–1870 (New York: Oxford University Press, 1945), p. 1.

22. A.J.B. Hilton, *Corn, Cash, and Commerce: The Economic Policies of the Tory Governments, 1815–1830* (Oxford: Oxford University Press, 1977).

23. Anna Gambles, *Protection and Politics: Conservative Economic Discourse, 1815–1852* (Rochester: Boydell Press, for the Royal Historical Society, 1999); C. Schonhardt-Bailey, ed., The Rise of Free Trade, 4 vols. (London: Routledge, 1997). Volume 4 is titled: Free Trade Reappraised: The New Secondary Literature.

24. Kevin H. O'Rourke, "British Trade Policy in the Nineteenth Century: A Review Article," European Journal of Political Economy 16, no. 4 (November 2000): 829–842.

25. Albert Imlah, *Economic Elements in the Pax Britannica: Studies in British Foreign Trade in the Nineteenth Century* (Cambridge, Mass.: Harvard University Press, 1958).

26. Lars Magnusson, ed., *Free Trade: 1793–1886* (New York: Routledge, 1997).

第七章

1. Peter Gay, *Style in History* (New York: Basic Books, 1974), p. 189.

2. Benjamin N. Cardozo, "Law and Literature," in *Selected Writings of Benjamin Nathan Cardozo*, ed. M. Hall (New York: Matthew Bender, 1975), pp. 339–340；此文最初发表于1925年。在取自这段引文的段落中，卡多佐引用了亨利·詹姆斯（Henry James）的话："只有形式才能获取、保持和保存实质，使其免于陷入我们像是在无味且温吞的布丁海洋中游泳般无助的冗长辞藻中。"

3. Jacques Barzun and Henry Graff, *The Modern Researcher*, 5th ed. (New York: Harcourt Brace, 1992), p. 34.

4. N. R. Hanson, *Patterns of Discovery: An Inquiry into the Conceptual Foundations of Science* (Cambridge: Cambridge University Press, 1958), p. 90.

5. Ibid., p. 28. 另请参见N. R. Hanson, *Observation and Explanation: A Guide to the Philosophy of Science* (New York: Harper, 1971), pp. 79–83。

6. Hanson, *Patterns of Discovery*, p. 90.

7. N. R. Hanson, *Perception and Discovery: An Introduction to Scientific Inquiry* (San Francisco: Freeman, Cooper, 1969), pp. 285ff., 295, 309–310 (the quotation is on p. 309).

8. Hanson, *Patterns of Discovery*, p. 94。另请参见同一作者的*Observation and Explanation*, pp. 39–40，及其该书第43页的评论："将不熟悉的事物与熟悉的事物联系起来，一直是理论科学的荣耀。"

9. Hanson, *Observation and Explanation*, p. 81。在原文中，汉森谈论的是一般的模型；在这里，我将他的观点应用于特定的历史解释之中。

10. 关于简短的段落概括大量材料的精彩例子，参阅Bernadotte Schmitt's *The Coming of the War*, 1914 (New York: Scribner's, 1930)第二卷中的第一段。

11. Barzun and Graff, *The Modern Researcher*, p. 25n.

12. "戴高乐关于德国核能力"（de Gaulle on German nuclear capability）的英文缩

写。——译者注

13. Joseph M. Williams, *Style: Toward Clarity and Grace* (Chicago: University of Chicago Press, 1990)。另请参阅Williams's *Ten Lessons in Clarity and Grace*, 6th ed. (New York: Longman, 2000)。

14. 关于词汇用法，两部最著名的作品是H. W. Fowler, *A Dictionary of Modern English Usage*（出版有多个版本）和Wilson Follett, *Modern American Usage* (New York: Hill and Wang, 1966)。另请参阅Theodore Bernstein, *The Careful Writer: A Modern Guide to English Usage* (New York: Atheneum, 1965)。关于撰写拨款申请，参阅Lynn Miner and Jeremy Miner, *Proposal Planning and Writing* (Westport, Conn.: Greenwood, 2003)。加州大学伯克利分校的国际研究所有一个专门讨论这个主题的网站（http://globetrotter.berkeley.edu/DissPropWorkshop/）。关于将博士论文修改成一本书，参阅Beth Luey, ed., *Revising Your Dissertation: Advice from Leading Editors* (Berkeley: University of California Press, 2004)，特别参考第1章、第4章和第7章；请注意这本书的参考文献中引用的其他作品。

附录 I

1. http://www.polisci.ucla.edu/faculty/trachtenberg/methbk/AppendixI.html.
2. http://www.polisci.ucla.edu/faculty/trachtenberg/methbk/AppendixI(links).html.
3. http://astro.temple.edu/~rimmerma/461bib.html.
4. http://www.wws.princeton.edu/~lynn/Chinabib.pdf.
5. http://faculty.tamu-commerce.edu/sarantakes/stuff-books.html.
6. http://faculty.tamu-commerce.edu/sarantakes/stuff-bib.html.
7. http://www.clemson.edu/caah/history/FacultyPages/EdMoise/bibliography.html.
8. http://www.isn.ethz.ch/php/services/selective_bibliography.htm.
9. http://www.sais-jhu.edu/programs/ir/strategic/cohen/docs/corereadings.pdf.
10. http://www.stratisc.org/pub/biblio_Bibliographie3_5.html.
11. http://www.columbia.edu/cu/lweb/indiv/lehman/guides/intell.html.
12. http://intellit.muskingum.edu/.
13. http://gulib.lausun.georgetown.edu/dept/speccoll/diplo.htm.
14. http://www.intelligence-history.org/.
15. http://www.loyola.edu/dept/politics/intel.html.
16. http://www.archives.gov/research_room/alic/bibliographies/taylor_collection.html.
17. http://www.fas.org/main/content.jsp?formAction=325&projectId=6.
18. http://www.odci.gov/csi/index.html.
19. http://www.library.upenn.edu/cgi-bin/res/sr.cgi?community=38&resourcetype=17.
20. http://www.lib.uchicago.edu/e/su/hist/hisejl.html.
21. http://www.lib.uchicago.edu/e/su/polsci/polejl.html.
22. http://www.isn.ethz.ch/.
23. http://www.foreignaffairs.org/book/.
24. http://isi3.isiknowledge.com/portal.cgi/wos.
25. http://www.scholar.google.com/.

26. http://web4.infotrac.galegroup.com/itw/infomark.
27. http://www.ciaonet.org.
28. http://www.jstor.org/search.
29. http://www.mpr.co.uk/scripts/sweb.dll/li_home.
30. http://sais-jhu.edu/centers/cse/online_supplement/section4.html.
31. http://www.charleslipson.com/.
32. http://yaleglobal.yale.edu/index.jsp
33. http://www1.umn.edu/humanrts/index.html.
34. http://www.fas.org/terrorism/wmd/index.html.
35. http://www.charleslipson.com/News-Mideast.htm.
36. http://sais-jhu.edu/centers/cse/links/september11links.html.
37. http://wwwlib.umi.com/dissertations/gateway.
38. http://www.polisci.ucla.edu/faculty/trachtenberg/guide/SelSyl.html.
39. http://www.tamu-commerce.edu/coas/history/sarantakes/stuff-coursematerial.html.
40. http://www.shafr.org/syllabusinitiative.htm.
41. http://www.sais-jhu.edu/centers/cse/syllabi/index.html.
42. http://www.jstor.org/search/AdvancedSearch.
43. http://muse.jhu.edu/index.html.
44. http://isi3.isiknowledge.com/portal.cgi/wos.
45. http://acqweb.library.vanderbilt.edu/bookrev.
46. http://www.h-net.org/reviews/search.html.
47. http://www.h-net.org/logsearch/.
48. http://www.h-net.msu.edu/~diplo/.
49. http://www.h-net.msu.edu/reviews/showlist.cgi?lists=H-Diplo.
50. http://www.h-net.msu.edu/reviews/showlist.cgi?lists=H-Diplo.
51. http://www.h-net.msu.edu/reviews/showlist.cgi?lists=H-Diplo.
52. http://mitworld.mit.edu/index.php.
53. http://webcast.berkeley.edu/courses/archive.html?prog=115&group=59.
54. http://www.iop.harvard.edu/events_forum_archive.html.
55. http://www.sais-jhu.edu/.

附录 II

1. http://www.polisci.ucla.edu/faculty/trachtenberg/methbk/AppendixII.html.
2. http://www.polisci.ucla.edu/faculty/trachtenberg/methbk/AppendixII(links).html.
3. http://www.state.gov/r/pa/ho/frus/c4035.htm.
4. http://www.state.gov/www/about_state/history/frusonline.html.
5. http://www.state.gov/r/pa/ho/frus/gpo/.
6. http://www.state.gov/r/pa/ho/frus/c10996.htm.
7. http://www.lexisnexis.com/academic/2upa/Isiaas/BritishDocumentsForeignAffairs.asp.

8. http://www.france.diplomatie.fr/archives/service/publications/doc-diplos/doc-diplos.html.

9. http://catalog.loc.gov/cgi-bin/Pwebrecon.cgi?DB=local&PAGE=First.

10. http://www.lib.uchicago.edu/e/su/hist/mfguide.html.

11. http://www-cgsc.army.mil/carl/resources/microform.asp.

12. http://www.loc.gov/rr/microform/guide/indexa-j.html.

13. http://www.lexisnexis.com/academic/2upa/upaMnu.asp.

14. 关于一份仅包含部分资料的列表，参看http://www.polisci.ucla.edu/faculty/trachtenberg/guide/jcshist.html。

15. http://www.polisci.ucla.edu/faculty/trachtenberg/guide/nsc%28jfkl-list%29. html.

16. http://www.lib.umich.edu/govdocs/frames/fedprsfr.html.

17. http://www.polisci.ucla.edu/faculty/trachtenberg/guide/nsc.html.

18. ttp://www.scholarly.com/.

19. http://www.gale.com/.

20. http://www.oac.cdlib.org/findaid/ark:/13030/tf1q2n9845.

21. http://www.adam-matthew-publications.co.uk/INDEX.HTM.

22. http://www.nara.gov/cgi-bin/starfinder/0?path=micfilm.txt&id=mfilm&pass=&OK=OK.

23. http://www.archives.gov/publications/microfilm_catalogs/diplomatic/diplomatic.html.

24. http://www.ghi-dc.org/guide7/frame2.html.

25. http://www.archives.gov/research_room/federal_records_guide/na_collection_of_seized_foreign_rg242.html.

26. http://melvyl.cdlib.org.

27. http://www.sais-jhu.edu/centers/cse/internet_guide/index.html.

28. 你通常可以在图书馆的基本搜索引擎上找到这个资源的链接。如果你的电脑的系统对其有访问权限，你也可以先进入盖尔集团（Gale Group）的网站（http://infotrac.galegroup.com/menu#），再点击页面底部的解密文件参考系统链接来获取访问权限。

29. http://nsarchive.chadwyck.com/nsaindexhome.htm.

30. http://nsarchive.chadwyck.com/nsaindexhome.htm.

31. http://www.gwu.edu/~nsarchiv/japan/usjhmpg..htm.

32. http://nsarchive.chadwyck.com/cgi-bin/starfinder/0/nsaindex.

33. http://www.gwu.edu/~nsarchiv/.

34. http://www.gwu.edu/~nsarchiv/NSAEBB/.

35. http://wwics.si.edu/index.cfm?topic_id=1409&fuseaction=topics.home.

36. http://wwics.si.edu/index.cfm?topic_id=1409&fuseaction=library.Collection.

37. http://wwics.si.edu/index.cfm?topic_id=1409&fuseaction=topics.publications&group_id=11900; http://wwics.si.edu/index.cfm?topic_id=1409&fuseaction=topics.publications &group_id=11901.

38. http://www.fas.harvard.edu/~hpcws/documents.htm.

39. http://psi.ece.jhu.edu/~kaplan/IRUSS/BUK/GBARC/buk.html.

40. http://www.isn.ethz.ch/php.

41. http://www.jfklibrary.org/nsam.htm.

42. http://www.lbjlib.utexas.edu/johnson/archives.hom/oralhistory.hom/rusk/ rusk.asp.

43. http://www.ford.utexas.edu/library/document/nsdmnssm/nsdmnssm.htm.

44. http://www.ford.utexas.edu/library/document/memcons/memcons.htm.

45. http://foia.state.gov/SearchColls/CollsSearch.asp.

46. http://www.nato.int/archives/strategy.htm.

47. http://www.gulflink.osd.mil/search/declass.html. 欲了解这一资源如何为学者所用，参阅Avigdor Haselkorn, *The Continuing Storm: Iraq, Poisonous Weapons and Deterrence* (New Haven: Yale University Press, 1999)。

48. http://www.bundesarchiv.de/kabinettsprotokolle/web/index.jsp.

49. http://www.nsa.gov/public/publi00003.cfm.

50. http://www.foia.cia.gov/search_options.asp.

51. http://www.polisci.ucla.edu/faculty/trachtenberg/methbk/nies.pdf.

52. 参见http://www.archives.gov/research_room/alic/research_tools/online_databases.html#m4（国家档案和记录管理局信息）。

53. http://www.polisci.ucla.edu/faculty/trachtenberg/guide/dodfoia(2002).doc.

54. http://www.defenselink.mil/pubs/foi/master_reading_list.html.

55. http://www.defenselink.mil/pubs/foi/.

56. http://www.archives.gov/.

57. http://www.archives.gov/research_room/federal_records_guide/.

58. http://www.archives.gov/research_room/alic/research_tools/record_ group_clusters.html.

59. http://www.fdrlibrary.marist.edu/.

60. http://www.fdrlibrary.marist.edu/collec20.html.

61. http://www.fdrlibrary.marist.edu/view1.html.

62. http://www.trumanlibrary.org/.

63. http://www.trumanlibrary.org/collect.htm.

64. http://www.trumanlibrary.org/hst-pape.htm.

65. http://www.trumanlibrary.org/personal.htm.

66. http://www.eisenhower.utexas.edu/.

67. http://www.eisenhower.utexas.edu/loh2.htm.

68. http://www.jfklibrary.org/.

69. http://www.jfklibrary.org/guide.htm.

70. http://www.jfklibrary.org/f_aids1.htm.

71. http://www.hpol.org/.

72. http://whitehousetapes.org/.

73. http://www.lbjlib.utexas.edu/.

74. http://www.lbjlib.utexas.edu/johnson/archives.hom/holdings/content.asp.

75. http://www.lbjlib.utexas.edu/johnson/archives.hom/Dictabelt.hom/content.asp.

76. http://www.archives.gov/nixon/about_nixon/about_nixon.html.

77. http://www.archives.gov/nixon/textual/textual_materials.html.

78. http://www.archives.gov/nixon/kissinger/index.html.

79. http://www.archives.gov/nixon/tapes/tapes.html.

80. http://www.ford.utexas.edu/.

81. http://www.ford.utexas.edu/library/guides/guide.htm.

82. http://www.jimmycarterlibrary.org/.

83. http://www.jimmycarterlibrary.gov/library/pres_materials.phtml.

84. http://www.reagan.utexas.edu/.

85. http://www.reagan.utexas.edu/resource/complete.htm.

86. http://bushlibrary.tamu.edu/.

87. http://bushlibrary.tamu.edu/research.html.

88. http://carlisle-www.army.mil/usamhi/.

89. http://www.au.af.mil/au/afhra/.

90. http://www.au.af.mil/au/afhra/wwwroot/personal_papers/personal_papers.html.

91. http://www.history.navy.mil/index.html.

92. http://www.history.navy.mil/ar/mss.htm.

93. http://www.nationalarchives.gov.uk/.

94. http://www.catalogue.nationalarchives.gov.uk/default.asp.

95. http://www.catalogue.nationalarchives.gov.uk/popularcodes.asp.

96. http://www.catalogue.nationalarchives.gov.uk/researchguidesindex.asp.

97. http://www.archivesnationales.culture.gouv.fr/chan/.

98. http://www.archivesnationales.culture.gouv.fr/cac/fr/index.html.

99. http://www.diplomatie.gouv.fr/archives/.

100. http://www.archivesnationales.culture.gouv.fr/chan/chan/fonds/edi/sm/ EDIAG.htm.

101. http://www.archivesnationales.culture.gouv.fr/chan/chan/fonds/edi/ap/apintro.htm.

102. http://jomave.chez.tiscali.fr/adgenweb/shat.html.

103. http://www.auswaertiges-amt.de/www/de/infoservice/download/pdf/publikationen/archiv.pdf.

104. http://www.auswaertiges-amt.de/www/de/infoservice/politik.

105. http://www.bundesarchiv.de/.

106. http://www.ghi-dc.org/guide5/frame1.html.

107. http://www.ghi-dc.org/guide13/index.html.

108. http://www.ghi-dc.org/guide14/index.html.

109. http://www.ghi-dc.org/.

110. http://lcweb2.loc.gov/faid/repositoryfr.html#MSS.

111. http://lcweb2.loc.gov/faid/faidctopindex1.html.

112. http://www.princeton.edu/mudd/.

113. http://www-hoover.stanford.edu/hila/.

114. http://archives.chadwyck.com/.

115. http://www.nra.nationalarchives.gov.uk/nra/.

116. http://www.kcl.ac.uk/lhcma/home.htm.

117. http://www.kas.de/archiv/acdp/bestand/nachlaesse_deposita/526_webseite.html.

118. http://www.fes.de/archive/index_gr.html.

119. http://daf.archivesdefrance.culture.gouv.fr/sdx/ap/.

120. http://www.columbia.edu/cu/ces/frames/overall.html.

121. http://www.uidaho.edu/special-collections/Other.Repositories.html.

122. http://www.iisg.nl/%7Eabb/.

123. http://wwics.si.edu/topics/pubs/ACF518.pdf; http://wwics.si.edu/topics/pubs/ACF51B.pdf.

124. http://www.utoronto.ca/serap/.

125. 关于这些系统，参阅Gerald Haines and J. Samuel Walker, "Some Sources and Problems for Diplomatic Historians in the Next Two Decades," in Gerald Haines and J. Samuel Walker, American Foreign Relations: A Historiographical Review (Westport, Conn.: Greenwood Press, 1981), esp. pp. 336–341。

126. http://www.archives.gov/research_room/federal_records_guide/general_department_of_state_rg059.html.

127. http://www.polisci.ucla.edu/faculty/trachtenberg/guide/usna-slip%281%29.html.

128. FIG为法、意、德三国英文名的首字母缩写。——译者注

129. http://www.polisci.ucla.edu/faculty/trachtenberg/guide/usna-slip%283%29.html.

130. http://www.polisci.ucla.edu/faculty/trachtenberg/guide/usna-slip%282%29.html.

131. http://www.polisci.ucla.edu/faculty/trachtenberg/guide/nsc.html.

132. http://www.polisci.ucla.edu/faculty/trachtenberg/guide/jcscoversheet.html.

133. http://www.columbia.edu/cu/ces/frames/overall.html.

134. http://usinfo.state.gov/products/medreac.htm.

135. http://www.charleslipson.com/News-audio.htm.

136. http://sais-jhu.edu/centers/cse/online_supplement/section5.html.

137. http://www.spiegel.de/spiegel/english.

138. http://www.gpoaccess.gov/congress/index.html.

139. http://www.gpoaccess.gov/pubpapers/search.html.

140. http://www.whitehouse.gov/.

141. http://www.whitehouse.gov/news/.

142. http://www.state.gov/.

143. http://www.state.gov/secretary/rm/.

144. http://www.state.gov/misc/19232.htm.

145. http://www.state.gov/countries/.

146. http://usinfo.state.gov/products/medreac.htm.

147. http://dosfan.lib.uic.edu/ERC/index.html.

148. http://dosfan.lib.uic.edu/ERC/briefing.html.

149. http://www.defenselink.mil/.

150. http://www.defenselink.mil/transcripts/.

151. http://www.defenselink.mil/transcripts/archive.html.

152. http://www.defenselink.mil/search/.

153. http://www.france.diplomatie.fr/actu/actu.gb.asp?DOS=27766&PAG=30.

154. http://www.auswaertiges-amt.de/www/en/infoservice/aktuelles/.

155. http://www.elysee.fr/elysee/anglais/speeches_of_president_chirac/2005/2005_speeches_and_documents.27733.html.

156. http://www.ambafrance-us.org/news/.
157. http://www.germany-info.org/relaunch/politics/speeches/speeches.html.
158. http://www.polisci.ucla.edu/faculty/trachtenberg/guide/mr%281%29.html.
159. http://www.polisci.ucla.edu/faculty/trachtenberg/guide/mr%282%29.html.
160. http://www.polisci.ucla.edu/faculty/trachtenberg/guide/mrform.html.
161. http://www.gwu.edu/%7Ensarchiv/nsa/foia.html.
162. http://www.citizen.org/litigation/free_info/articles.cfm?ID=5208.
163. http://www.defenselink.mil/pubs/foi/foiarequest.html.
164. http://www.foia.state.gov/AboutFOIA.asp.
165. http://www.airforcehistory.hq.af.mil/.
166. http://www.polisci.ucla.edu/faculty/trachtenberg/guide/PART THREE.HTML.

参考文献

Albertini, Luigi. *The Origins of the War of 1914*. 3 vols. London: Oxford University Press, 1952–1957.

Allison, Graham, and Morton Halperin. "Bureaucratic Politics: A Paradigm and Some Policy Implications." In "Theory and Policy in International Relations," edited by Raymond Tanter and Richand Ullman. *World Politics* 24, Supplement (Spring 1972).

Anderson, Irvine. "The 1941 *De Facto* Embargo on Oil to Japan: A Bureaucratic Reflex." *Pacific Historical Review* 44 (1975).

Appleby, Joyce,; Lynn Hunt, and Margaret Jacob. *Telling the Truth about History*. New York: Norton, 1994.

Atkinson, R. F. *Knowledge and Explanation in History*. Ithaca: Cornell University Press, 1978.

Australia. Department of Foreign Affairs. *Documents on Australian Foreign Policy*, 1937–49. Canberra: Australian Government Publishing Service, 1975–.

Barnhart, Michael. *Japan Prepares for Total War: The Search for Economic Security, 1919–1941*. Ithaca: Cornell University Press, 1987.

Beisner, Robert. *American Foreign Relations since 1600: A Guide to the Literature*. Santa Barbara: ABC-CLIO, 2003.

Blum, John Morton. *From the Morgenthau Diaries: Years of Urgency, 1938–1941*. Boston: Houghton Mifflin, 1965.

Boyd, Carl. *Hitler's Japanese Confidant: General Oshima Hiroshi and MAGIC Intelligence, 1941–1945*. Lawrence: University Press of Kansas, 1993.

British Documents on Foreign Affairs: Reports and Papers from the Foreign Office Confidential Print. Part III (1940–1945), Series E (Asia). Bethesda, Md.: University Publications of America, 1997.

Brodie, Bernard. *War and Politics*. New York: Macmillan, 1973.

Butow, Robert. *Tojo and the Coming of the War*. Princeton: Princeton University Press, 1961.

Collingwood, R. G. *The Idea of History*. New York: Oxford University Press, 1956.

Copeland, Dale. *The Origins of Major War*. Ithaca: Cornell University Press, 2000.

Craven, Wesley, and James Cate, eds. *The Army Air Forces in World War II. Vol. 1: Plans and Early Operations, January 1939 to August 1942*. Chicago: University of Chicago Press, 1948.

Crowley, James. *Japan's Quest for Autonomy: National Security and Foreign Policy, 1930–*

1938. Princeton: Princeton University Press, 1966.

Dallek, Robert. *Franklin D. Roosevelt and American Foreign Policy, 1932–1945*. Oxford: Oxford University Press, 1979. Paperback edition, 1981.

Dilks, David, ed. *The Diaries of Sir Alexander Cadogan*, O.M., 1938–1945. London: Cassell, 1971.

Documents on British Policy Overseas. Edited by Rohan Butler and M. E. Pelly. Series I, vol. 1: *The Conference at Potsdam, July–August 1945*. London: HMSO, 1984.

Donagan, Alan. "Can Philosophers Learn from Historians?" In *Mind, Science, and History*, edited by Howard Kiefer and Milton Munitz. Albany: State University of New York Press, 1970.

———. "The Popper-Hempel Theory Reconsidered." *History and Theory* 1 (1964). Reprinted with minor changes in *Philosophical Analysis and History*, edited by William Dray. New York: Harper and Row, 1966.

Dooman, Eugene. "Reminiscences of Eugene Hoffman Dooman." Columbia University Oral History Collection, 1962. New York.

Dray, William. *Laws and Explanation in History*. Oxford: Oxford University Press, 1957.

———. *On History and Philosophers of History*. Leiden: Brill, 1989.

———. *Philosophy of History*. Englewood Cliffs, N.J.: Prentice-Hall, 1964.

Fearey, Robert. "Tokyo 1941: Diplomacy's Final Round." *Foreign Service Journal*, December 1991.

Feis, Herbert. *The Road to Pearl Harbor: The Coming of the War between the United States and Japan*. Princeton: Princeton University Press, 1950.

Fischer, Fritz. *Germany's Aims in the First World War*. New York: Norton, 1967.

———. *War of Illusions: German Policies from 1911 to 1914*. New York: Norton, 1975.

Geiss, Imanuel, ed. *July 1914: The First World War, Selected Documents*. New York: Scribner's, 1967.

Geyl, Pieter. *Use and Abuse of History*. New Haven: Yale University Press, 1955. Reprint, Archon Books, 1970.

Goda, Norman. *Tomorrow the World: Hitler, Northwest Africa, and the Path toward America*. College Station: Texas A&M University Press, 1998.

Great Britain. Foreign Office. *British Foreign Office: Japan Correspondence, 1941–1945*. Microfilm. Wilmington, Del.: Scholarly Resources, 1978.

Grew, Joseph. *Turbulent Era: A Diplomatic Record of Forty Years, 1904–1945*. 2 vols. Boston: Houghton Mifflin, 1952.

Halévy, Elie. "The World Crisis of 1914–1918." In Elie Halévy, *The Era of Tyrannies: Essays on Socialism and War*. London: Allen Lane, 1967.

Hanson, N. R. *The Concept of the Positron: A Philosophical Analysis*. Cambridge: Cambridge University Press, 1963.

———. *Observation and Explanation: A Guide to Philosophy of Science*. New York: Harper, 1971.

———. *Patterns of Discovery: An Inquiry into the Conceptual Foundations of Science*. Cambridge: Cambridge University Press, 1958.

———. *Perception and Discovery: An Introduction to Scientific Inquiry*. San Francisco: Freeman, Cooper, 1969.

Haskell, Thomas L. *Objectivity Is Not Neutrality: Explanatory Schemes in History*. Baltimore: Johns Hopkins University Press, 1998.

Hattori, Takushiro. *The Complete History of the Greater East Asia War*. Translated by the U.S. Army, 500th Military Intelligence Service Group, 1953. Microfilm. Washington, D.C.: Library of Congress, Photoduplication Service, 1977.

Hearden, Patrick. *Roosevelt Confronts Hitler: America's Entry into World War* II. DeKalb: Northern Illinois University Press, 1987

Heinrichs, Waldo. *Threshold of War: Franklin D. Roosevelt and American Entry into World War* II. New York: Oxford University Press, 1988.

Hempel, Carl. "The Function of General Laws in History." *Journal of Philosophy* 39 (1942). Reprinted in *Theories of History*, edited by Patrick Gardiner (New York: Free Press, 1959).

———. "Reasons and Covering Laws in Historical Explanation." In *Philosophy and History*, edited by Sidney Hook. New York: New York University Press, 1963.

Hexter, J. H. "The One That Got Away." *New York Review of Books*, February 9, 1967.

Hillgruber, Andreas. "Der Faktor Amerika in Hitlers Strategie 1938–1941." *Aus Politik und Zeitgeschichte* (supplement to Das Parlament), May 11, 1966.

Hinsley, F. H. *British Intelligence in the Second World War: Its Influence on Strategy and Operations*. 5 vols. in 6. London: HMSD, 1979–1990.

Hook, Sidney, ed. *Philosophy and History: A Symposium*. New York: New York University Press, 1963.

Ickes, Harold L. *The Secret Diary of Harold L. Ickes*. 3 vols. New York: Simon and Schuster, 1954–1955.

Ike, Nobutaka, ed. *Japan's Decision for War: Records of the 1941 Policy Conferences*. Stanford: Stanford University Press, 1967.

Jervis, Robert. "Cooperation under the Security Dilemma." *World Politics* 30, no. 2 (January 1978).

Kahn, David. "United States Views of Germany and Japan in 1941." In *Knowing One's Enemies: Intelligence Assessment before the Two World Wars*, edited by Ernest May. Princeton: Princeton University Press, 1984.

Kellner, Hans. *Language and Historical Representation: Getting the Story Crooked*. Madison: University of Wisconsin Press, 1989.

Koyré, Alexandre. *Newtonian Studies*. Cambridge, Mass.: Harvard University Press, 1965.

Kuhn, Thomas. *The Essential Tension: Selected Studies in Scientific Tradition and Change*. Chicago: University of Chicago Press, 1977.

———. *The Structure of Scientific Revolutions*. 2d ed. Chicago: University of Chicago Press, 1970.

———. *The Trouble with the Historical Philosophy of Science*. Cambridge, Mass.: Harvard History of Science Department, 1991.

Lakatos, Imre. "Falsification and the Methodology of Scientific Research Programmes." In

Criticism and the Growth of Knowledge, edited by Imre Lakatos and Alan Musgrave. Cambridge: Cambridge University Press, 1970.

———. "History of Science and Its Rational Reconstructions." In *Method and Appraisal in the Physical Sciences: The Critical Background to Modern Science, 1800–1905*, edited by Colin Howson. Cambridge: Cambridge University Press, 1976.

———. "Lectures on Scientific Method." In Imre Lakatos and Paul Feyerabend, *For and Against Method: Including Lakatos's Lectures on Scientific Method and the Lakatos-Feyerabend Correspondence*, edited by Matteo Motterlini. Chicago: University of Chicago Press, 1999.

Langer, William, and S. Everett Gleason. *The Undeclared War, 1940–1941*. New York: Harper, 1953.

Leach, Barry. *German Strategy against Russia*, 1939–1941. Oxford: Clarendon, 1973.

Leutze, James. *Bargaining for Supremacy: Anglo-American Naval Collaboration, 1937–1941*. Chapel Hill: University of North Carolina Press, 1977.

Logevall, Fredrik. *Choosing War: The Lost Chance for Peace and the Escalation of War in Vietnam*. Berkeley: University of California Press, 1999.

Malachowski, Alan, ed. *Reading Rorty: Critical Response to Philosophy and the Mirror of Nature (and Beyond)*. Oxford: Blackwell, 1990.

Maruyama, Masao. *Thought and Behaviour in Modern Japanese Politics*. Expanded edition. Oxford: Oxford University Press, 1969. Originally published 1953.

Matloff, Maurice, and Edwin Snell. *Strategic Planning for Coalition Warfare, 1941–1942*. Washington, D.C.: Center of Military History, 1999.

Maxon, Yale. *Control of Japanese Foreign Policy: A Study of Civil-Military Rivalry, 1930–1945*. Berkeley: University of California Press, 1957.

Michaelis, Meir. "World Power Status or World Dominion? A Survey of the Literature on Hitler's 'Plan of World Dominion' (1937–1970)." *Historical Journal* 15, no. 2 (June 1972).

Morrow, James D. "International Conflict: Assessing the Democratic Peace and Offense-Defense Theory." In *Political Science: The State of the Discipline*, edited by Ira Katznelson and Helen Milner. New York: Norton, 2002.

Neustadt, Richard. *Report to JFK: The Skybolt Crisis in Perspective*. Ithaca: Cornell University Press, 1999.

Newell, R. W. *Objectivity, Empiricism and Truth*. London: Routledge, 1986.

Novick, Peter. *That Noble Dream: The "Objectivity Question" and the American Historical Profession*. Cambridge: Cambridge University Press, 1988.

Oakeshott, Michael. *Experience and Its Modes*. Cambridge: Cambridge University Press, 1933.

Oka Yoshitake. *Konoe Fumimaro: A Political Biography*. New York: Madison Books, 1992.

Overy, Richard. "Germany, 'Domestic Crisis' and War in 1939." *Past and Present*, no. 116 (August 1987). Reprinted in Overy, *War and Economy in the Third Reich*.

——.*War and Economy in the Third Reich*.Oxford: Clarendon, 1994.

Overy, Richard (with Andrew Wheatcroft). *The Road to War*. London: Macmillan, 1989.

Parker, R.A.C. *Struggle for Survival: The History of the Second World War*. Oxford: Oxford University Press, 1989.

Public Papers and Addresses of Franklin D. Roosevelt. Compiled by Samuel Rosenman. Vol. 9, New York: Macmillan, 1941. Vol. 10, New York: Harper, 1942.

Reynolds, David. *The Creation of the Anglo-American Alliance, 1937–1941: A Study in Competitive Co-operation*. Chapel Hill: University of North Carolina Press, 1982.

Rohwer, Jürgen. "Die USA und die Schlacht im Atlantik 1941." In *Kriegswende Dezember 1941*, edited by Jürgen Rohwer and Eberhard Jäckel. Koblenz: Bernard and Graefe, 1984.

Roosevelt Letters. Edited by Elliott Roosevelt with Joseph Lash. Vol. 3. London: Harrap, 1952.

Rorty, Richard. *Objectivism, Relativism, and Truth*. Cambridge: Cambridge University Press, 1991.

Rorty, Richard. *Philosophy and the Mirror of Nature* Princeton: Princeton University Press, 1979.

Ross, Steven, ed. *American War Plans*, 1919–1941. Vol.5. New York: Garland, 1992.

Schelling, Thomas. *Arms and Influence*. New Haven: Yale University Press, 1966.

———. *The Strategy of Conflict*. Cambridge, Mass.: Harvard University Press, 1960.

Schroeder, Paul. *The Axis Alliance and Japanese-American Relations, 1941*. Ithaca: Cornell University Press, 1958.

Searle, John. *The Construction of Social Reality*. New York: Free Press, 1995.

Sherwood, Robert E. *Roosevelt and Hopkins: An Intimate History*. New York: Harper, 1948.

Simpson, B. Mitchell. *Admiral Harold R. Stark: Architect of Victory, 1939–1945*. Columbia: University of South Carolina Press, 1989.

Stoler, Mark. *Allies and Adversaries: The Joint Chiefs of Staff, the Grand Alliance, and U.S. Strategy in World War II*. Chapel Hill: University of North Carolina Press, 2000.

Taylor, A.J.P. *The Origins of the Second World War*. New York: Atheneum, 1962.

Tehran Yalta Potsdam: The Soviet Protocols. Edited by Robert Beitzell. Hattiesburg, Miss.: Academic International, 1970.

Thorne, Christopher. *Allies of a Kind: The United States, Britain and the War against Japan, 1941–1945*. New York: Oxford University Press, 1978.

Toulmin, Stephen. *Foresight and Understanding: An Enquiry into the Aims of Science*. New York: Harper, 1961.

———. "From Form to Function: Philosophy and History of Science in the 1950s and Now." *Daedalus* 106, no. 3 (Summer 1977).

———. *Human Understanding*. Vol. 1. Princeton: Princeton University Press, 1972.

Trachtenberg, Marc. *A Constructed Peace: The Making of the European Settlement, 1945–1963*. Princeton: Princeton University Press, 1999.

———. *History and Strategy*. Princeton: Princeton University Press, 1991.

Tsunoda Jun. *The Final Confrontation: Japan's Negotiations with the United States: Japan's Road to the Pacific War. Vol. 5 of Japan's Road to the Pacific War*, edited by James Morley. New York: Columbia University Press, 1994.

Tuchman, Barbara. *The Guns of August*. New York: Macmillan, 1962.

United States. Department of State. *Foreign Relations of the United States: The Conference of Berlin (The Potsdam Conference) 1945*. 2 vols. Washington, D.C.: GPO, 1960.

United States. Department of State. *Foreign Relations of the United States: Japan, 1931–1941*. 2 vols. Washington, D.C.: GPO, 1943.

Utley, Jonathan. *Going to War with Japan, 1937–1941*. Knoxville: University of Tennessee Press, 1985.

———. "Upstairs, Downstairs at Foggy Bottom: Oil Exports and Japan, 1940–1941." *Prologue* 8 (1976).

Van Evera, Stephen. *Causes of War: Power and the Roots of Conflict*. Ithaca: Cornell University Press, 1999.

Walsh, W. H. *An Introduction to the Philosophy of History*. London: Hutchinson's, 1951.

Waltz, Kenneth. "Evaluating Theories." *American Political Science Review* 91, no. 4 (December 1997).

———. *Theory of International Politics*. New York: McGraw-Hill, 1979.

Weinberg, Gerhard. "Germany's Declaration of War on the United States: A New Look." In Gerhard Weinberg, *World in the Balance: Behind the Scenes of World War II*. Hanover, N.H.: University Press of New England, 1981.

———. *A World at Arms: A Global History of World War II*. Cambridge: Cambridge University Press, 1994.

White, Hayden. *The Content of the Form: Narrative Discourse and Historical Representation*. Baltimore: Johns Hopkins University Press, 1987.

———. *Metahistory: The Historical Imagination in Nineteenth-Century Europe*. Baltimore: Johns Hopkins University Press, 1973.

———. *Tropics of Discourse: Essays in Cultural Criticism*. Baltimore: Johns Hopkins University Press, 1978.

Woodward, Llewellyn. *British Foreign Policy in the Second World War*. 5 vols. London: HMSO, 1970–.